商务部十二五规划教材
全国外经贸院校规划教材

报 关 实 务 教 程

（2014 年版）

主　编　吕红军　刘　钊
副主编　赵红娟　马　坤　王　强

中国商务出版社

图书在版编目（CIP）数据

报关实务教程：2014年版／吕红军，刘钊主编. —
3版. —北京：中国商务出版社，2014.8（2017.1 重印）
　商务部十二五规划教材　全国外经贸院校规划教材
　ISBN 978-7-5103-1107-9

　Ⅰ.①报…　Ⅱ.①吕…②刘…　Ⅲ.①进出口贸易—
海关手续—中国—高等学校—材料　Ⅳ.①F752.5

中国版本图书馆CIP数据核字（2014）第184155号

商务部十二五规划教材
全国外经贸院校规划教材

报关实务教程（2014年版）
BAOGUAN SHIWU JIAOCHENG

主　编　吕红军　刘　钊
副主编　赵红娟　马　坤　王　强

出　版：中国商务出版社
发　行：北京中商图出版物发行有限责任公司
社　址：北京市东城区安定门外大街东后巷28号
邮　编：100710
电　话：010—64269744　64218072（编辑一室）
　　　　010—64266119（发行部）
　　　　010—64263201（零售、邮购）
网　店：http://cctpress.taobao.com
网　址：http://www.cctpress.com
邮　箱：cctp@cctpress.com　bjys@cctpress.com
照　排：北京开和文化传播中心
印　刷：北京密兴印刷有限公司
开　本：787毫米×980毫米　1/16
印　张：21.25　字　数：366千字
版　次：2014年9月第3版　2017年1月第2次印刷
书　号：ISBN 978-7-5103-1107-9
定　价：39.00元

修 订 说 明

　　《报关实务教程》是商务部十二五规划教材、全国外经贸院校规划教材，2013 年被辽宁省教育厅批准为首批普通高等学校"十二五"本科规划教材。

　　近年来，随着我国海关通关改革的不断深入，一系列更加适应现代经济发展和对外贸易新形势的通关管理制度和措施亦重新修订出台。新修订出台的规定对通关作业影响较大，主要体现在报关单位注册登记管理、加工贸易货物监管、进出口税费计征和进出口货物报关单填制等方面。

　　为全面贯彻落实刚刚召开的全国职业教育会议精神，按照《关于加快发展现代职业教育的决定》要求，更好地适应中国海关通关管理的新形势，满足高等院校教学的需要，实现专业设置与产业需求对接、课程内容与职业标准对接、教学过程与生产过程对接、毕业证书与职业资格证书对接，我们在认真研究、总结四年来新修订出台的通关管理制度和措施的基础上，重新修订了《报关实务教程》。

　　修订后的《报关实务教程》以最新海关通关作业所需的基本知识为基础，以中国海关 H2000 通关系统的报关程序为核心，重点更新了报关管理制度、进出口货物报关制度、进出口税费计征和进出口货物报关单填制规范等内容，注重知识更新，难易适度，方便教学。

　　本书分为六部分：第一部分报关基础知识、第二部分报关制度、第三部分商品归类、第四部分进出口税费、第五部分报关单填制、第六部分我国主要贸易伙伴的海关及报关制度。本书是应用型本科高校相关专业开设的《报关实务》课程教材，建议授课时数 48 课时；也可作为高职高专相关专业《报关实务》课程教材（选用第一至五部分），建议授课时数 48 课时。

　　参与本书修订的人员有：吕红军、刘钊、赵红娟、马坤、王强、王娜、常虹、董琴、张宝顺。吕红军、刘钊任主编，赵红娟、马坤、王强任副主编。书中疏漏与不妥之处在所难免，希望广大读者批评指正。

编者

2014 年 7 月

目录

第一部分　报关基础知识

第一章　报关概述 ·· （ 1 ）
　　第一节　报关 ·· （ 2 ）
　　第二节　报关单位 ·· （ 5 ）
　　第三节　报关员 ·· （ 13 ）
第二章　海关与报关管理制度 ·································· （ 18 ）
　　第一节　海关介绍 ·· （ 19 ）
　　第二节　报关单位的管理制度 ······························ （ 31 ）

第二部分　报关制度

第三章　基本报关制度 ·· （ 41 ）
　　第一节　一般进出口货物的报关制度 ······················ （ 42 ）
　　第二节　保税加工货物的报关制度 ·························· （ 48 ）
　　第三节　保税物流货物的报关制度 ·························· （ 64 ）
　　第四节　减免税货物的报关制度 ···························· （ 69 ）
　　第五节　暂准进出境货物的报关制度 ······················ （ 73 ）
第四章　特殊报关制度 ·· （ 79 ）

第三部分　商品归类

第五章　进出口商品归类 ·· （ 97 ）

第一节 《商品名称及编码协调制度》 ·················· （ 98 ）
第二节 《协调制度》归类总则 ····················· （100）

第四部分 进出口税费

第六章 进出口税费的计征 ·················· （109）
第一节 进口关税的计征 ······················ （110）
第二节 出口关税的计征 ······················ （118）
第三节 进出口环节税的计征 ···················· （120）
第四节 其他税费的计征 ······················ （123）

第五部分 报关单填制

第七章 进出口货物报关单的填制 ·············· （127）
第一节 进出口报关单的概述 ···················· （128）
第二节 进出口报关单的填制规范 ·················· （129）

第六部分 我国主要贸易伙伴的海关及报关制度

第八章 我国主要贸易伙伴的海关及报关制度 ········· （248）
第一节 美国的海关及报关制度 ··················· （249）
第二节 欧盟的海关及报关制度 ··················· （253）
第三节 日本的海关及报关制度 ··················· （258）

《报关实务教程》综合训练 ·······················（264）
参考答案 ······························（280）
《报关实务教程》教学大纲 ·······················（285）
《报关实务教程》模拟试题 ·······················（292）
附录 ·······························（302）
常用报关单证 ··························（302）
中华人民共和国海关法 ······················（313）
参考文献 ······························（329）

第一部分 报关基础知识

第一章 报关概述

【**本章提要**】本章内容主要由三部分组成，第一部分在介绍报关概念的基础上分析了报关的范围与报关的分类；第二部分主要介绍了报关单位，对两种类型的报关单位即进出口货物的收发货人、报关企业在报关过程中应该遵守的行为规则进行介绍，并阐述了报关单位违反海关监管规定的行为及其处罚；第三部分介绍了报关员备案及报关员水平测试考试。

【**典型案例导入**】张某某是辽宁大连人，高中文化，从事报关职业。2003 年 2 月至 2005 年 5 月间，张受李某（同案犯，被判处无期徒刑）指使，先后 3 次以低报价格、伪报品名等手法，走私进口韩国洋酒，累计偷逃税款 605.37 万元。2003 年 2 月至 2004 年 7 月，李某从韩国进口真露公司生产的竹碳烧酒 28100 箱、饮杯利威士忌酒 2000 箱，并指使张某某将真实价格 10 美元/箱的竹碳烧酒申报为 2 美元/箱，将 500 箱真实价格为 198 美元/箱的饮杯利威士忌酒申报为 31 美元/箱，将 1500 箱饮杯利威士忌酒伪报成橙汁和柿子汁。2004 年年底，李某自韩国进口威士忌酒 4000 箱，指使张某某将其中 3900 箱威士忌酒伪报成矿泉水，将其中 100 箱真实价格为 68.09 美元/箱的威士忌酒低报为 27 美元/箱。2005 年 5 月，李某自韩国进口每箱 33 ~ 130 美元价格不同的四种威士忌酒 1900 箱，指使张某某将其中三种共 1800 箱的威士忌酒以 27 美元/箱、60 美元/箱的价格向海关申报。

该案被海关总署缉私局列为二级挂牌督办案件。张某某身为报关员，主要职责之一就是核单，但其却不履行相应职责，明知李某是走私行为而提供协助，对于品名完全不符的货物予以报关，且对于远低于进货价的报关价视为正常，置国家的法律于不顾，协助他人逃避海关监管，大肆走私进口洋酒，严重侵犯了国家对外贸易的监督管理制度，破坏了社会主义市场经济秩序，最终受到法律的严惩。2006年6月20日，张某某因涉嫌走私普通货物罪被大连海关缉私局依法刑事拘留，同年7月27日，经大连市人民检察院批准，被大连海关缉私局依法执行逮捕。2007年8月23日，大连市中级人民法院依照《中华人民共和国刑法》第一百五十三条第一款第（一）项之规定，第二十五条、第二十六条、第二十七条、第五十七条第一款之规定，判处张某某有期徒刑6年，并处罚金50万元。

第一节 报 关

一、报关的概念

报关是指进出口货物的收发货人、进出境运输工具负责人、进出境物品的所有或其代理人向海关办理有关货物、运输工具、物品进出境手续及相关海关事务的过程。其中，进出口货物的收发货人、进出境运输工具负责人、进出境物品的所有人及其代理人是报关行为的承担者，是报关的主体，也就是报关人。海关是进出境的监督管理机关，是对报关人的报关行为进行监督制约的国家行政执法机关。

报关是在国际贸易和国际交流、交往活动日益频繁的基础上逐步产生发展起来的。国际贸易与国际间的交流过程中不可避免地要发生人员、货物、物品、运输工具在各国关境间的流动，这种流动又会对其他国家的经济、政治、法律体系造成一定的影响，因此各国政府都对相关进出本国关境的各类行为进行管理，要求从事特定相关行为的主体向有关管理部门说明进出境行为的情况，以便根据不同的情况进行不同的管理。而报关就是这一要求的体现，即要求在不同关境之间进行交流的货物、物品、运输工具在进出关境时，向相关国家的海关办理相应的手续。

报关与通关既密切联系又有明显的区别。两者的工作对象是相同的，都是运输工具、货物、物品。但两者所考察的角度不同，报关是从海关管理相对人的角度来考察活动的，而通关是从报关管理者角度来考察活动的。通关不仅包括海关管理相对人向海关办理有关手续，还包括海关对进出境运输工具、货物、物品依法进行监督管理，核准其进出境的管理过程。

二、报关的内容

根据《中华人民共和国海关法》第八条规定："进出境运输工具、货物、物品，必须通过设立海关的地点进境或出境。"由此可见，所有进出境运输工具、货物、物品都需要办理报关手续。报关的具体内容如下。

（一）进出境运输工具

国际贸易的交货、国际间人员的往来及其携带物品的进出境，除经其他特殊运输方式外，都要通过各种运输工具的国际运输来实现。根据我国海关法律规定，所有进出我国关境的运输工具必须经由设有海关的港口、车站、机场、国界孔道、国际邮件互换站（交换站）及其他可以办理海关业务的场所申报进出境。根据海关监管的要求，进出境运输工具负责人或者其代理人在运输工具进入或驶离我国关境时均应如实向海关申报运输工具所载旅客人数、进出口货物数量、装卸时间等基本情况。

进出境运输工具负责人，是指进出境运输工具的所有企业、经营企业、船长、机长、汽车驾驶员、列车长，以及上述企业或者人员授权的代理人。

（二）进出境货物

根据海关规定，进出境货物的报关业务应由依法在海关备案的报关员办理。

主要包括一般进出口货物，保税货物，暂准进出境货物，特定减免税货物，过境、转运和通运货物及其他进出境货物。另外，一些特殊形态的货物，如以货品为载体的软件等也属报关的范围。

（三）进出境物品

主要包括进出境的行李物品、邮递物品和其他物品。以进出境人员携带、托运等方式进出境的物品为行李物品。对于行李物品，当今世界上大多数国家（包括我国）的海关法律都规定采用"红绿通道制度"；以邮递方式进出境的物品为邮递物品，进出口邮包必须由寄件人填写"报税单"（小包邮件填写绿色标签），并且随同物品通过邮政企业或快递公司呈递给海关；其他物品主要包括享有外交特权和豁免的外国机构或者人员的公务用品或自用物品等。

《海关法》规定，个人携带进出境的行李物品、邮寄进出境的物品，应当以自用合理数量为限。

三、报关的分类

（一）运输工具报关、货物报关和物品报关

由于海关对进出境运输工具、货物、物品的监管要求各不相同，报关可

分为运输工具的报关、货物的报关和物品的报关三类。其中，进出境运输工具作为货物、人员及其携带物品的进出境载体，其报关主要是向海关直接交验随附的、符合国际商业运输惯例、能反映运输工具进出境合法性及其所承运货物、物品情况的合法证件、清单和其他运输单证，其报关手续较为简单。进出境物品由于其非贸易性质，且一般限于自用、合理数量，其报关手续也很简单。进出境货物的报关就较为复杂，为此，海关根据对进出境货物的监管要求，制定了一系列报关管理规范，并要求必须由具备一定的专业知识和技能且经海关核准的专业人员代表报关单位专门办理。

（二）进境报关和出境报关

由于海关对运输工具、货物、物品的进境和出境有不同的管理要求，运输工具、货物、物品根据进境或出境的目的，分别形成了一套进境报关和出境报关手续。

（三）自理报关和代理报关

进出境运输工具、货物、物品的报关是一项专业较强的工作，尤其是进出境货物的报关比较复杂，一些进出口货物收发货人由于不能或者不愿意自行办理报关手续而委托代理人代为报关，从而形成了自理报关和代理报关两种报关类型。

1. 自理报关

进出口货物收发货人自行办理报关业务称为自理报关。根据我国海关目前的规定，进出口货物收发货人必须依法向海关注册登记后方能办理报关业务。

2. 代理报关

代理报关是指接受进出口收发货人的委托代理其办理报关业务的行为。我国海关法律把有权接受他人委托办理报关业务的企业称为报关企业。报关企业必须依法取得报关企业注册登记许可并获得"中华人民共和国海关报关单位注册登记证书"后方能从事代理报关业务。

根据代理报关法律行为责任承担者的不同，代理报关又分为直接代理报关和间接代理报关。直接代理报关是指报关企业接受委托人（即进出口货物收发货人）的委托，以委托人的名义办理报关业务的行为。间接代理报关是指报关企业接收委托人的委托，以报关企业自身的名义向海关办理报关业务的行为。在直接代理中，代理人代理行为的法律后果直接作用于被代理人；而在间接代理中，报关企业接受进出口货物收发货人的委托，以自己的名义办理报关手续时，应当承担与收发货人相同的法律责任。目前，我国报关企业大多采取直接代理形式报关，经营快件业务的营运人等国际货物运输代理企业适用间接代理报关。

（四）口岸报关、属地报关和"属地＋口岸"报关

口岸报关，是指进出境货物由报关人在货物的进出境地海关办理海关手续的报关方式。

属地报关，是指进出境货物由报关人在设有海关的货物指运地或起运地办理海关手续的报关方式。属地报关必须办理相应的转关手续。

"属地＋口岸"报关，是指进出境货物由报关人在属地海关办理申报手续，在口岸海关办理验放手续的报关方式。

（五）逐票报关和集中报关

逐票报关（申报），即以每票货物为单位按规定的格式向海关申报，属于一种传统的报关方式。集中申报是指对同一口岸多批次进出口的货物，经海关备案，收发货人可以先以清单方式申报办理货物验放手续，再以报关单形式集中办理其他海关手续的一种特殊通关方式。

（六）有纸报关和无纸报关

有纸报关，即报关人按照海关规定的格式，以书面形式向海关申报，属于传统申报方式，其基本特点是手工操作。无纸报关是利用现代信息技术，采取联网方式，对进出口货物申报数据和报文进行自动处理的一种先进的报关方式，具有数据处理自动化程度高、通关速度快、成本低等特点。

第二节　报　关　单　位

一、报关单位的概念

根据《中华人民共和国海关报关单位注册登记管理规定》第四条的规定："除法律、行政法规或者海关规章另有规定外，办理报关业务的报关单位，应当按照本规定到海关办理注册登记。"第五条规定："报关单位注册登记分为报关企业注册登记和进出口货物收发货人注册登记。报关企业应当经所在地直属海关或者其授权的隶属海关办理注册登记许可后，方能办理报关业务。进出口货物收发货人可以直接到所在地海关办理注册登记。"同时我国《海关法》第十一条规定："进出口货物收发货人、报关企业办理报关手续，必须依法经海关注册登记。"

从以上的规定中我们可以得出，报关单位必须依法向海关注册登记，企

业只有在海关进行了报关注册登记才意味着具备了报关权，才可以开展相关进出口货物的报关业务，而不具有报关权的企业要办理其进出口货物的报关，必须委托有报关权的企业进行代理报关。

报关单位在报关过程中应当遵守《海关法》和有关法律、行政法规，并按照海关的要求，办理进出境手续，享有独立的法律权利并能独立承担法律责任。

二、报关单位的类型

我国《海关法》第九条的规定："进出口货物，除另有规定的外，可以由进出口货物的收发货人自行办理报关纳税手续，也可以由进出口货物收发货人委托海关准予注册的报关企业办理报关纳税手续。"因此，我们可将报关单位分为进出口货物收发货人即自理报关单位与报关企业即代理报关单位两种类型。

（一）进出口货物收发货人

进出口货物收发货人是指依法直接进口或者出口货物的中华人民共和国关境内的法人、其他组织或者个人。要理解这一概念需要注意以下几个问题。

1. 进出口货物收发货人的范围不局限于法人，还包括其他组织和个人。个人可以以个体工商户身份到海关办理报关注册登记，成为进出口货物收发货人，取得独立的海关编码。

2. 进出口货物收发货人与对外贸易经营者是两个既有区别又有联系的概念。

（1）进出口货物收发货人是以经营单位的名义向海关办理报关业务的单位，而对外贸易经营者既有可能是直接向海关申报的经营单位，也有可能是进出口货物的境内最终收货单位。

（2）虽然大部分的进出口货物收发货人都是对外贸易经营者，如企业法人、合伙企业、合作企业、个体工商户等，但并不是所有领取"对外贸易经营者备案登记表"的单位都可以成为进出口货物收发货人。如部分法人企业的分公司，虽然领取了"对外贸易经营者备案登记表"，但由于其不具有独立的报关申报主体资格，也不能到海关办理注册登记，其在报关时应当使用总公司的名义和注册登记编码申报。

（3）进出口货物收发货人也不一定都是对外贸易经营者，从事非贸易性活动的单位如国家机关、学校、科研院所等组织机构或者接受临时捐赠、礼品、国际援助的单位等，虽然不是对外贸易经营者，但由于其有直接的进出口活动，仍可以到海关办理临时报关注册登记手续，成为进出口货物收发货人，这些单位被称为临时报关单位。经海关注册登记后，这些单位就获得了临时报关权，报关范围仅限于本单位进出口非贸易性物品。

3. 进出口货物收发货人必须是在海关办理了报关注册登记手续的单位。

4. 进出口货物收发货人只能为本企业的进出口货物办理报关业务。

（二）报关企业

报关企业就是那些经海关准予注册登记，接受进出口货物收发货人的委托，以进出口货物收发货人名义或者以自己的名义，向海关办理代理报关业务，从事报关服务的境内企业法人。理解报关企业概念时要特别注意以下几点。

1. 报关企业只能是法人，不能是自然人或其他组织。但具备法定条件的报关企业可以设立分支机构进行跨关区报关，报关企业对其分支机构行为承担法律责任。

2. 报关企业要获得报关资格必须先经直属海关获得注册登记许可。

3. 报关企业有两类：一类是经营国际货运运输代理、国际运输工具代理等业务，兼营进出口货物的报关纳税等事宜的企业，如存在时间较长的对外贸易运输公司和外轮代理公司等；另一类是专门接受委托，代为办理进出口货物和进出境运输工具报关纳税等事宜的企业，包括报关行、报关服务中心、报关服务咨询中心等专业报关企业。

4. 报关公司或报关行只能采取直接代理报关形式，国际货物运输代理公司可以直接代理报关，也可以间接代理报关，但是只有在经营国际快件业务时才可以采用间接代理形式。

三、报关单位的行为规则

（一）进出口货物收发货人的报关行为规则

进出口货物收发货人经海关注册登记后，可以在中华人民共和国关境内的各个口岸或者海关监管业务集中的地点办理本单位的报关业务，但不得代理其他单位报关。进出口货物收发货人自行办理报关业务时，应当通过本单位所属的报关员向海关办理。

进出口货物的收发货人可以委托海关准予注册登记的报关企业，由报关企业所属的报关员代为办理报关业务，但不得委托未取得注册登记许可的单位或个人办理报关业务。

进出口货物的收发货人办理报关业务时，向海关递交的纸质进出口报关单必须加盖本单位在海关备案的报关专用章。

进出口货物收发货人应对其所属的报关员的报关行为承担相应的法律责任。进出口收发货人所属的报关员离职，报关员未按规定办理报关员注销的，进出口货物收发货人应当自报关员离职之日起 7 日内向海关报告并将报关员 IC 卡交注册地海关予以注销；报关员未交还报关员 IC 卡的，其所属单位应当在报刊上声明作废，并向注册地海关办理注销手续。

（二）报关企业的报关行为规则

1. 报关企业报关服务的范围

报关企业在取得注册登记许可的直属海关关区外从事报关服务的，应当依法设立分支机构，并且向分支机构所在地海关备案。报关企业在取得注册登记许可的直属海关关区内从事报关服务的，可以设立分支机构，并且向分支机构所在地海关备案。报关企业分支机构可以在备案海关关区内从事报关服务。备案海关为隶属海关的，报关企业分支机构可以在备案海关所属直属海关关区内从事报关服务。报关企业对其分支机构的行为承担法律责任。

2. 报关企业从事报关服务应当履行的义务

（1）遵守法律、行政法规、海关规章的各项规定，依法履行代理人职责，配合海关监管工作，不得违法滥用报关权。

（2）依法建立账簿和营业记录。报关企业应当真实、正确、完整地记录其委托办理报关业务的所有活动，详细记录进出口时间、收发货单位、报关单号、货值、代理费等内容，完整保留委托单位提供的各种单证、函电，接受海关稽查。

（3）报关企业应当与委托方签订书面委托协议，委托书应载明报关单位名称、地址、代理事项、双方责任、代理期限、委托人的名称、地址、法定代表、企业性质及经营范围等内容，并由双方签章确认。

（4）报关企业接受进出口货物收发货人的委托，办理报关手续时，应对委托人所提供情况的真实性、完整性进行合理审查，否则承担相应的法律责任。审查内容包括：证明进出口货物的实际情况的资料，包括进出口货物的名称、规格、用途、产地、贸易方式等；有关进出口货物的合同、发票、运输单据、装箱单等商业单据；进出口所需的许可证及随附单证；海关要求的加工贸易手册（纸质或电子）及其他进出口单证等。报关企业未对进出口货物收发货人提供资料的真实性、完整性履行合理审查义务或违反海关规定申报的，应当承担相应的法律责任。

（5）报关企业不得转借其名义，也不得借用他人名义进行报关活动。

（6）对于代理报关的货物涉及走私违规情况的，报关企业应当协助海关进行调查。

（7）海关对报关单位办理海关业务中出现的报关差错予以记录，并且公布记录情况的查询方式。报关单位对报关差错记录有异议的，可以自报关差错记录之日起 15 日内向记录海关以书面方式申请复核。海关应当自收到书面申请之日前 15 日内进行复核，对记录错误的予以更正。

3. 其他规则

（1）报关企业办理报关业务时，向海关提交纸质进出口货物报关单必须加盖本单位在海关备案的报关专用章。报关企业的报关专用章仅限在其标明的口岸地或海关监管业务集中地使用，每一口岸地或海关监管业务集中地报关专用章应当只有一枚。

（2）报关单位应当对其所属报关员的行为承担相应的法律责任。报关企业所属的报关员离职，报关员未按规定办理报关员注销的，报关企业应当自报关员离职之日起 7 日内向海关报告并将报关员 IC 卡交注册地海关予以注销；报关员未交还报关员 IC 卡的，其所属单位应当在报刊上声明作废，并向注册地海关办理注销手续。

四、报关单位的海关法律责任

报关单位在办理报关业务时，应当遵守国家有关法律、行政法规和海关的各项规定，并对所申报货物的品名、规格、价格、数量等的真实性、合法性负责，承担相应的法律责任。

报关单位的海关法律责任，是指报关单位违反海关法律规范所应承担的法律后果，并由海关及有关司法机关对其违法行为予以追究、实施法律制裁。《海关法》、《海关行政处罚实施条例》和有关海关行政规章等都对报关单位的法律责任进行了规定，《刑法》中关于走私犯罪的规定都是报关单位承担海关法律责任的依据。

（一）报关单位海关法律责任的原则性规定

1. 报关单位有违反《海关法》及有关法律、行政法规、海关规章或海关规定程序及手续尚未构成走私的行为，海关按《中华人民共和国海关法行政处罚实施条例》有关规定进行处罚。

2. 报关单位违反《海关法》及有关法律、行政法规，逃避海关监管，偷逃应纳税款，逃避海关有关进出境的禁止性或者限制性管理，非法运输、携

带、邮寄国家禁止、限制进出口或者依法应当缴纳税款的货物、物品进出境，或者未经海关许可并且未缴纳应纳税款、交验有关许可证件，擅自将保税货物、物品、进境的境外运输工具在境内销售，尚不构成犯罪的，由海关没收货物、物品及违法所得，可以并处罚款；对专门或者多次用于掩护走私的货物、物品，专门或者多次用于走私的运输工具，海关将予以没收；对藏匿走私货物、物品的特制设备，海关将责令拆毁或者没收。

3. 报关单位违反《刑法》、海关法律法规，逃避海关监管，偷逃应纳税款，逃避国家有关进出境的禁止性或限制性规定，情节严重、数额较大，构成犯罪的，将被依法追究刑事责任。

（二）报关单位违反海关监管规定的行为及其处罚

1. 违反国家进出口管理规定，进出口国家禁止进出口的货物的，责令退运，处 100 万元以下罚款。

2. 违反国家进出口管理规定，进出口国家限制进出口的货物的，进出口货物的收发货人向海关申报时不能提交许可证件的，进出口货物不予放行，处货物价值 30% 以下罚款。

3. 违反国家进出口管理规定，进出口属于自动进出口许可管理的货物，进出口货物的收发货人向海关申报时不能提交自动许可证明的，进出口货物不予放行。

4. 报关单位在办理报关业务的过程中，进出口货物的品名、税则号列、数量、规格、价格、贸易方式、原产地、起运地、运抵地、最终目的地或者其他应当申报的项目未申报或者申报不实的，分别依照下列规定予以处罚，有违法所得的，没收违法所得：

（1）影响海关统计准确性的，予以警告或者处 1000 元以上 1 万元以下罚款；

（2）影响海关监管秩序的，予以警告或者处 1000 元以上 3 万元以下罚款；

（3）影响国家许可证件管理的，处货物价值 5% 以上 30% 以下罚款；

（4）影响国家税款征收的，处漏缴税款 30% 以上 2 倍以下罚款；

（5）影响国家外汇、出口退税管理的，处申报价格 10% 以上 50% 以下罚款。

在代理报关业务中，因进出口货物收发货人未按照规定向报关企业提供所委托报关事项的真实情况，致使发生上述情形的，有关法律责任由委托人承担；因报关企业对委托人所提供情况的真实性未进行合理审查，或者因工作疏忽致使发生上述情形的,可以对报关企业处货物价值10%以下罚款,暂停其6个月以内从事报关业务,情节严重的,撤销其报关注册登记。

5. 报关单位有下列行为之一的,处货物价值5%以上30%以下罚款,有违法所得的,没收违法所得:

(1)未经海关许可,擅自将海关监管货物开拆、提取、交付、发运、调换、改装、抵押、质押、留置、转让、更换标记、移作他用或者进行其他处置的;

(2)未经海关许可,在海关监管区以外存放海关监管货物的;

(3)经营海关监管货物的运输、储存、加工、装配、寄售、展示等业务,有关货物灭失、数量短少,或者记录不真实,不能提供正当理由的;

(4)经营保税货物的运输、储存、加工、装配、寄售、展示等业务,不依照规定办理收存、交付、结转、核销等手续,或者中止、延长、变更、转让有关合同不依照规定向海关办理手续的;

(5)未如实向海关申报加工贸易制成品单位耗料量的;

(6)未按照规定期限将过境、转运、通运货物运输出境,擅自留在境内的;

(7)未按照规定期限将暂时进出口货物复运出境或者复运进境,擅自留在境内或者境外的;

(8)有违反海关规定的其他行为,致使海关不能或者中断对进出口货物实施监管的。

上述规定中所涉货物属于国家限制进出口需要提交许可证件的,当事人在规定期限内不能提交许可证件的,另处货物价值30%以下罚款;漏缴税款的,可以另处漏缴税款1倍以下罚款。

6. 报关单位有下列行为之一的,予以警告,可以处3万元以下罚款:

(1)擅自开启或者损毁海关封志的;

(2)遗失海关制发的监管单证、手册等凭证,妨碍海关监管的。

7. 伪造、变造、买卖海关单证的,处5万元以上50万元以下罚款,有违法所得的,没收违法所得;构成犯罪的,依法追究刑事责任。

8. 进出口侵犯知识产权货物的,没收侵权货物,并处货物价值30%以下罚款;构成犯罪的,依法追究刑事责任。

需要向海关申报知识产权状况,而未按规定向海关如实申报的,或者未提交合法适用有关知识产权的证明文件的,可以处5万元以下罚款。

9. 报关企业有下列情形之一的,责令改正,给予警告,可以暂停其6个月以内从事报关业务:

（1）拖欠税款或者不履行纳税义务的；

（2）报关企业出让其名义供他人办理进出口货物报关纳税事宜的；

（3）损坏或者丢失海关监管货物，不能提供正当理由的；

（4）有需要暂停其从事报关业务的其他违法行为的。

10. 报关企业有下列情形之一的，海关可以撤销其注册登记：

（1）报关企业构成走私犯罪或者 1 年内有 2 次以上走私行为的；

（2）所属报关员 1 年内 3 人次以上被海关暂停执业的；

（3）被海关暂停从事报关业务，恢复从事报关业务后 1 年内再次发生拖欠税款或者不履行纳税义务、出让企业名义供他人办理进出口货物报关纳税事宜、损坏或者丢失海关监管货物且不能提供正当理由等情形的；

（4）有需要撤销其注册登记的其他违法行为的。

11. 报关企业非法代理他人报关或者超出海关准予的从业范围进行报关活动的，责令改正，处 5 万元以下罚款，暂停其 6 个月以内从事报关业务；情节严重的，撤销其报关注册登记。

12. 进出口货物收发货人、报关企业向海关工作人员行贿的，撤销其报关注册登记，并处 10 万元以下罚款；构成犯罪的，依法追究刑事责任，并不得重新注册登记为报关单位。

13. 提供虚假资料骗取海关注册登记的，撤销其注册登记，并处 30 万元以下罚款。

14. 海关对于未经海关注册登记从事报关业务的，予以取缔，没收违法所得，可以并处 10 万元以下罚款。

15. 报关单位有下列情形之一的，海关予以警告，责令其改正，并可以处人民币 1 万元以下罚款：

（1）报关单位企业名称、企业性质、企业住所、法定代表人（负责人）等海关注册登记内容发生变更，未按照规定向海关办理变更手续的；

（2）向海关提交的注册信息中隐瞒真实情况、弄虚作假的。

此外，根据《海关法》的规定，海关准予从事有关业务的企业，违反《海关法》有关规定的，由海关责令改正，可以给予警告、暂停其从事有关业务，直至撤销注册登记，因此与报关活动相关的其他法人在从事与报关相关的活动中，违反《海关法》及有关法律、行政法规的，也要承担相应的行政、刑事法律责任。

对于法人或者其他组织有违反《海关法》及有关法律、行政法规的行为，除处罚该法人或者组织外，对其主管人员和直接责任人员予以警告，可以处 5 万元以下罚款，有违法所得的，没收违法所得。

第三节　报　关　员

进出口货物的报关是一项复杂而又非常重要的工作，一方面，报关工作的质量，报关的真实性、准确性直接关系到海关对进出口货物合法进出的监管；另一方面，报关工作的真实、准确也与进出口活动当事人息息相关，影响其办理通关手续的效率。这就在客观上要求报关事务只能由经海关备案的专业人员代表收发货人或者报关企业向海关办理。这些专业人员就是报关员。

一、报关员的概念

2014 年 3 月实施的《中华人民共和国海关报关单位注册登记管理规定》将报关员界定为：经报关单位向海关备案，专门负责办理所在单位报关业务的人员。

我国海关规定，向海关办理进出口报关纳税手续的报关人员不是自由职业者，必须受雇于某一个企业。由于只有获得对外贸易经营权的企业和报关企业才可以向海关办理报关纳税手续，因此，报关员只能受雇于进出口货物收发货人或者报关企业，并代表该企业办理报关纳税手续。我国有关法律禁止非法接受他人委托从事报关业务。

二、报关员备案

报关单位所属人员从事报关业务的，报关单位应当到海关办理报关人员的备案手续，海关予以核发证明。《中华人民共和国海关报关单位注册登记管理规定》第五条规定："报关单位可以在办理注册登记手续的同时办理所属报关人员备案。"

（一）备案申请所需材料

1. 企业注册登记业务申请书；

2. 报关单位情况登记表（所属报关人员）；

3. 拟备案报关人员有效身份证件原件（交海关验核）。

同时需要注意的是：申请人需要预录入申请信息，申请信息提交成功后，方可到所在地海关企管业务窗口递交纸质申请资料。

申请人应将申请材料按上述顺序排列提交，按规定提交复印件的，应当加盖公章同时向海关交验原件。

（二）备案申请审批时限及结果

所在地海关受理申请后，对申请材料是否齐全和有效性进行审批，对于符合规定的，应当在 3 个工作日内完成备案。并且由海关核发"报关人员备案证明"。同时申请人应该凭受理回执及领证人身份证件原件领取"报关人员备案证明"，如图 1-1 所示。

报关人员备案证明

（报关单位名称）：

你单位（海关注册编号：_____）所属报关人员_____

（（身份证件类型）号码：_____）已完成海关备案，备案编号：

_____，备案日期：_____。

海关

（注册登记印章）

年　月　日

图 1-1　报关人员备案证明

（三）报关单位所属报关员备案变更

报关单位所属报关人员备案内容发生变更的，报关单位应当在变更事实发生之日起 30 日内，到注册地海关办理变更手续。

1. 申请材料

（1）企业注册登记业务申请书；

（2）报关人员备案证明；

（3）报关单位情况登记表（所属报关人员）；

（4）变更证明文件。

需要注意的事项和首次备案要求一致。

2. 审批时限及结果

所在地海关受理申请后，对申请材料齐全、有效的，应当在 3 个工作日内完成备案变更，换发"报关人员备案证明"。申请人应凭受理回执及领证人身份证件原件领取"报关人员备案证明"。

获得"报关人员备案证明"即成为报关单位的报关员，海关核发报关员卡（即 IC 卡），报关员凭 IC 卡，按照报关单位的要求和委托人的委托依法办理相关的报关业务。海关通过系统对报关单位的报关差错进行记录，不再对报关人员进行报关业务岗位考核。

三、报关员水平测试考试

根据海关总署 2013 年第 54 号公告，为了落实简政放权，决定取消报关员资格核准制，自 2014 年起不再组织报关员资格考试。但报关工作专业性又很强，具有全国统一性和规范一致性的特点，报关质量也直接关系到通关效率和企业经营，报关从业人员队伍建设是报关行业建设与发展的重要基础。所以对新入职的报关人员进行统一测试并出示相应的报告，不仅有利于报关企业选聘人才，同时也会缩短报关新人适应工作的周期。同时，全国统一的报关水平测试工作也会给相应的职业院校提供培训方向，有助于提高整个行业的职业素养，也有利于进一步推进报关行业职业技能建设。

（一）考试简介

报关员水平测试考试不再是行政强制考试，而是自愿参加，由需要的人员自行决定是否参加考试。考试内容更广泛，除必备的基础知识外，突出了进出境现场报关、保税加工报备报核、商品归类、报关单填制、报关核算等基本操作技能测评。成绩发放不再是通过或者不通过，而是就报关基础知识及报关业务技能水平进行综合的评价与定量分析，特别是将按"技能模块"为单元给出相应的水平评价与分析。这样企业用人将会有针对性地选择，考试人员也会清楚自己的优劣之处。报关测试水平的有效期 3 年，因为测试的内容要根据对外贸易和海关业务的变化进行及时调整。

（二）报名条件

报名参加测试的人员应当符合下列条件：

1. 具有中华人民共和国国籍，包括持有有效"港澳居民来往内地通行证"的港澳居民和"台湾居民来往大陆通行证"的台湾居民；

2. 年满 18 周岁，具有完全民事行为能力；

3. 高中毕业或同等学力及以上，包括应届毕业生。

（三）不能报名的情形

有下列情形之一的，不得报名参加测试，已经办理报名手续的，报名无效：

1. 因刑事犯罪受过处罚的；

2. 因在报关活动中向海关工作人员行贿，被海关依法处理的；

3. 在测试中曾发生作弊行为，被宣布测试结果无效的。

由于上述原因报名无效的，报名费用不予退还。

测试采取网上报名、网上缴费的方式，测试结束后 2 个月内发布测试结果，考生应当自测试结果发布之日起 6 个月内向所在地考试点申领"报关水平测试成绩分析报告书"。申领"报关水平测试成绩分析报告书"时，应当提交本人身份证件和准考证。

"报关水平测试成绩分析报告书"由中国报关协会统一制作，在全国范围内有效，有效期 3 年。如在有效期内损毁、遗失的，可申请补发。

【本章小结】

①报关是国际货物贸易中的一个重要环节，在介绍报关概念的基础上分析了报关范围与报关按照不同标准的分类。②报关单位是报关的主体，主要包括进出口货物的收发货人与报关企业，报关单位在报关过程中要遵守相应的报关行为规则，有违反海关规定的行为要承担相应的法律责任。③报关员是专门到海关办理报关业务的人员，要成为报关员必须办理海关备案手续，报关员的行为规范由所在的报关单位负责和管理。同时对报关员水平测试考试的情况进行介绍。

【思考练习】

1. 如何理解报关的含义？

2. 报关与通关有何区别？

3. 如何理解进出口货物收发货人与对外贸易经营者的关系？

4. 如何区别自理报关与代理报关？

5. 报关单位主要有哪几类？

6. 不同的报关单位在报关活动中有哪些注意事项？

7. 报关单位注册时出现哪些行为，海关警告并可以处人民币 1 万元以下罚款？

8. 报关员备案时需要提交哪些材料？

9. 报名参加报关员水平测试的人员应当符合哪些条件？

10. 哪些情况不能参加报关员水平测试考试？

【案例分析】

1. 辽宁红星小学接受国外捐助的一批文具在大连口岸报关时，海关以红星小学没有进出口经营权为理由拒绝接受报关，并要求红星小学委托一报关企业代理报关。请问：海关的要求是否有道理？为什么？

2. 大连通达报关公司接受大连三叶食品有限公司的委托向大连海关办理报关业务，通达公司在接受委托时并没有察觉到该食品企业有瞒报情况，结果在向大连海关办理报关时被海关发现，海关决定对通达报关公司进行处罚。通达报关公司以自己不知情为由要求大连海关处罚三叶食品企业，请问通达报关公司的要求是否合理，为什么？

3. 台商王先生在浙江宁波开了 A、B 两家服装公司，为降低企业成本，王先生有以下两点设想：

（1）只对 A 公司向海关办理注册登记，取得报关权，如 B 公司需要报关时直接委托 A 公司办理；

（2）对 A、B 两公司都向海关办理注册登记，取得报关权，分别让 A 公司的会计小王和 B 公司业务员小李办理两个公司的报关业务。

请问：王先生降低企业成本的以上两种设想是否可行，为什么？

第二章　海关与报关管理制度

【本章提要】本章对海关的性质与任务进行了简要介绍，重点分析了国家赋予海关的各项权力，简要分析了我国海关的领导体制与组织机构。同时，报关与海关管理也有着十分密切的关系，报关质量与报关秩序直接影响着海关工作任务的完成。海关作为国家进出关境的监督管理机构，其管理最终应作用在对"人"的管理上，即对报关单位的管理。具体包括：报关单位的注册登记制度、报关单位的分类管理制度等。

【典型案例导入】近日，某一企业报关员李女士前往金华海关驻永康办事处办理出口业务。在办理过程中，窗口工作人员告诉她，企业已无法适用"属地申报、口岸验收"模式。原来，李女士所在企业的海关管理类别已从 A 类降为 B 类，失去了享受海关便捷通关政策的资格。那这到底是怎么回事呢？事后，李女士得知，原来企业未按期参加年审，致使管理类别下调了。企业被降级的主要原因分三类：未按时报送企业年度《企业管理状况评估报告》、未按期参加年审和年度进出口总值未达到 50 万美元。已经实行 A 类管理的企业必须在每年 4 月 30 日前，提交《经营管理状况评估报告》，还有进行三年一次的海关《报关注册登记证书》年审。根据海关总署公告的规定，不按期参加年审的企业，海关将不再受理其办理报关业务，若要再办理的，应当重新办理注册登记，原 A 类企业类别按新注册企业 B 类管理。此外，被降级的另一大原因为"年度进出口总值未达到 50 万美元"。因此，海关建议 A 类企业每年年底时对照标准进行自查补救，及时掌握年度进出口总值是否达到 50 万美元以上，未达到的通过及时采取措施进行补救，防止类别被下调。据悉，海关每年 4—5 月，根据《海关企业分类管理办法》的相关规定，均会对上一年度辖区的 A 类企业进行一次集中年审，对不符合标准的将一律下调类别，下调类别之日起满一年后，才能再次申请上调类别。下调企业不再享受通关优惠。海关在对 A 类企业实行常规管理制度的基础上，还提供很多便利通关的"优惠政策"，而这些被降级的企业将与这些便利通关措施无缘。A 类企业可享受优先办理货物申报、查验、放行手续，按规定实行银行保证金台账"空转"制度，优先办理加工贸易备案、变更、报核等手续，优先办理报关注册登记手续等，而这些优惠政策 B 类企业均无法享受。企业降级后，通常需要一年以上的时间才能重返 A 类企业。"属地申报、口岸验放"业务是海关推出的一项便捷通关措施，凡是被评为 A 类以上管理类别，并能通过海关守法状况风险评估的企业，即可向海关申请开展该项业务。适用该通关模式后，进出口企业即可享受在当地海关申报纳税、在口岸直接提货的便利。根据"守法便利"原则，海关对企业设置 AA、A、B、C、D 五个管理类别，适用差别化管理措施。A 类及以上企业可以享受手续优先办理、便捷通关试点、预约通关、区域通关等多项优惠服务。

第一节　海 关 介 绍

一、海关的起源

据史书记载，早在上古西周时，我国便开始设关。公元前 11 世纪，奴隶制经济已经成熟，商品经济已经得到相当程度的发展，各民族的交往日渐增多，国家机构和政治制度日趋完备。西周建立后，即开始建立管理陆路进出境事务的关卡机构，在古籍中即有"关，界上门""关执禁以讥"的记载。这些机构尤其注意那些说外地语言、穿外地服装、形迹可疑的人，其目的在于防止奴隶外逃和奸细潜入，带有军事色彩。

到了春秋战国时期，由于农业、手工业生产的发展，商品交换的发达和专业商贾的兴起，各诸侯国之间以及他们与境外各国之间交往的频繁、斗争的加剧，加上内外长城的建成、城市的发展，以及国家机构和政治制度的完善等，关卡日渐增多，并开始征收关税，单是古籍中就出现了许多关于"关"、"关市之征"的记载。可以说，这就是我国海关的萌芽。之后，随着中国封建帝国版图的扩大，逐渐扩大到对海上贸易的管理，如唐朝出现了市舶司一类的机构，管理海上贸易活动。

在中国海关发展和演变的过程中，正式使用海关这一名词的是在清朝康熙二十四年，当时在沿海地带设立了江、浙、闽、粤四个海关。此后，无论内地、沿海，还是沿边，所设之关通称为"海关"。

经过几千年的发展，海关已经成为国家管理体系中的一个重要环节。新中国成立初期，设立在沿海口岸的海关机构称为"海关"，设立在陆路边境以及内陆的海关机构称为"关"。在"海关"或"关"下设分关或支关。1985年2月18日，海关总署下达《关于统一海关机构名称和调整隶属关系的通知》，将原来的海关、关、分关、支关统一改称为海关，并将全国121个海关机构的级别分为局、副局、处、科级。其中局级海关、部分副局级及处级海关由海关总署直接领导，称为直属海关，其余海关分别隶属于直属海关。海关机构的隶属关系由海关总署根据需要确定，不受行政区划的限制。

二、海关的性质

《海关法》第二条规定："中华人民共和国海关是国家的进出关境监督管理机关。"这一规定明确表述了中国海关的性质。

（一）海关是国家行政机关

我国的国家机关包括享有立法权的立法机关、享有司法权的司法机关和享有行政管理权的行政机关。海关是国家的行政机关之一，从属于国家行政管理体制，属于我国最高国家行政机关——国务院的直属机构。海关对内对外代表国家依法独立行使行政管理权。

（二）海关是国家进出境监督管理机关

海关履行国家行政制度的监督职能，是国家宏观管理的一个重要组成部分。海关依照有关法律、行政法规并通过法律赋予的权力，制定具体的行政规章和行政措施，对特定领域的活动开展监督管理，以保证其按国家的法律规范进行。

海关实施监督管理的范围是进出关境及与之有关的活动，监督管理的对象是所有进出关境的运输工具、货物、物品。

关境是世界各国海关通用的概念，指适用于同一海关法或实行同一关税制度的领域。

（三）海关的监督管理是国家行政执法活动

海关通过法律赋予的权力，对特定范围内的社会经济活动进行监督管理，并对违法行为依法实施行政处罚，以保证这些社会经济活动按照国家的法律规范进行。因此，海关的监督管理是保证国家有关法律、法规实施的行政执法活动。

海关执法的依据是《海关法》和其他有关法律、行政法规。

三、海关的任务

海关的任务是由海关的性质决定的。依据《海关法》，海关的基本任务有四项，即监管、征税、查缉走私和编制海关统计。

（一）监管

海关监管（不是海关监督管理的简称），是指海关运用国家赋予的权力，通过一系列管理制度与管理程序，依法对进出境运输工具、货物、物品及相关人员的进出境活动所实施的一种行政管理。海关监管是一项国家职能，其目的在于保证一切进出境活动符合国家政策和法律的规范，维护国家主权和利益。

海关监督管理则是海关全部行政执法活动的统称。

根据监管对象的不同，海关监管分为海关对进出口货物的监管、对进出境物品的监管和对进出境运输工具的监管三大体系，每个体系都有不同的管理程序与方法。

监管是海关最基本的任务，是四项任务的基础，海关的其他任务都是在监管工作的基础上进行的。

（二）征税

征税是指海关依据《海关法》、《中华人民共和国进出口关税条例》，代表国家征收关税和其他税、费。关税是指由海关代表国家，按照《海关法》和进出口税则，对准许进出口的货物、进出境物品征收的一种税。其他税、费是指海关在货物进出口环节，按照关税征收程序征收的有关国内税、费，包括增值税、消费税、船舶吨税及海关监管手续费、滞报金、滞纳金等。

（三）缉私

查缉走私是指海关依照法律赋予的权力，在海关监管场所和海关附近的沿海沿边规定地区，为发现、制止、打击、综合治理走私活动而进行的一种调查和惩处活动。它是海关为保证顺利完成监管和征税等任务而采取的一种保障措施。

《海关法》第五条规定："国家实行联合缉私、统一处理、综合治理的缉私体制。海关负责组织、协调、管理查缉走私工作。"从法律上明确了海关打击走私的主导地位以及在与有关部门的执法协调。海关是打击走私的主管机关，查缉走私是海关的一项重要任务。为了严厉打击走私犯罪活动，根据党中央、国务院的决定，我国组建了专司打击走私犯罪的海关缉私警察队伍，负责对走私犯罪案件的侦察、拘留、执行逮捕和预审工作。海关通过查缉走私，能够有效地制止和打击一切非法进出境货物、物品的行为，维护国家进出口贸易的正常秩序，保障社会主义现代化建设的顺利进行，维护国家关税政策的有效实施，保证国家关税和其他税、费的依法征收，保证海关职能作用的发挥。

根据我国的缉私体制，除了海关以外，公安、工商、税务、烟草专卖等执法部门也有查缉走私的权力，但这些部门查获的走私案件，必须按照法律规定，统一处理。各部门查获的不构成走私罪应当给予行政处罚的案件，一律交海关作行政处罚；涉嫌犯罪的，应当移送海关侦查走私犯罪公安机构或地方公安机关依据案件管辖分工和法定程序办理；各部门查获的走私货物、物品和价款，一律交海关依法处理，海关按照国家有关规定，足额及时上缴国库。

（四）统计

国务院确定海关统计为国家正式对外公布的进出口统计，因此，编制海关统计也是海关基本任务之一。

海关统计是以实际进出口货物作为统计和分析的对象，通过搜集、整理、加工处理进出口货物报关单或经海关核准的其他申报单证，对进出口货物的品种、数（重）量、价格、国别（地区）、经营单位、境内目的地、境内货源地、贸易方式、运输方式、关别等项目分别进行统计和综合分析，全面、准确地反映对外贸易的运行态势，及时提供统计信息和咨询，实施有效的统计监督，开展国际贸易统计的交流与合作，促进对外贸易的发展。《中华人民共和国海关统计条例》规定，实际进出境并引起境内物质存量增加或者减少的货物，列入海关统计；进出境物品超过自用、合理数量的，列入海关统计。对于部分不列入海关统计的进出境货物和物品，则根据我国对外贸易管理和海关管理的需要，实施单项统计。

根据联合国关于国际货物贸易统计的原则，我国将进出口货物分为列入海关统计的进出口货物、单项统计货物和不列入海关统计的货物三类。

除了这四项基本任务以外，近几年国家通过有关法律、行政法规赋予了海关一些新的职责，比如知识产权海关保护、海关对反倾销及反补贴的调查等，这些新的职责也是海关的任务。随着国家改革开放的不断深化、对外贸易的迅速增长，海关新的职责将还会出现。

四、海关的权力

海关的权力，是指国家为保证海关依法履行职责，通过《海关法》和其他法律、行政法规，赋予海关的对进出境运输工具、货物、物品的监督管理的权能。根据《海关法》及有关法律、行政法规，海关的权力主要包括：

（一）行政许可权

行政许可权是指行政主体根据行政相对人的申请，通过签发许可证件或执照的形式，依法赋予特定的行政相对人从事某种活动或实施某种行为的权利或资格的行政行为。包括报关企业的注册登记、海关监管货物的仓储审批、进出境运输工具兼营境内运输审批、暂时进出境货物的核准、免税商店设立审批、加工贸易备案（变更）、外发加工、深加工结转、余料结转、核销、放弃核销等。

（二）税费征收权

税费征收权是依法代表国家对进出口货物、物品征收关税及其他税费的权力。包括根据法律、行政法规及有关规定对进出口货物、物品征收关税；对特定的进出口货物、物品减征或免征关税；对经海关放行后的有关进出口货物、物品，发现少征或者漏征税款的，依法补征、追征税款。

（三）进出境监管权

进出境监管权是海关依据《海关法》及有关法律、行政法规，对货物、物品、运输工具进出境活动实施监管的职权。

1. 检查权

海关有权检查进出境运输工具，检查有走私嫌疑的运输工具和有藏匿走私货物、物品嫌疑的场所，检查走私嫌疑人的身体。

海关对进出境运输工具的检查不受海关监管区域的限制；对走私嫌疑人身体的检查，应在海关监管区和海关附近沿海沿边规定地区内进行；对有走私嫌疑的运输工具和有藏匿走私货物、物品嫌疑的场所，在海关监管区和海关附近沿海沿边规定地区内，海关人员可直接检查，超出此范围，在调查走私案件时，须经直属海关关长或者其授权的隶属海关关长批准，才能进行检查，但不能检查公民住处。

2. 查阅、复制权

查阅、复制进出境人员的证件，查阅与进出境运输工具、货物、物品有关的合同、发票、账册、单据、记录、文件、业务函电、录音录像制品和其他的有关资料。

3. 查问权

海关有权对违反《海关法》或者其他有关法律、行政法规的嫌疑人进行查问，调查其违法行为。

4. 查验权

海关有权查验进出境货物、个人携带进出境的行李物品、邮寄进出境的物品。海关查验货物认为必要时，可以径行提取货样。

5. 查询权

海关在调查走私案件时，经直属海关关长或者其授权的隶属海关关长批准，可以查询案件涉嫌单位和涉嫌人员在金融机构、邮政企业的存款、汇款。

6. 稽查权

海关在法律规定的年限内，对企业进出境活动及与进出口货物有关的账务、记账凭证、单证资料等有权进行稽查。

（四）行政强制权

海关行政强制，包括海关行政强制措施和海关行政强制执行。

1. 海关行政强制措施，是指海关在行政管理过程中，为制止违法行为、防止证据损毁、避免危害发生、控制危害扩大等情形，依法对公民的人身自由实施暂时性限制，或者对公民、法人或者其他组织的财物实施暂时性控制的行为。包括：

（1）限制公民人身自由。在海关监管区和海关附近沿海沿边规定地区，对走私犯罪嫌疑人，经直属海关关长或者其授权的隶属海关关长批准，可以扣留，扣留时间不得超过 24 小时，在特殊情况下可以延长至 48 小时。个人违抗海关监管逃逸的，海关可以连续追至海关监管区和海关附近沿海沿边规定地区以外，将其带回。

受海关处罚的当事人或者其法定代表人、主要负责人在出境前未缴清罚款、违法所得和依法追缴的货物、物品、走私运输工具的等值价款，又未提供担保的，海关可以通知出境管理机关阻止其出境。

（2）扣留财物。对违反海关法的进出境运输工具、货物、物品以及与之有牵连的合同、发票、账册、单据、记录、文件、业务函电、录音录像制品和其他资料，可以扣留。在海关监管区和海关附近沿海沿边规定地区（两区内），经直属海关关长或者其授权的隶属海关关长批准，对有证据证明有走私嫌疑的运输工具、货物、物品，可以扣留。在海关监管区和海关附近沿海沿边规定地区以外（两区外），对有证据证明有走私嫌疑的运输工具、货物、物品，可以扣留。有违法嫌疑的货物、物品、运输工具无法或者不便扣留，当事人或者运输工具负责人未提供等值担保的，海关可以扣留当事人等值的其他财产。海关不能以暂停支付方式实施税收保全措施时，可以扣留纳税义务人其价值相当于应纳税款的货物或者其他财产。进出口货物的纳税人、担保人在规定的纳税期限届满之日起超过 3 个月未缴纳税款的，经直属海关关长或者其授权的隶属海关关长批准，海关可以扣留其价值相当于应纳税款的货物或者其他财产。对涉嫌侵犯知识产权的货物，海关可以依法申请扣留。

（3）冻结存款、汇款。进出口货物的纳税义务人在规定的纳税期限内有明显的转移、藏匿其应税货物以及其他财产迹象，不能提供纳税担保的，经直属海关关长或者其授权的隶属海关关长批准，海关可以通知纳税义务人开户银行或者其他金融机构暂停支付纳税义务人相当于应纳税款的存款。

（4）封存货物或者账簿、单证。海关进行稽查时，发现被稽查人的进出口货物有违反《海关法》和其他法律、行政法规嫌疑的，经直属海关关长或其授权的隶属海关关长批准，可以封存有关进出口货物。海关进行稽查时，发现被稽查人有可能篡改、转移、藏匿、毁弃账簿和单证等资料的，经直属海关关长或其授权的隶属海关关长批准，在不妨碍被稽查人正常的生产经营活动的前提下，可以暂时封存其账簿、单证等有关资料。

（5）其他强制措施。进出境运输工具违抗海关监管逃逸的，海关可以连续追至海关监管区和海关附近沿海沿边规定地区以外，将其带回。对于海关监管货物，海关可以加施封志。

2. 海关行政强制执行，是指有关当事人不依法履行义务的前提下，为实现海关的有效行政管理，依法强制当事人履行法定义务的行为。包括：

（1）加收滞纳金。进出口货物的纳税义务人逾期缴纳税款的，由海关征收滞纳金。进出口货物和海关监管货物因纳税义务人违反规定造成少征或者漏征税款的，海关可予追征并加征滞纳金。

（2）扣缴税款。进出口货物的纳税义务人、担保人自规定的纳税期限届满之日起超过 3 个月未缴纳税款的，经直属海关关长或者其授权的隶属海关关长批准，海关可以书面通知其开户银行或者其他金融机构从其暂停支付的存款中扣缴税款。

（3）抵缴、变价抵缴。当事人逾期不履行海关的处罚决定又不申请复议或者提起诉讼的，海关可以将其保证金抵缴或者将其被扣留的货物、物品、运输工具依法变价抵缴。进出口货物的纳税义务人、担保人自规定的纳税期限届满之日起超过 3 个月未缴纳税款的，经直属海关关长或者其授权的隶属海关关长批准，海关可以依法变卖应税货物，或者依法变卖其价值相当于应纳税款的货物或者其他财产，以变卖所得抵缴税款。海关以扣留方式实施税收保全措施，进出口货物的纳税义务人在规定的期限内未缴纳税款的，经直属海关关长或者其授权的隶属海关关长批准，依法变卖所扣留货物或者其他财产，以变卖所得抵缴税款。进口货物的收货人自运输工具申报进境之日起超过三个月未向海关申报的，其进口货物由海关提取依法变卖处理。确属误卸或者溢卸的进境货物，原运输工具负责人或者货物的收发货人逾期未办理退运或者进口手续的，由海关提取依法变卖处理。

（五）行政处罚权

海关有权对违法当事人予以行政处罚，包括对走私货物、物品及违法所得处以没收，对有走私行为和违反海关监管规定行为的当事人处以罚款，对有违法情事的报关企业和报关员处以暂停或取消报关资格的处罚等。

（六）走私犯罪侦查权

1. 侦查权

海关的缉私部门有权侦查有走私嫌疑的人员、货物、物品和行为，包括扣留有关货物、物品、运输工具及人员。

2. 拘留权

海关有权对有走私嫌疑的人员予以拘留，进行审查。

3. 执行逮捕权

海关有权对经确认有重大走私犯罪嫌疑的当事人执行逮捕，以进一步审查其行为。

4. 预审权

海关有权对走私犯罪嫌疑人进行初步审讯，以便确定有关的犯罪事实和证据，为移送检察机关提起诉讼做好准备工作。

（七）佩带和使用武器权

海关为履行职责，可以依法佩带武器，海关工作人员在履行职责时可以使用武器。1989年6月，海关总署、公安部联合发布《海关工作人员使用武器和警械的规定》。根据该项规定，海关使用的武器包括轻型枪支、电警棍、手铐以及其他经批准可使用的武器和警械；使用范围为执行缉私任务时；使用对象为走私分子和走私嫌疑人；使用条件必须是在不能制服被追缉逃跑的走私团体或遭遇武装掩护走私，不能制止以暴力掠夺查扣的走私货物、物品和其他物品，以及以暴力抗拒检查、抢夺武器和警械、威胁海关工作人员生命安全非开枪不能自卫时。

（八）连续追缉权

进出境运输工具或者个人违抗海关监管逃逸的，海关可以连续追至海关监管区和海关附近沿海、沿边规定地区以外，将其带回处理。这里所称的逃逸，既包括进出境运输工具或者个人违抗海关监管，自海关监管区和海关附近沿海、沿边规定地区向内（陆地）一侧逃逸，也包括向外（海域）一侧逃逸。海关追缉时需保持连续状态。

五、海关的管理体制与组织机构

海关机构是国务院根据国家改革开放的形势以及经济发展战略的需要，依照海关法律而设立的。改革开放以来，随着我国对外经济贸易和科技文化交流与合作的发展，海关机构不断扩大，机构的设立从沿海沿边口岸扩大到内陆和沿江、沿边海关业务集中的地点，并形成了集中统一管理的垂直领导体制。这种领导体制为海关从全局出发，坚决贯彻执行党的路线、方针、政策和国家的法律、法规以及贯彻海关"依法行政，为国把关，服务经济，促进发展"的工作方针提供了保证。

（一）海关的领导体制

为了有效地履行海关进出境监督管理职能，适应国家改革开放、社会主义现代化建设的需要，提高管理效率，维持正常的管理秩序，海关必须建立完善的领导体制。

新中国成立以来，海关的领导体制经历了以下几个阶段的变更：

1. 在 1980 年以前的 30 年间，海关总署作为国务院的一个职能部门和组成部分，在海关系统实行集中统一的垂直领导体制外，其余大部分时间海关总署都是划归对外贸易部领导，各地方海关受对外贸易部和所在省、自治区、直辖市人民政府的双重领导。

2. 1980 年 2 月国务院做出《国务院关于改革海关管理体制的决定》，恢复了海关集中统一的垂直领导体制。

3. 2000 年新《海关法》第三条规定："国务院设立海关总署，统一管理全国海关。""海关的隶属关系，不受行政区划的限制。"这一规定明确了海关总署作为国务院直属部门的地位，进一步划清了海关机构的隶属关系，把海关集中统一的垂直领导体制以法律的形式确立下来。

海关集中统一的垂直领导体制既适应了国家改革开放、社会主义现代化建设的需要，也适应了海关自身建设与发展的需要，有力地保证了海关各项监督管理职能的行使。

（二）海关的设关原则

根据《海关法》的规定，海关的设关原则是："国家在对外开放的口岸和海关监管业务集中的地点设立海关。海关的隶属关系，不受行政区划的限制。海关依法独立行使职权，向海关总署负责。"这一设关原则为海关管理从口岸向内地、进而向全关境的转化奠定了基础，同时也为海关业务制度的发展预留了空间。

（三）海关的组织机构

中国海关实行垂直管理体制，在组织机构上分为 3 个层次：第一层次是海关总署；第二层次是广东分属，天津、上海 2 个特派员办事处，41 个直属海关和 2 所海关学校；第三层次是各直属海关下辖的 562 个隶属海关机构。此外，在布鲁塞尔、莫斯科、华盛顿以及中国香港等地设有派驻机构。如图 2 - 1 所示：

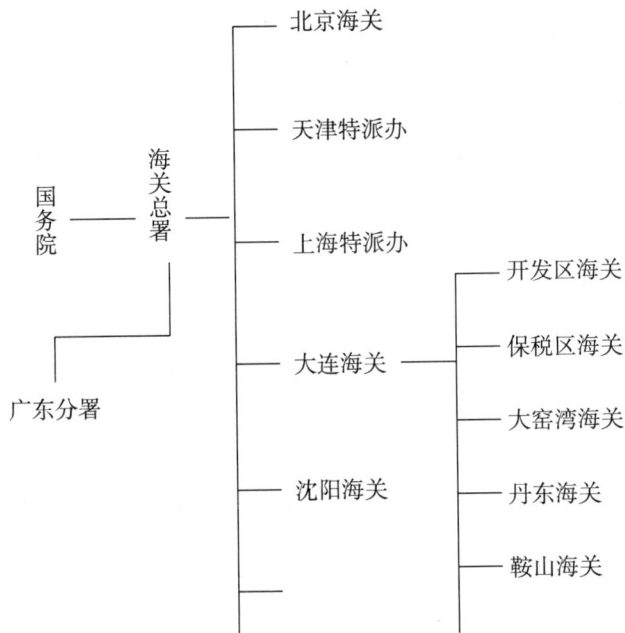

图 2 - 1　海关的组织机构示意图

1. 海关总署

海关总署是中国海关的领导机关，是中华人民共和国国务院下属的正部级直属机构，统一管理全国海关。海关总署机关内设 15 个部门，管理 6 个直属事业单位、4 个社会团体和 3 个驻外机构。中央纪委、监察部在海关总署分别派驻纪检组和监察局。

海关总署的基本任务是在国务院领导下，领导和组织全国海关正确贯彻实施《海关法》和国家的有关政策、行政法规，积极发挥依法行政、为国把关的职能，服务、促进和保护社会主义现代化建设。其主要职责是：

（1）研究拟定海关各项业务工作的方针、政策、法律、法规和发展规划并组织实施和监督检查；

（2）研究拟定关税征管条例及实施细则，组织实施进出口关税及其他税费的征收管理，依法执行反倾销、反补贴措施；

（3）组织实施进出境运输工具、货物和物品的监管，研究拟定加工贸易、保税区、出口加工区、保税仓库及其他保税业务的监管制度并组织实施；

（4）研究拟定进出口商品分类目录，拟定进出口商品原产地规则，组织实施知识产权海关保护；

（5）编制国家进出口贸易统计，发布国家进出口贸易统计信息；

（6）统一负责打击走私工作，组织查处走私案件，组织实施海关缉私，负责对走私犯罪案件进行侦查、拘留、执行逮捕、预审工作；

（7）研究拟定口岸对外开放的整体规划及口岸规划的具体措施和办法，审理口岸开放；

（8）垂直管理全国海关，包括管理全国海关的组织机构、人员编制、工资福利、教育培训及署管干部任免；

（9）研究拟订海关科技发展计划，组织实施海关信息化管理，管理全国海关经费、固定资产和基本建设；

（10）开展海关领域的国际合作与交流；

（11）承办国务院交办的其他事项。

2. 直属海关

直属海关是指直接由海关总署领导，负责管理一定区域范围内海关业务的海关。目前直属海关共有41个，除香港、澳门、台湾地区外，分布在全国31个省、自治区、直辖市。

直属海关就本关区内的海关事务独立行使职责，向海关总署负责。直属海关承担着在关区内组织开展海关各项业务和关区集中审单作业、全面有效地贯彻执行海关各项政策、法律、法规、管理制度和作业规范的重要职责，在海关三级业务职能管理中发挥着承上启下的作用。其主要职责是：

（1）对关区通关作业实施运行管理，包括执行总署业务参数、建立并维护审单辅助决策参数、对电子审单通道判别进行动态维护和管理、对关区通关数据和相关业务数据进行有效监控和综合分析；

（2）实施关区集中审单，组织和指导隶属海关开展接单审核、征收税费、查验、放行等通关作业；

（3）组织实施对各类海关监管场所、进出境货物和运输工具的实际监控；

（4）组织实施贸易管制措施、税收征管、保税和加工贸易海关监管、企业分类管理和知识产权进出境保护；

（5）组织开展关区贸易统计、业务统计和统计分析工作；

（6）组织开展关区调查、稽查和侦查业务；

（7）按规定程序及权限办理各项业务审核、审批、转报和注册备案手续；

（8）开展对外执法协调和行政纠纷、争议的处理；

（9）开展对关区各项业务的执法检查、监督和评估。

3. 隶属海关

隶属海关是指由直属海关领导，负责办理具体海关业务的海关。一般都设在口岸和海关业务集中的地点。隶属海关根据海关业务情况设立若干业务科室，其人员从十几人到二三百人不等。隶属海关的职责是：

（1）开展接单审核、征收税费、验估、查验、放行等通关作业；

（2）对辖区内加工贸易实施海关监管；

（3）对进出境运输工具及其燃料、物料、备件等实施海关监管，征收船舶吨税；

（4）对各类海关监管场所实施实际监控；

（5）对通关、转关及保税货物的存放、移动、放行或其他处置实施实际监控；

（6）开展对运输工具、进出口货物、监管场所的风险分析，执行各项风险处置措施；

（7）办理辖区内报关单位通关注册备案业务；

（8）受理辖区内设立海关监管场所、承运海关监管货物业务的申请；

（9）对辖区内特定减免税货物实施海关后续管理。

4. 海关缉私警察机构

1998 年，根据党中央、国务院的决定，由海关总署、公安部联合组建走私犯罪侦查局，设在海关总署。走私犯罪侦查局实行海关总署和公安部双重领导，以海关领导为主的体制。走私犯罪侦查局在广东分署和全国各直属海关设立走私犯罪侦查分局，在部分隶属海关设立走私犯罪侦查支局。各级走私犯罪侦查机关负责其所在海关业务管辖区域内的走私犯罪案件的侦查工作。

为了更好地适应反走私斗争新形势的要求，充分发挥海关打击走私的整体效能，从 2003 年起，海关对部分打私办案职能进行了内部调整，走私犯罪侦查机构增加了行政执法职能。从 2003 年 1 月 1 日开始，各级海关走私犯罪侦查部门统一更名，其中，海关总署走私犯罪侦查局更名为海关总署缉私局；海关总署走私犯罪侦查局广东分局更名为海关总署广东分署缉私局；各直属海关走私犯罪侦查分局更名为各直属海关缉私局；各隶属海关走私犯罪侦查支局更名为各隶属海关缉私分局。

第二节 报关单位的管理制度

根据我国《海关法》的规定，进出口货物，除另有规定的外，可以由进出口货物收发货人自行办理报关纳税手续，也可以由进出口货物收发货人委托报关企业办理报关纳税手续。但进出口货物收发货人、报关企业只有取得报关权才可以开展有关进出口货物的报关业务，而进出口货物收发货人、报关企业的报关权只有依据《中华人民共和国海关报关单位注册登记管理规定》向海关注册登记才能取得。

一、报关注册登记制度

报关注册登记制度是进出口货物收发货人、报关企业依法向海关提交规定的注册登记材料，经注册地海关审核，准予办理报关业务的管理制度。

目前，根据报关注册登记制度的规定，可以向海关申请办理报关注册登记的企业有：

1. 进出口货物收发货人：有进出口经营权的企业，诸如各类有对外贸易经营权的外贸公司、工贸公司等。

海关对未取得对外贸易经营者备案登记表，但依照国家有关规定需要从事非贸易性进出口活动的有关单位，允许其向进出口口岸地或者海关监管业务集中地海关办理临时注册登记手续。临时注册登记单位，海关一般不予核发注册登记证书，仅出具临时报关单位注册登记证明，如图 2 - 2 所示。临时注册登记有效期最长为 1 年，法律、行政法规、海关规章另有规定的除外。

2. 报关企业：接受进出口货物收发货人的委托，代理其办理货物进出口手续的单位。

（1）代理报关企业：经营国际贸易货物运输代理、国际运输工具代理等业务的企业，诸如对外贸易运输公司、外轮代理公司等。

临时注册登记证明

（单位名称）：

经审核，申请人提交的临时注册登记申请符合《中华人民共和国海关报关单位注册登记管理规定》，给予办理注册登记，海关注册编码为：＿＿＿＿＿＿＿（组织机构代码为：＿＿＿＿＿＿）。

本临时注册登记有效期为 1 年，超过有效期自动失效。届时仍需办理进出口业务的，应当重新办理临时注册登记。

海关

（注册登记印章）

年　月　日

图 2-2　临时注册登记证明

（2）专业报关企业：专门从事报关服务的企业，诸如各类报关行或报关公司等。

海关对这两类报关单位采取了不同的报关注册登记管理制度。

（一）进出口货物收发货人注册登记制度

根据《中华人民共和国海关报关单位注册登记管理规定》，对于进出口货物收发货人实行备案制，即凡是依照《对外贸易法》经过对外贸易主管部门备案登记、有权从事对外贸易经营活动的境内法人、其他组织和个人（个体工商户），均可直接向海关办理注册登记。注册地海关依法对申请注册登记材料是否齐全、是否符合法定形式进行核对。申请材料齐全、符合法定形式的申请人，由注册地海关核发"中华人民共和国海关报关单位注册登记证书"（见图 2-3），进出口货物收发货人凭以办理报关业务。除海关另有规定外，进出口货物收发货人"中华人民共和国海关报关单位注册登记证书"长期有效。

进出口货物收发货人申请办理注册登记时，应当提交下列文件材料：

1. 报关单位情况登记表；

2. 营业执照副本复印件以及组织机构代码证书副本复印件；

3. 对外贸易经营者备案登记表复印件或者外商投资企业（台港澳侨投资企业）批准证书复印件；

4. 其他与注册登记有关的文件材料。

申请人按照规定提交复印件的，应当同时向海关交验原件。

（二）报关企业注册登记制度

根据《中华人民共和国海关报关单位注册登记管理规定》，对于报关企业实行审批制，即由申请注册登记报关企业的申请人依法向所在地直属海关提出注册登记许可申请，海关对申请人的注册登记许可申请进行审核，由海关核发"中华人民共和国海关报关单位注册登记证书"（见图2-3），报关企业凭此办理报关业务。

1. 注册登记许可

（1）报关企业注册登记许可应具备的条件：具备境内企业法人资格条件；法定代表人无走私记录；无因走私违法行为被海关撤销注册登记许可记录；有符合从事报关服务所必需的固定经营场所和设施；海关监管所需要的其他条件。

（2）注册登记许可申请程序：

①提出申请。申请报关企业注册登记许可的申请人，应当到所在地直属海关对外公布受理申请的场所，向海关提出申请，并递交申请注册登记许可的文件材料：报关单位情况登记表、企业法人营业执照副本复印件以及组织机构代码证书副本复印件、报关服务营业场所所有权证明或者使用权证明、其他与申请注册登记许可相关的材料。申请人提交复印件的，应当同时向海关交验原件。

②对申请的处理。对申请人提出的申请，海关应该根据不同情况分别做出处理，包括不予受理、受理、要求更正或补交材料等。

③对申请的审查。海关受理申请后，应当根据法定条件和程序进行全面审查，并于受理注册登记许可申请之日起20内审查完毕，将审查意见和全部申请材料报送直属海关。直属海关应当自收到所在地海关报送的审查意见之日起20日内做出决定。

④行政许可的做出。申请人的申请符合法定条件的，海关应当依法做出准予注册登记许可的书面决定，并送达申请人，同时核发"中华人民共和国海关报关单位注册登记证书"。

申请人的申请不符合法定条件的，海关应当依法做出不准予注册登记许可的书面决定，并且告知申请人享有依法申请行政复议或者提起行政诉讼的权利。

<table>
<tr>
<td>

**中华人民共和国海关
报关单位注册登记证书**

海关注册编码
组织机构代码
企业名称
企业住所
企业经营类别
注册登记日期
法定代表人（负责人）
有效期

　　　　注册海关

　　　　　　（盖章）

</td>
<td>

重要提示

　　报关单位应当在每年 6 月 30 日前向海关提交《报关单位注册信息年度报告》，不再另行通知。逾期未提交的，本证书效力自动中止。

</td>
</tr>
</table>

图 2 - 3　报关单位注册登记证书

（3）报关企业跨关区分支机构的规定：

报关企业在取得注册登记许可的直属海关关区外从事报关服务的，应当依法设立分支机构，并且向分支机构所在地海关备案。报关企业在取得注册登记许可的直属海关关区内从事报关服务的，可以设立分支机构，并且向分支机构所在地海关备案。报关企业对其分支机构的行为承担法律责任。

报关企业设立分支机构应当向其分支机构所在地海关提交下列备案材料：

①报关单位情况登记表；

②报关企业"中华人民共和国海关报关单位注册登记证书"复印件；

③分支机构营业执照副本复印件以及组织机构代码证书副本复印件；

④报关服务营业场所所有权证明复印件或者使用权证明复印件；

⑤海关要求提交的其他备案材料。

申请人提交复印件的，应当同时向海关交验原件。

经审查符合备案条件的，海关应当核发"中华人民共和国海关报关单位注册登记证书"。

（4）报关企业及其跨关区分支机构注册登记期限：

报关企业注册登记许可期限为 2 年。被许可人需要延续注册登记许可有效期的，应当在有效期届满 40 日前向海关提出申请，办理注册登记许可延续手续。经审查认定符合注册登记许可条件，以及法律、行政法规、海关规章规定的延续注册登记许可应当具备的其他条件的，应当依法做出准予延续 2 年有效期的决定。

报关企业应当在办理注册登记许可延续的同时办理换领"中华人民共和国海关报关单位注册登记证书"手续。报关企业分支机构备案有效期为 2 年，报关企业分支机构应当在有效期届满前 30 日持规定的材料到分支机构所在地海关办理换证手续。

2. 报关企业注册登记手续

海关在依法做出准予注册登记许可的书面决定，并送达申请人的同时核发《中华人民共和国海关报关单位注册登记证书》。

（三）报关单位的变更登记及注销登记

1. 变更登记

进出口货物收发货人企业名称、企业性质、企业住所、法定代表人（负责人）等海关注册登记内容发生变更的，应当自变更生效之日起 30 日内，持变更后的营业执照副本或者其他批准文件以及复印件，到注册地海关办理变更手续。所属报关人员发生变更的，进出口货物收发货人应当在变更事实发生之日起 30 日内，持变更证明文件等相关材料到注册地海关办理变更手续。

报关企业的企业名称、法定代表人发生变更的，应当持报关单位情况登记表、"中华人民共和国海关报关单位注册登记证书"、变更后的工商营业执照或者其他批准文件及复印件，以书面形式到注册地海关申请变更注册登记许可。

报关企业分支机构企业名称、企业性质、企业住所、负责人等海关备案内容发生变更的，应当自变更生效之日起 30 日内，持变更后的营业执照副本或者其他批准文件及复印件，到所在地海关办理变更手续。

所属报关人员备案内容发生变更的，报关企业及其分支机构应当在变更事实发生之日起 30 日内，持变更证明文件等相关材料到注册地海关办理变更手续。

2. 注销登记

（1）进出口货物收发货人有下列情形之一的，应当以书面形式向注册地海关办理注销手续。海关在办结有关手续后，应当依法办理注销注册登记手续。

①破产、解散、自行放弃报关权或者分立成两个以上新企业的；

②被工商行政管理机关注销登记或者吊销营业执照的；

③丧失独立承担责任能力的；

④对外贸易经营者备案登记表或者外商投资企业批准证书失效的；

⑤其他依法应当注销注册登记的情形。

（2）有下列情形之一的，海关应当依法注销注册登记许可：

①有效期届满未申请延续的；

②报关企业依法终止的；

③注册登记许可依法被撤销、撤回，或者注册登记许可证件依法被吊销的；

④由于不可抗力导致注册登记许可事项无法实施的；

⑤法律、行政法规规定的应当注销注册登记许可的其他情形。

二、海关对报关单位的分类管理制度

为了鼓励企业守法自律，提高海关管理效能，保障进出口贸易的安全与便利，海关根据企业遵守法律、行政法规、海关规章、相关廉政规定和经营管理状况，以及海关监管、统计记录等，设置 AA、A、B、C、D 五个管理类别，对有关企业进行评估、分类，并对企业的管理类别予以公开。海关总署按照守法便利原则，对适用不同管理类别的企业，制定相应的差别管理措施，其中 AA 类和 A 类企业适用相应的通关便利措施，B 类企业适用常规管理措施，C 类和 D 类企业适用严密监管措施。全国海关实行统一的企业分类标准、程序和管理措施。

（一）进出口货物收发货人管理类别的设定

1. AA 类进出口货物收发货人，应当同时符合下列条件：

（1）已适用 A 类管理 1 年以上；

（2）上一年度进出口报关差错率在 3% 及以下；

（3）经海关验证稽查，符合海关管理、企业经营管理和贸易安全的要求；

（4）每年报送《经营管理状况报告》和会计师事务所出具的上一年度审计报告；每半年报送进出口业务情况表。

2. A 类进出口货物收发货人，应当同时符合下列条件：

（1）已适用 B 类管理 1 年以上；

（2）连续 1 年无走私罪、走私行为，无违反海关监管规定的行为；

（3）连续 1 年未因进出口侵犯知识产权货物而被海关行政处罚；

（4）连续 1 年无拖欠应纳税款、应缴罚没款项情事；

（5）上一年度进出口总值50万美元以上；

（6）上一年度进出口报关差错率5%及以下；

（7）会计制度完善，业务记录真实、完整；

（8）主动配合海关管理，及时办理各项海关手续，向海关提供的单据、证件真实、齐全、有效；

（9）每年报送《经营管理状况报告》；

（10）按照规定办理"中华人民共和国海关进出口货物收发货人报关注册登记证书"的换证手续和相关变更手续；

（11）在商务、人民银行、工商、税务、质检、外汇、监察等行政管理部门和机构无不良记录。

3. 进出口货物收发货人有下列情形之一的，适用C类管理：

（1）有走私行为的；

（2）1年内有3次以上违反海关监管规定行为，且违规次数超过上一年度报关单及进出境备案清单总票数1‰的，或者1年内因违反海关监管规定被处罚款累计总额人民币100万元以上的；

（3）1年内有2次因进出口侵犯知识产权货物而被海关行政处罚的；

（4）拖欠应纳税款、应缴罚没款项人民币50万元以下的。

4. 进出口货物收发货人有下列情形之一的，适用D类管理：

（1）有走私罪的；

（2）1年内有2次以上走私行为的；

（3）1年内有3次以上因进出口侵犯知识产权货物而被海关行政处罚的；

（4）拖欠应纳税款、应缴罚没款项人民币50万元以上的。

5. 进出口货物收发货人未发生《海关企业分类管理办法》第八条和第九条所列情形并符合下列条件之一的，适用B类管理：

（1）首次注册登记的；

（2）首次注册登记后，管理类别未发生调整的；

（3）AA类企业不符合原管理类别适用条件，并且不符合A类管理类别适用条件的；

（4）A类企业不符合原管理类别适用条件的。

6. 在海关登记的加工企业，按照进出口货物收发货人实施分类管理。

（二）报关企业管理类别的设定

1. AA类报关企业，应当同时符合下列条件：

（1）已适用A类管理1年以上；

（2）上一年度代理申报的进出口报关单及进出境备案清单总量在 2 万票（中西部 5000 票）以上；

（3）上一年度进出口报关差错率在 3% 及以下；

（4）经海关验证稽查，符合海关管理、企业经营管理和贸易安全的要求；

（5）每年报送《经营管理状况报告》和会计师事务所出具的上一年度审计报告；每半年报送报关代理业务情况表。

2. A 类报关企业，应当同时符合下列条件：

（1）已适用 B 类管理 1 年以上；

（2）企业以及所属执业报关员连续 1 年无走私罪、走私行为，无违反海关监管规定的行为；

（3）连续 1 年代理报关的货物未因侵犯知识产权而被海关没收；

（4）连续 1 年无拖欠应纳税款、应缴罚没款项情事；

（5）上一年度代理申报的进出口报关单及进出境备案清单等总量在 3000 票以上；

（6）上一年度代理申报的进出口报关差错率在 5% 及以下；

（7）依法建立账簿和营业记录，真实、正确、完整地记录受委托办理报关业务的所有活动；

（8）每年报送《经营管理状况报告》；

（9）按照规定办理注册登记许可延续及"中华人民共和国海关报关企业报关注册登记证书"的换证手续和相关变更手续；

（10）在商务、人民银行、工商、税务、质检、外汇、监察等行政管理部门和机构无不良记录。

3. 报关企业有下列情形之一的，适用 C 类管理：

（1）有走私行为的；

（2）1 年内有 3 次以上违反海关监管规定的行为，或者 1 年内因违反海关监管规定被处罚款累计总额人民币 50 万元以上的；

（3）1 年内代理报关的货物因侵犯知识产权而被海关没收达 2 次且未尽合理审查义务的；

（4）上一年度代理申报的进出口报关差错率在 10% 以上的；

（5）拖欠应纳税款、应缴罚没款项人民币 50 万元以下的；

（6）代理报关的货物涉嫌走私、违反海关监管规定拒不接受或者拒不协助海关进行调查的；

（7）被海关暂停从事报关业务的。

4. 报关企业有下列情形之一的，适用 D 类管理：

（1）有走私罪的；

（2）1年内有2次以上走私行为的；

（3）1年内代理报关的货物因侵犯知识产权而被海关没收达4次以上的；

（4）拖欠应纳税款、应缴罚没款项人民币50万元以上的。

5. 报关企业未发生 C 类管理和 D 类管理所列情形，并符合下列条件之一的，适用 B 类管理：

（1）首次注册登记的；

（2）首次注册登记后，管理类别未发生调整的；

（3）AA 类企业不符合原管理类别适用条件，并且不符合 A 类管理类别适用条件的；

（4）A 类企业不符合原管理类别适用条件的。

（三）报关单位分类管理措施的实施

1. AA 类或者 A 类企业涉嫌走私被立案侦查或者调查的，海关暂停其与管理类别相应的管理措施；暂停期间，按照 B 类企业的管理措施实施管理。

2. 企业仅名称或者海关注册编码发生变化的，其管理类别可以继续适用，但是有下列情形除外：

（1）企业发生存续分立，分立后的存续企业承继分立前企业的主要权利义务或者债权债务关系的，其管理类别适用分立前企业的管理类别，其余的分立企业视为首次注册企业；

（2）企业发生解散分立，分立企业视为首次注册企业；

（3）企业发生吸收合并，合并企业管理类别适用合并后存续企业的管理类别；

（4）企业发生新设合并，合并企业视为首次注册企业。

3. 报关企业代理进出口货物收发货人开展报关业务，海关按照报关企业和进出口货物收发货人各自适用的管理类别分别实施相应的管理措施。因企业的管理类别不同导致应当实施的管理措施抵触的，海关按照下列方式实施：

（1）报关企业或者进出口货物收发货人为 C 类或者 D 类的，按照较低的管理类别实施相应的管理措施；

（2）报关企业和进出口货物收发货人均为 B 类以上管理类别的，按照报关企业的管理类别实施相应的管理措施。

4. 加工贸易经营企业与承接委托加工的生产企业管理类别不一致的，海关对该加工贸易业务按照较低的管理类别实施相应的管理措施。

【本章小结】

本章的主要内容分为两大部分，即海关的介绍与报关管理制度。①海关是国家的进出关境监督管理机构。海关的基本任务简称为：监管、征税、缉私、统计。为保证海关依法履行职责，国家赋予海关对进出境运输工具、货物、物品的监督管理权力。海关实行高度集中统一的管理体制和垂直领导方式，地方各级海关只对海关总署负责。②可向海关办理报关业务的是在海关办理了注册登记手续的各类报关单位（有外贸经营权的自理报关单位及专门接受委托的报关企业），各类报关单位应按相关规定向海关办理注册登记手续，并接受海关的管理。

【思考练习】

1. 我国海关的基本任务是什么？
2. 我国海关的权力有哪些？
3. 我国海关的组织体系是怎样构成的？
4. 报关企业应当如何办理报关注册登记手续？
5. 对比进出口货物收发货人与报关企业办理注册登记时所提交的资料有何不同？
6. 报关企业在何种情况下需要设立分支机构？
7. 报关单位在何种情形下需要办理变更手续？
8. 企业的管理类别不同导致应当实施的管理措施抵触时应如何处理？
9. 临时报关单位注册登记应如何办理？
10. 报关单位分类管理措施的实施有哪些规定？

【案例分析】

1. 大连海关对张某的走私行为进行调查取证时，经大连海关关长的批准，到青岛的张某个人公司及住处进行了检查。请问：大连海关的行为是否合理？为什么？

2. 大连河源报关行因业务需要，为某企业在上海报关，为完成异地报关，它需经大连海关和上海海关同意，经海关总署批准备案后方可。请问：大连河源报关行的异地海关手续的办理是否合理？如不合理，应该如何办理？

3. 北京海关3月份对一批进口货物正常通关放行，5月，北京海关发现该批已结关货物有走私嫌疑，于是到负责该批货物报关的企业调查取证，该企业以货物已正常结关、海关无权调查为由，将海关工作人员驱出企业。请问：该企业的行为是否合理？为什么？

第二部分 报关制度

第三章 基本报关制度

【本章提要】本章主要有五部分内容，第一部分在分析一般进出口货物概念与特征的基础上，重点讲述了一般进出口货物的报关需要经过的四个环节，即进出口申报、配合查验、缴纳税费、提取或装运货物；第二部分主要讲述了保税加工货物的报关制度，在分析保税加工货物概念、特征的基础上，重点讲述了保税加工货物的报关程序；第三部分重点介绍各种保税物流货物的监管方式以及报关程序；第四部分主要介绍了减免税货物的报关程序；第五部分重点阐述了展览品和其他暂时进出境货物的报关程序。

【典型案例导入】2013年4月5日，江苏威能进出口公司（加工贸易AA类管理企业）与外商签订合同，从境外购进价值100万美元的单晶硅棒（加工贸易允许类商品），委托浙江海润光伏科技公司（加工贸易A类管理企业）加工太阳能电池组件。

威能公司在建立电子化手册后，先将进口的单晶硅棒存放于某保税仓库，加工贸易电子化手册，视生产需要分多批提取并运交海润公司加工。威能公司的最后一批单晶硅棒于2013年12月15日出仓，经海关批准，保税仓库经营企业以集中报关方式办理出仓报关手续。

合同执行完毕，尚剩余少量单晶硅棒、单晶硅棒废碎料、太阳能电池组件，以及质量有严重缺陷的太阳能电池组件半成品。威能公司向海关申请办理内销征税手续。

《海关法》规定："进出口货物收发货人或其代理人办理货物通关手续时，必须按照海关规定的报关制度进行申报及相关手续的办理。"不同贸易方式的货物适用不同的报关制度，本章将重点介绍一般进出口货物、保税加工货物、保税物流货物、减免税货物和暂准时进出境货物所适用的报关制度。

第一节　一般进出口货物的报关制度

一、一般进出口货物概述

（一）一般进出口货物概念

一般进出口货物是指在进出境环节缴纳了应征的进出口税费并办结了所有必要的海关手续，海关放行后不再进行监管的进出口货物。

一般进出口货物并不等同于一般贸易货物。一般贸易货物中的"一般贸易"是指国际贸易中的一种交易方式，即按"一般贸易"交易方式进出口的货物即为一般贸易货物。而一般进出口货物，是指按照海关一般进出口监管制度监管的进出口货物。两者之间是有很大区别的，一般贸易货物在进口时可以按"一般进出口"监管制度办理海关手续，这时它就是一般进出口货物；也可以享受特定减免税优惠，按"特定减免税"监管制度办理海关手续，这时它就是特定减免税货物；也可以经海关批准保税，按"保税"监管制度办理海关手续，这时它就是保税货物。

（二）一般进出口货物特征

1. 进出境时缴纳进出口税费

按照《海关法》和其他有关法律、行政法规的规定，一般进出口货物的收发货人应当在货物进出境时向海关缴纳进出口税费。

2. 进出口时提交相关的许可证件

对于受国家法律、行政法规管制的进出口货物，进出口货物收发货人或其代理人办理报关手续时，应当向海关提交相关的进出口许可证件。

3. 进口货物海关放行即办结海关手续，出口货物海关放行后离境即办结海关手续

海关对进出口货物进行实际查验后，征收了全额的税费，按规定予以放行。这时，进出口货物收发货人或其代理人才能办理提取进口货物或者装运出口货物的手续。对一般进口货物而言，海关放行即代表海关手续已经全部办结，不再受海关的监管。对一般出口货物来说，海关放行后离境才意味着

海关手续全部办结。

（三）一般进出口货物适用范围

除特定减免税货物以外的实际进出口货物都属于一般进出口货物的范围，主要包括：

1. 一般贸易进出口货物；

2. 转为实际进口的保税货物、转为实际进口或出口的暂准进出境货物；

3. 易货贸易、补偿贸易进出口货物；

4. 不批准保税的寄售代销贸易货物；

5. 承包工程项目实际进出口货物；

6. 外国驻华商业机构进出口陈列用的样品；

7. 外国旅游者小批量订货出口的商品；

8. 随展览品进境的小卖品；

9. 免费提供的进口货物，如：

（1）外商在经济贸易活动中赠送的进口货物；

（2）外商在经济贸易活动中免费提供的试车材料等；

（3）我国在境外的企业、机构向国内单位赠送的进口货物。

二、一般进出口货物报关程序

一般进出口货物报关要经过进出口申报、配合查验、缴纳税费、提装货物四个环节。如图 3-1 所示：

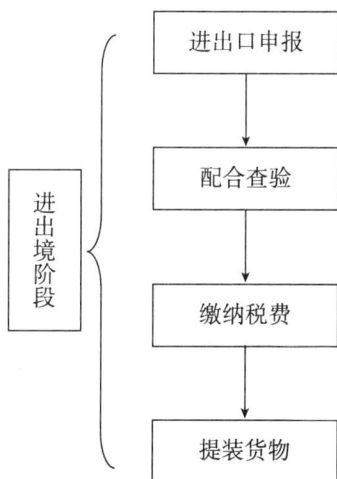

图 3-1　一般进出口货物报关环节

（一）进出口申报

依照《海关法》以及有关法律、行政法规和规章的要求，进出口货物收发货人或其代理人应当在规定的期限、地点，采用电子数据报关单或纸质报关单形式，向海关申报实际进出口货物的情况。

1. 申报地点

进口货物应当由收货人或其代理人在货物的进境地海关申报；出口货物应当由发货人或其代理人在货物的出境地海关申报。

2. 申报期限

进口货物的申报期限为自装载货物的运输工具申报进境之日起14日内（从运输工具申报进境的第二天开始算）。申报期限的最后一天是法定节假日或休息日的，顺延至法定节假日或休息日后的第一个工作日。出口货物的申报期限为货物运抵海关监管区后、装货的24小时以前。

经海关批准准予集中申报的进口货物，自装载货物的运输工具申报进境之日起14日内，出口货物在运抵海关监管区、装货的24小时前，按"中华人民共和国进出口货物集中申报清单"录入数据申报，自海关审结"集中申报清单"之日起3日内，持清单及随附单据到海关办理交单验放，在次月10日前办理申报手续。经电缆、管道或其他特殊方式进出境的货物，进出口货物收发货人或其代理人应当按照海关的规定定期申报。

进口货物的收货人未按规定期限向海关申报的，由海关按规定征收滞报金。进口货物自装载货物的运输工具申报进境之日起超过3个月仍未向海关申报的，货物由海关提取依法变卖处理。对属于不宜长期保存的货物，海关可以根据实际情况提前处理。

3. 申报日期

申报日期指申报数据被海关接受的日期。无论以电子数据报关单方式申报，还是以纸质报关单申报，海关接受申报数据的日期即为申报日期。

以电子数据报关单方式申报的，申报日期为海关计算机系统接受申报数据时记录的日期。电子申报被退回，重新申报的，申报日期为海关接受重新申报的日期。

先采用电子数据报关申报，后提交纸质报关单申报的情况，海关接受申报的时间以接受电子数据报关单申报的日期为准。

直接使用纸质报关单的，海关工作人员在报关单上做登记处理的日期为海关接受申报的日期。

4. 申报单证

报关员进行申报时，必须向海关提供齐全、有效、合法单证。申报单证可以分为报关单和随附单证两大类，其中随附单证包括基本单证和特殊单证。

报关单（见书后附单）是由报关员按照海关规定格式填制的申报单，是指进出口货物报关单或者带有进出口货物报关单性质的单证。任何货物的申报都必须有报关单。

基本单证是指进出口货物的货运单据和商业单据，主要有商业发票、装箱单、提单等（见书后附单）。一般来说，任何货物的申报都必须有基本单证。

特殊单证主要是指进出口许可证件、加工贸易登记手册、特定减免税证明、出口收汇核销单、原产地证明书、贸易合同等（见书后附单）。

5. 申报前看货取样

进口货物的收货人或其代理人向海关申报前，因确定货物的品名、规格、型号、归类等原因，可以向海关提出查看货物或者提取货样的书面申请，经海关审核同意的，可查看货物或者提取货样。

查看货物或提取货样时，海关开具取样记录和取样清单。提取货样后，到场监管的海关关员与进口货物的收货人或代理人在取样记录和取样清单上签字确认。

6. 申报方式

随着海关电子通关系统的建设与发展，进出口货物收发货人或其代理人可以选择终端申报方式、委托 EDI 方式、自行 EDI 方式、网上申报方式等四种电子申报方式向海关申报。即进出口货物收发货人或其代理人先向海关计算机系统发送电子数据报关单，接收到海关计算机系统发送的"接受申报"电子报文后 10 日内，凭以打印纸质报关单，并随附有关单证，向海关提交。

在一些还没有实现海关业务计算机化管理的边远地区海关，或者在某些特殊情况下，进出口货物收发货人或其代理人可以单独使用纸质报关单向海关申报。

7. 申报的修改或撤销

海关接受申报后，申报内容不得修改，报关单证不得撤销；确有如下正当理由的，收发货人或其代理人向海关提交书面申请，经海关审核批准后，可以进行修改或撤销：

（1）报关人员操作或书写错误造成申报差错，但未发现有走私违规或者其他违法嫌疑的；

（2）货物放行后，由于装配、装运等原因造成原申报货物全部或部分退关；

（3）进出口货物在装载、运输、存储过程中因溢短装、不可抗力的灭失、短损等原因造成原申报数据与实际货物不符的；

（4）根据国际惯例先行采用暂时价格成交、实际结算时按商检品质认定或国际市场实际价格付款方式需要修改原申报单据的；

（5）由于计算机、网络系统等方面的原因导致电子数据申报错误的；

（6）其他特殊情况经海关核准同意的。

但是海关已经决定布控、查验的进出口货物，不得修改报关单内容或撤销报关单证。

（二）配合查验

海关接受进出口货物收发货人或代理人的申报后，依法要对进出口货物进行查验，而进出口货物收发货人或代理人应当到场配合海关的查验。

1. 海关查验

海关查验是指海关依法确定进出境货物的性质、价格、数量、原产地、货物状况等是否与报关单上已申报的内容相符，对货物进行实际检查的执法行为。海关通过查验，核实有无伪报、瞒报、申报不实等走私、违规行为，同时也为海关的征税、统计、后续管理提供可靠的资料。海关查验时，进出口货物的收发货人或其代理人应当到场。

（1）查验地点。查验一般在海关监管区内进行。对进出口大宗散货、危险品、鲜活商品、落驳运输的货物，经货物收发货人或其代理人申请，海关也可同意在装卸作业的现场进行查验。在特殊情况下，经货物收发货人或其代理人申请，海关可派员到海关监管区以外的地方查验货物。

（2）查验时间。当海关决定查验时，即将查验的决定以书面通知的形式通知进出口货物收发货人或其代理人，约定查验的时间。查验时间一般约定在海关正常工作时间内。但是在一些进出口业务繁忙的口岸，海关也可应进出口货物收发货人或其代理人的请求，在海关正常工作时间以外安排查验作业。

（3）复验和径行查验。海关认为必要时，可以依法对已经完成查验的货物进行复验，即第二次查验。海关复验时，进出口货物收发货人或其代理人仍然应当到场，已经参加过查验的查验人员不得参加对同一票货物的复验。

径行查验是指海关在进出口货物收发货人或其代理人不在场的情况下，自行开拆货物进行查验。海关行使"径行查验"的权力时，应当通知货物存放场所的管理人员或其他见证人到场，并由其在海关的查验记录上签字。

2. 配合查验

海关查验货物时，进出口货物收发货人或其代理人应当到场，配合海关查验。配合查验的工作如下：

（1）负责搬移货物，开拆和重封货物的包装。

（2）了解和熟悉所申报货物的情况，回答查验关员的询问，提供海关查验货物时所需要的单证或其他资料。

（3）协助海关提取需要作进一步检验、化验或鉴定的货样，收取海关出具的取样清单。

（4）查验结束后，认真阅读"海关进出境货物查验记录单"，并签字确认。

3. 货物损坏赔偿

进出口货物在查验中因操作不当极易损害，须特别注意的，应事先向海关申明。在查验中，证实确实由海关查验人员责任造成货物损坏的，可以要求海关赔偿。以下情况不属于海关赔偿范围：

（1）进出口货物的收发货人或其代理人搬移、开拆、封装货物或保管不善造成的损失；

（2）易腐、易失效货物在海关正常工作程序所需时间内（含扣留或代管期间）所发生的变质或失效；

（3）海关正常查验时产生的不可避免的磨损；

（4）在海关查验之前已发生的损坏和海关查验之后发生的损坏；

（5）由于不可抗拒的原因造成货物的损坏、损失；

（6）当时未提出异议，事后发现货物损坏海关不赔偿。

（三）缴纳税费

进出口货物通过海关的查验后，进出口货物收发货人或其代理人应在规定时间内，持缴款书或收费票据向指定银行办理税费交付手续；在试行中国电子口岸网上缴税和付费的海关，进出口货物收发货人或其代理人可以通过电子口岸接收海关发出的税款缴款书和收费票据，在网上向签有协议的银行进行电子支付税费。一旦收到银行缴款成功的信息，即可报请海关办理货物放行手续。

（四）提装货物

进出口货物收发货人或其代理人足额缴纳进出口税费后，进出口货物收货人或其代理人持海关加盖"海关放行章"戳记的进口提货凭证或出口装货凭证，即可到货物进境地或出境地的港区、机场、车站、邮局等地的海关监管仓库提取或装运货物。

一般进出口货物经海关的允许放行后，也就意味着进出口货物收发货人或其代理人已经办结了海关手续。并且如果需要，进出口货物收发货人或其代理人均可在结关后，向海关申请签发进出口货物的报关单证明联，凭此办理外汇核销、出口退税等业务。

第二节　保税加工货物的报关制度

一、保税加工货物概述

（一）保税加工货物的基本概念

1. 保税加工货物的含义

保税加工货物，是指经海关批准未办理纳税手续，在境内加工、装配后复运出境的货物。

2. 保税加工货物的范围

保税加工货物主要包括：

（1）专为加工、装配出口产品而从国外进口且海关批准保税的原材料、零部件、元器件、包装物料、辅助材料，即料件。

（2）用进口保税料件生产的半成品、制成品。

（3）在保税加工生产过程中产生的边角料、残次品和副产品。

3. 保税加工货物的特点

（1）保税加工料件在进口前须在海关设立手册或账册。

（2）保税加工料件一般实行保税监管，进口时暂时免予缴纳进口关税和进口环节税。加工成品出口后，海关根据核定的实际加工复出口的数量予以核销；除国家另有规定，属于国家对进口有限制性规定的，免予交验进口许可证件。

（3）保税加工产品一般须复运出境，属于应当征收出口关税的，应按照规定缴纳出口关税。

（4）保税加工货物转为内销时须经批准并交验进口许可证件，缴纳进口税费。

4. 保税加工的形式

保税加工通常有两种形式，包括：

（1）来料加工。来料加工是指进口料件由境外企业提供，经营企业不需要付汇进口，按照境外企业的要求进行加工或装配，只收取加工费，制成品由境外企业销售的经营活动。如图3-2所示：

图 3 - 2　来料加工

（2）进料加工。进料加工是指进口料件由经营企业付汇进口，制成品由经营企业外销出口的经营活动。如图 3 - 3 所示：

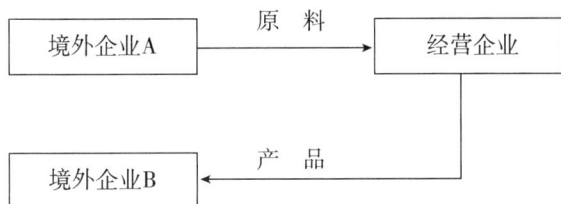

图 3 - 3　进料加工

5. 保税加工的物流状况

常规状态下，保税加工经营活动的物流状况大致如下：

（1）料件进境。加工贸易料件通关进境，并运至海关监管特殊区域的或其他地区的加工贸易生产企业。

（2）产品加工。料件由加工贸易生产企业加工成成品。

（3）产品出境。成品从加工贸易生产企业运至口岸并通关出境。

6. 保税加工的管理

海关对保税加工货物的监管模式有两大类：一类是非物理围网的监管模式，采用电子化手册管理和电子账册监管；另一类是物理围网的监管模式，包括出口加工区和跨境工业区。本节重点介绍电子化手册、电子账册下的保税加工货物报关制度和出口加工区的报关制度。

（二）保税加工的基本作业流程

保税加工的基本作业流程分为五个阶段。

1. 办理加工贸易手册设立手续

在此阶段，经营企业或代理人在加工贸易合同经商务主管部门批准，料件尚未进口前，凭合同、批件等到加工企业所在地主管海关办理手册设立手续，由海关确认监管方式、征免性质、商品名称、数量、金额、单耗等情况，以及按规定办理银行保证金台账手续后，以加工贸易电子化手册的方式，企业按保税方式办理进出口货物报关手续。

2. 办理料件进口手续

在此阶段，经营企业或其代理人在保税料件进口时，凭取得的加工贸易手册及其他报关单证向海关申报，办理料件进口报关手续。

3. 加工期间配合核查

在此阶段，被核查人应当接受并配合海关实施保税核查，提供必要的工作条件，如实反映情况，提供海关保税核查需要的有关账簿、单证等纸质资料和电子数据。海关查阅、复制被核查人的有关资料或者进入被核查人的生产经营场所、货物存放场所核查时，被核查人的有关负责人或者其指定的代表应当到场，并按照海关要求清点账簿、打开货物存放场所、搬移货物或者开启货物包装。

4. 按最终流向办理相关手续

在此阶段，经营企业或其代理人根据加工贸易成品复出口、转为内销或深加工结转等不同流向，分别按海关相关管理制度办理报关手续。

5. 办理报核手续

在此阶段，经营企业或其代理人在核对确认加工贸易所需料件、生产成品复出口及单耗情况后，在规定的期限内向海关申请报核，经海关审核并按规定办理银行保证金台账销账手续后核销结案。

除上述五个基本阶段外，根据现阶段保税加工业务的开展，经营企业或其代理人在加工贸易半成品（或料件）需进行境内企业间保税流转、外发加工、料件调拨加工时，涉及的企业还需向海关办理保税加工流转手续。

二、电子化手册管理下的保税加工货物报关制度

加工贸易手册，全称为中华人民共和国海关加工贸易手册，也常称作海关手册，在行业内经常简称为手册。加工贸易手册记载了经营企业开展加工贸易所需要的进口原料数量（指标）、出口成品数量（指标）及成品对应的原料单耗情况。

在以合同为单元的加工贸易管理模式下，加工贸易经营单位应向海关办理加工贸易手册的设立手续，取得加工贸易手册，并凭以向海关申报进出口货物和向海关办理合同核销手续。

加工贸易手册经历了早期纯纸质手册、海关电子化纸质手册、现在的无纸化（电子化）通关手册三个阶段。目前，无纸化通关手册（电子化手册）全面应用，企业在向海关办理加工手册设立时，海关不再核发纸质手册（或者所核发的纸质手册仅作为报核时的手册凭证）。企业办理通关手册设立后，

海关核发加工手册号及手册的登记信息，企业凭以办理通关手续。

电子化手册管理管理模式的主要特征是以合同为单元进行监管。其基本程序是合同报备、进出口报关、合同报核。

【知识连接】

ERP 管理系统和 BOM 表

ERP 即企业资源计划，包含企业生产资源计划、制造、财务、销售、采购等功能，还有质量监管、实验室管理、业务流程管理、产品数据管理、存货、分销与运输管理、人力资源管理和定期报告系统。

BOM 即物料清单，是 ERP 的重要组成部分，几乎涉及企业所有生产管理环节。它详细记录一个生产项目所涉及的所有物料及其运行情况，亦即成品与所有料件的对应关系、单位用量及其他属性。

QP 系统

QP 系统，是指电子口岸的快速通关系统，是企业向海关申报作业的综合业务系统。目前已经应用的有报关单录入与申报、加工贸易手册设立与报核、转关运输申报单、深加工结转、外发加工、内销征税等业务模块。

（一）合同报备

1. 报备准备

企业生产加工过程中，由于管理的需要，企业内部与海关、商务部门对于进口原料、出口产品在管理方式与要求上往往并不一致。海关、商务部门允许归并管理，而企业内部分类则要细得多。为此，企业需要在报备前根据相关规则对企业的原料和产品进行合理归并。

（1）原料归并。根据海关的归并指导原则，按照同商品编码、同申报计量单位、同中文商品名称、同规范申报要素、价格相近的方法进行归并，但海关规定不允许归并的除外。

①确定商品编码和法定计量单位。对公司拟进口的物料确定商品编码，在确认商品编码的同时，物料的法定计量单位也要一并确定。

②确定计量单位关系。由于报备时要向主管部门申报单耗，为此需要根据企业用料的 BOM，换算向海关申报的产品单耗。换算单耗时，需要对公司

的原料进行法定计量单位关系换算，得到（或由公司有关部门提供）每个企业单位原料等于多少法定计量单位的值，此关系值称作计量单位关系。

③填制企业物料基本信息表。

④完成物料归并表。

（2）产品归并。根据海关的归并指导原则，按照同商品编码、同申报计量单位、同中文商品名称、同规范申报要素、价格相近的方法进行归并，但海关规定不允许归并的除外。应注意的是，产品归并时，还要考虑产品的单耗是否相同或接近。如果单耗相差超过允许范围，则不能归并为同一产品。

①确定商品编码和法定计量单位。对公司拟出口的成品确定商品编码，在确认商品编码的同时，法定计量单位也要一并确定。

②确定计量单位关系。由于报备时要向主管部门申报单耗，为此需要根据企业用料的 BOM，换算向海关申报的产品单耗。换算单耗时，需要对公司的成品进行法定计量单位关系换算，得到（或由公司有关部门提供）每个企业单位成品等于多少法定计量单位的值，此关系值称作计量单位关系。

③填制企业成品基本信息表。

④确定成品的损耗率。通过公司产品的 BOM 表，进而确定成品的损耗率。

⑤完成成品归并表。

（3）确定备案单耗。由于公司物料与产品进行了归并，因此不能简单地使用 BOM 表中的其中一个耗量作为该类成品的单耗向海关提交，而是需要将该类成品所对应的原料总用量减去损耗后，除以成品备案总数量，得到该原料的合理净耗与损耗率。计算公式如下：

净耗 =（原料总用量 − 边角料总量）/成品总数量

损耗率 =（边角料总量/原料总用量）×100%

（4）备案原料总计。将各个备案成品对应要用到的原料数相加，得到要报备合同的耗用原料的总数。

（5）填写申报表格。按照商务主管部门和海关要求的格式填写"出口成品申请备案清单"、"进口料件申请备案清单"、"出口制成品及对应进口料件消耗备案清单"及其他有关材料。

2. 商务主管部门报备

根据海关规定，合同报备时，应向海关提交主管部门签发的同意开展加工贸易业务的有效批准文件及加工贸易加工企业生产能力证明。上述批件和证明应向商务主管部门申请。

（1）加工贸易企业经营情况及生产能力证明申请。"加工贸易企业经营情况及生产能力证明"是商务部门出具的加工贸易企业生产能力的证明文件，一般有效期为一年时间。加工贸易企业凭借生产能力证明办理加工贸易业务批准证。

（2）加工贸易业务批准证的申请。"加工贸易业务批准证"，是指经营企业向商务主管部门申请开展加工贸易业务，由商务主管部门核发的加工贸易业务批准文件。经营单位凭前述的"加工贸易企业经营情况及生产能力证明"及"加工贸易业务批准证"办理手册设立手续。

3. 海关报备

（1）海关报备的流程。企业办理合同备案前应报商务主管部门审批合同，领取"加工贸易业务批准证"、"加工贸易企业经营状况和生产能力证明"，然后进入海关合同备案程序：

①将合同相关的内容预录入与主管海关联网的计算机。

②海关审核确定是否准予备案。准予备案的，由海关确定是否需要开设台账。

③不需要开设台账的，直接取得电子化手册编码或其他凭证；需要开设台账的，企业到银行（或转账）交纳台账保证金后，取得电子化手册编码。至此，合同全部报备流程完成。

（2）合同报备内容。

备案单证：

①商务主管部门签发的"加工贸易业务批准证"、"加工贸易企业经营状况和生产能力证明"。

②加工贸易合同或合同副本。

③加工合同备案申请表及企业加工合同备案呈报表。

④需提供许可证的，交验许可证。

⑤为确定单耗和损耗所需的有关资料。

⑥其他备案所需要的单证。

备案商品：

①加工贸易禁止类商品不准备案。

②进出口消耗臭氧层物质、易制毒化学品、监控化学品，备案时需要提供进出口许可证或两用物项进出口许可证复印件。

③进出口音像制品、进口工业再生废料等，备案时需要提供相关主管部门签发的许可证件或批准文件。

保税额度：

①在加工贸易合同项下海关准予备案的料件，全额保税。

②不予备案的料件及试车材料、非列名消耗性物料等不予保税。

台账制度：

按加工贸易银行保证金台账分类管理的原则，分为不转、空转、半实转、实转。

为了简化手续，进口料件金额在 1 万美元及以下的，AA 类、A 类、B 类企业可以不设台账或台账保证金空转。AA 类、A 类、B 类企业进口金额在 5000 美元及以下的列名的 78 种客供服装辅料，可以免建电子化手册，凭出口合同向海关备案。如表 3 – 1 所示：

表 3 – 1　加工贸易电子化手册银行保证金台账分类管理

台账分类管理	禁止类商品		限制类商品		允许类商品		1 万美元及以下零星料件	5000 美元及以下 78 种客供服装辅料
	东部	中西部	东部	中西部	东部	中西部		
AA 类企业	不准开展加工贸易		空转		不转		不转、建册	不转，免册，凭出口合同备案
A 类企业					空转			
B 类企业			半实转	空转				
C 类企业			实转					
特殊监管区域企业			不转					
D 类企业	不准开展加工贸易							

合同备案的凭证：

海关受理合同备案后，企业应当取得电子化手册编码或其他准予备案的凭证。

其他准予备案的凭证主要指对为生产出口而进口的属于国家规定的 78 种列名服装辅料金额不超过 5000 美元的合同，AA 类、A 类、B 类管理企业可以办理"辅料登记表"，不进行手册设立管理。

（二）进出境报关

保税加工货物进出境报关程序也有 4 个环节，即申报、配合查验、保税、提取或装运货物。

1. 关于进口许可证管理

（1）进口料件，免交许可证件。易制毒化学品、监控化学品、消耗臭氧层物质、原油、成品油除外。

（2）出口成品，属于国家规定应交验许可证件的，出口报关时必须交验许可证件。

2. 关于进出口税收征管

（1）准予保税加工贸易进口料件，进口时暂缓纳税。

（2）生产成品出口时，全部使用进口料件生产，不征收关税。

（3）加工贸易项下应税商品，如果部分使用进口料件，部分使用国产料件加工的产品，则按海关核定的比例征收关税。

（4）加工贸易出口未锻铝按一般贸易出口货物从价计征出口关税。

（三）合同报核

1. 报核准备

①报关单数据统计

调阅所有与本手册相关的进（出口）货物报关单并进行统计。统计内容主要包括：进（出口）货物报关单份数；进、出口货物总金额；分类统计成品的总数量和原料总数量。

②成品耗用原料数量计算公式为：

原料耗用量 = 核算总数 × 单耗/（1 − 损耗率）

边角料数量 = 原料耗用量 × 损耗率

③原料料件剩余数量计算公式为：

料件剩余数量 = 进口总数量（前本手册转入 + 本手册进入）+ 深加工转入数量 − 料件放弃数量 − 内销数量 − 复出数量 − 产品总耗用量

2. 剩余保税货物的处理

经过统计手册各项数据后，得到手册的保税货物剩余数量，这些剩余的保税货物需要作相应的处理，以使手册进出平衡后，向海关进行手册报核。

其他保税加工货物指生产过程中产生的剩余料件、边角料、残次品、副产品、受灾保税货物和经批准不再出口的成品、半成品、料件等。

剩余料件是指生产过程中剩余的可以继续用于加工制成品的加工贸易进口料件。

边角料是指加工过程中，在海关核准的单耗内产生的无法再用于该合同项下的数量合理的废料、碎料、下脚料等。

残次品是指加工过程中产生的有严重缺陷或者不能达到出口要求的产品（成品、半成品）。

副产品是指加工出口合同规定的制成品时同时产生的且出口合同未规定应当复出口的一个或一个以上的其他产品。

受灾保税货物是指加工过程中因不可抗力原因或海关认可的正当理由造成的损毁、灭失或短少，使得产品无法复出口的保税进口料件或加工产品。

对于上述货物，企业必须在手册有效期内处理完毕，处理方式有内销、结转、退运、放弃、销毁等，除放弃后应该销毁的外，其他处理方式都必须填制报关单报关，因为有关报关单是企业报核的必要单证。

（1）内销。加工贸易保税货物因故需转内销的，应经商务主管部门审批。经批准转内销的加工贸易保税货物属许可证管理的，补交许可证件；如申请内销的剩余料件，如果金额占该加工贸易合同项下实际进口料件总额3%及以下且总值在人民币1万元以下（含1万元），免予审批，免交许可证。

内销征税，应遵循的规定如下：

关于征税的数量：

①剩余料件和边角料内销：直接按申报数量计征进口税。

②制成品和残次品：根据单耗关系折算出料件耗用数量计征税款。

③副产品：按报验状态计征进口税。

关于征税的完税价格：

①进料加工：（进口料件、制成品、残次品）内销时——根据料件的原进口成交价格为基础确定完税价格。

②来料加工：（料件、制成品、残次品）内销时——以接受内销申报的同时或大约同时进口的与料件相同或者类似的货物的进口成交价格为基础确定完税价格。

③加工企业内销加工过程中产生的副产品或者边角料——以内销价格作为完税价格。

关于征税的税率：

适用海关接受申报办理纳税手续之日实施的税率。

关于征税的缓税利息：

除边角料外，均应缴纳缓税利息。

（2）结转。剩余料件可以结转到另一个加工贸易合同生产出口，但必须在同一经营单位、同一加工厂、同样的进口料件和同一加工贸易方式的情况下结转。

应向海关提出申请，并提交有关的书面材料、清单。经海关批准可以办理结转手续，未经海关批准的，则根据规定将剩余料件作退运、征税内销、放弃或销毁处理。须提供的单证如下：

①企业申请剩余料件结转的书面材料。

②企业拟结转的剩余料件清单。

③海关按规定需收取的其他单证和材料。

（3）退运。加工贸易企业因故将剩余料件、边角料、残次品、副产品等退运出境的，持登记手册等向口岸海关报关，办理出口手续，留存有关报关单备查。

（4）放弃。向海关提出书面申请，经批准并开具放弃加工贸易货物交接单，企业凭交接单将货物运到海关指定仓库，并办理货物报关手续。未得到海关批准的，该货物则只能按退运、征税内销、销毁处理。

有下列情形的，海关将做出不予放弃的决定：

①申请放弃的货物属于国家禁止或限制进口的废物的。

②申请放弃的货物属于对环境造成污染的。

③法律、行政法规、规章规定不予放弃的其他情形。

（5）销毁。对于不能办理结转或不能放弃的货物，所属货物企业可以申请销毁，海关经核实同意销毁由企业按规定销毁，必要时海关可以派员监督销毁。企业收取海关出具的销毁证明材料，准备报核。

（6）受灾货物的报关。加工贸易企业在受灾后 7 日内向主管海关书面报告，并提供有关材料，海关可派员核查取证。

①不可抗力受灾保税加工货物灭失或失去使用价值，可由海关审定，免税。

②需销毁的受灾货物，同其他保税货物销毁处理一样。

③可再利用的，按照海关审定的保税货物价格，按照对应的税率交纳进口税和缓税利息。

④对非不可抗力因素造成的受灾保税加工货物，海关按照原进口货物成交价格审定完税价格，照章征税。

⑤因不可抗力造成的受灾保税货物处理时，属于许可证管理的，免交许可证。反之，应当交验进口许可证。

3. 合同报核

（1）加工贸易合同报核，是加工贸易企业在加工合同履行完毕或终止后，按照规定处理完剩余货物，在规定的时间内，按照规定的程序向该企业主管海关申请核销、要求结案的行为。

（2）报核的时间。经营企业应在规定的时间内完成合同，并自加工贸易手册项下最后一批成品出口或者加工贸易手册到期之日起 30 日内向海关申请报核。因故提前终止合同的，自合同终止之日起 30 日内向海关报核。

（3）报核凭证：

①企业合同核销申请表；

②进出口报关单；

③核销核算表；

④其他海关需要的材料。

（4）海关受理报核和核销：

①海关审核报核企业申请，不符合规定的，重新报核；符合规定的，受理。

②核销时限：受理之日起 20 个工作日内完成，经批准可延长 10 个工作日。

③经过核销情况正常的：

未开设台账的：海关应当签发"核销结案通知书"。

开设台账的：海关应当签发"银行保证金台账核销联系单"，到银行销台账，并领取"银行保证金台账核销通知单"，凭以向海关领取核销结案通知书。

（四）保税加工特殊作业

1. 异地加工贸易合同备案

异地加工贸易指一个直属海关的关区内加工贸易经营企业，将进口料件委托另一个直属海关的关区内加工生产企业加工，生产成成品后回收出口的加工贸易。海关对开展异地加工贸易的经营企业和加工企业实行分类管理，如果两个企业的管理类别不一样，则按照其中较低的类别管理。

异地加工贸易合同备案的步骤如下：

经营企业凭所在地商务部门核发的"加工贸易业务批准证"和加工企业所在地县级以上商务主管部门出具的"加工贸易加工企业经营状况和生产能力的证明"；填制异地加工申请表，向经营企业所在地主管海关提出异地加工申请，海关核准后，领取所在地海关的关封。

经营企业持"关封"和"合同备案"的有关单证，到加工企业所在地海关办理合同备案手续。

2. 加工贸易外发加工申请

外发加工，指经营企业因受自身生产特点和条件限制，经海关批准并办理有关手续，委托承揽企业对加工贸易货物进行加工，在规定期限内将加工后的产品运回本企业并最终复出口的行为。

外发加工的成品、剩余料件及生产过程中产生的边角料、残次品、副产品等加工贸易货物，经经营企业所在地主管海关批准，可以不运回本企业。

经营企业如实填写"加工贸易货物外发加工申请表"及"加工贸易外发加工货物外发清单"，经海关审核批准后，方可进行外发加工。

3. 加工贸易保税货物深加工结转报关

加工贸易保税货物深加工结转是指加工贸易企业将保税料件加工的产品转至另一个加工贸易企业进一步加工后复出口的经营活动。

（1）计划备案。转出企业、转入企业向各自的主管海关提交加工贸易保税货物深加工结转申请表，申报结转计划。

①转出企业填写申报表（一式四联）、签章，向转出地海关备案。

②转出地海关备案后，留存一联，其余三联退转出企业交转入企业。

③转入企业在转出企业备案后 20 日内，持申请表的其余三联，填写本企业相关内容后签章，向转入地海关备案。

④转入地海关审核后，将申请表第二联留存，第三联和第四联交转入、转出企业凭以办理结转收发货登记及报关手续。

（2）收发货登记。转出、转入企业在海关备案申请保税货物深加工结转后，应该按照海关核准的计划进行实际发货，并在实际结转情况登记表上如实登记，并加盖企业结转专用章。

（3）结转报关。转出、转入企业实际收发货后，应当按照以下规定办理结转报关手续：

①转出、转入企业应当分别在转出地、转入地海关办理结转报关手续。转出、转入企业可以凭一份申请表，分批或者集中办理报关手续。转出（入）企业每批实际发（收）货后，应当在 90 日内办结该批货物的报关手续。

②转入企业凭申请表、登记表等单证向转入地海关办理结转进口报关手续，并在结转进口报关后的第二个工作日内将报关情况通知转出企业。

③转出企业自接到转入企业通知之日起 10 日内，凭申请表、登记表等单证向转出地海关办理结转出口报关手续。

④结转进口、出口报关的申报价格为结转货物的实际成交价格。

⑤一份结转进口报关单对应一份结转出口报关单，两份报关单之间对应的申报序号、商品编号、数量、价格和手册号应当一致。

⑥结转货物分批报关的，企业应当同时提供申请表和登记表的原件及复印件。

三、电子账册管理下的保税加工货物报关程序

（一）含义

海关以企业为单元为联网企业建立的电子底账，实施电子账册管理的，联网企业只设立一个电子账册。海关应当根据联网企业的生产情况和海关的监管需要确定核销周期，按照核销周期对实行电子账册管理的联网企业进行核销管理。

（二）特点

电子账册模式联网监管的基本管理原则是："一次审批、分段备案、滚动核销、控制周转、联网核查"，有以下特点：

1. 对经营资格、经营范围、加工生产能力一次性审批。不再对加工贸易合同进行逐票审批。

2. 采取分段备案，先备案进口料件，在生产成品出口前再备案成品以及申报实际的单耗情况。

3. 建立以企业为单元的电子账册，实行滚动核销制度。

4. 对进出口保税货物的总价值按照企业生产能力进行周转量控制，取消对进出口保税货物备案数量控制。

5. 企业通过计算机网络向商务部门和海关申请办理审批、备案及变更等手续。

6. 同样实行银行保证金台账制度。

7. 纳入电子账册的加工贸易货物全额保税。

8. 凭电子身份认证卡实现全国口岸的通关。

（三）电子账册的建立

1. 第一个步骤：联网监管的申请和审批

具备条件，由商务主管部门对申请联网监管的企业的加工贸易经营范围依法进行审批，同意后，加工贸易企业向所在地直属海关提出书面申请，并提交有关单证，经审核符合联网监管条件的，主管海关制发"海关实施加工贸易联网监管通知书"。

2. 第二个步骤：加工贸易业务的申请和审批

向商务主管部门提出，商务主管部门总审定联网企业的加工贸易资格、业务范围和加工生产能力。提交有关的资料，符合条件的，商务主管部门签

发"联网监管企业加工贸易业务批准证"。

3. 第三个步骤：建立商品归并关系和电子账册

（1）联网企业凭商务主管部门签发的"联网监管企业加工贸易业务批准证"，向所在地主管海关申请建立电子账册。

（2）电子账册包括："经营范围电子账册"和"便捷通关电子账册"。"经营范围电子账册"不能直接报关，主要是用来检查控制"便捷通关电子账册"进出口商品的范围。"便捷通关电子账册"用于加工贸易货物的备案、通关和核销。

（3）电子账册是在商品归并关系确立的基础上建立起来的，没有商品归并关系就不能建立电子账册。商品归并关系是指：海关与联网企业根据监管的需要按照中文品名、HS编码、价格、贸易管制等条件，将联网企业内部管理的"料号级"商品与电子账册备案的"项号级"商品归并或拆分，建立一对多或多对一的对应关系。应该同时满足以下条件，才可以归入同一个联网监管商品项号：

①10 位 HS 编码相同的。

②商品名称相同的。

③申报计量单位相同的。

④规格型号虽不同但单价相差不大的。

（四）报关程序

经过三个环节：备案、报关和报核销。

1. 备案

（1）"经营范围电子账册"备案内容：

①经营单位名称和代码。

②加工单位名称和代码。

③批准证件编号。

④加工生产能力。

⑤加工贸易进口料件和成品范围（商品编码前 4 位）。

（2）"便捷通关电子账册"备案的内容：

①企业基本情况表。

②料件、成品部分。

③单耗关系：包括成品版本号，对应料件的净耗、耗损率等。

2. 货物报关

电子账册模式下联网监管企业的保税加工货物报关与电子化手册模式一样。

3. 报核销

海关对电子账册实行滚动核销的方式，180 天为一个报核周期，180 天后的 30 天内报核，特殊情况可以延期，但延长期限不得超过 60 天。

企业报核与海关核销程序如下：

（1）企业报核：

①预报核。企业在向海关正式申请核销前，在电子账册本次核销周期到期之日起 30 天内，将本核销期限内申报的所有的电子账册进出口报关数据，按海关要求的内容，以电子报文的形式，向海关申请报核。

企业预报核，海关的计算机反馈"同意报核"的，企业应提交这些单据：企业核销期内的财务报表、纸质报关单、已征税的税款缴纳证复印件、企业电子账册报核总体情况表、企业保税进口料件盘点资料、归并参数表的纸质文本（本期核销内有变更的）和海关认为需要的其他单证。

②正式报核，指企业预报通过海关审核后，以预报核海关核准的报关数据为基础，填报本期保税进口料件应当留存数量、实际留存数量等内容，以电子报文形式，向海关正式申请报核。

（2）海关核销：海关对书面数据进行核算，确定是否平衡。另外还会根据实际情况盘库。

①报核数据与海关底账数据及盘点数据相符的，海关通过正式审核。海关将本期的结余数作为下一期期初数。

②企业实际库存多于电子底账核算结果的，海关按实际库存量调整电子底账的当期结余数量。

③企业实际库存少于电子底账核算结果且可以提供正当理由的，按内销处理。不能提供正当理由的，对短缺部分，移交缉私部门处理。

四、出口加工区

（一）出口加工区概念

出口加工区是指经国务院批准在我国境内设立的由海关对加工贸易进出口货物进行封闭式监管的特定区域。出口加工区内的企业主要从事加工贸易以及为加工贸易服务的仓储及运输业务。

（二）出口加工区的报关程序

出口加工区货物报关采用电子账册制，并且可以分进出境报关和进出区报关。出口加工区企业在进出口货物前，应向出口加工区主管海关申请设立电子账册（包括加工贸易电子账册和企业设备电子账册），企业凭经海关审核通过的电子账册，办理进出口货物的报关手续。

1. 进出境报关

出口加工区进出境报关采用备案制和报关制相结合的运行机制。

（1）境外货物进入出口加工区，属非自用的，采取备案制。即出口加工区内企业从事的加工贸易及相关的仓储业务，由收货人或其代理人向海关报关时，填写进出境货物备案清单，保税入区。

（2）境外货物进入保税区，属自用的，采取报关制。即出口加工区内企业进口自用合理数量的生产、管理所需设备、物资，除交通车辆和生活用品外，由收货人或其代理人向海关报关，填写进口货物报关单，免税入区；出口加工区内企业进口自用的交通车辆和生活用品，由收货人或其代理人向海关报关，填写进口货物报关单，纳税入区。

2. 进出区报关

出口加工区的进出区报关是境内与出口加工区内之间货物进出所应办理的海关手续。境内货物进出口加工区视同进出口，由境内企业向海关报关，填写进出口货物报关单，缴纳相关税费，限制进出口的商品，须提交许可证件；由区内企业填制"出口加工区进（出）境货物备案清单"，凭发票、装箱单、电子账册编号等单证向出口加工区海关办理进（出）区报关手续。

（三）其他相关规定

1. 加工区与境外之间进出的货物，除易制毒化学品、监控化学品、消耗臭氧层物质等国家规定的特殊货物外，不实行进出口许可证件管理，免予交验许可证件。

2. 加工区内企业开展加工贸易业务，不实行银行保证金台账制度，而适用电子账册管理，实行电子账册的累加、核扣，每6个月核销一次。

3. 加工区内加工企业，不得将未经实质性加工的进口原材料、零部件销往境内。

4. 加工区内从事仓储服务的企业，其仓储目的是为区内加工贸易服务，因此不得将从境外进口的仓储的原材料、零部件提供给境内企业。

5. 加工区内企业经主管海关批准，可在境内区外进行产品的测试、检验和展示活动。但应自运出之日起2个月内运回加工区。因特殊情况不能如期运回的，区内企业应于期限届满前7天内，向主管海关说明情况，并申请延期。申请延期以1次为限，延长期限不得超过1个月。

第三节　保税物流货物的报关制度

一、保税物流的经营形式

保税物流货物是指进口货物经海关批准未办理纳税手续进境，在境内储存后复运出境的货物，也称作保税仓储货物。按照储存后货物的实际去向，保税储存有两种业务形式。

一种保税储存是储存后复运出境，包括：转口贸易货物、保税仓库中储存的供应给国际运输船舶、航空器在国际运输途中所需要的燃料、物料等。

另一种保税储存是储存后进入国内市场，包括：进口寄售用于维修外国商品的零配件（不包括进口耐用消费品诸如手表、照相机、电视机等维修用零配件）、经海关批准准予存入保税仓库的未办结海关手续的一般贸易货物和其他未办结海关手续的货物等。

二、保税物流货物的管理

海关对保税物流货物的监管模式有两大类：一类是非物理围网监管模式，包括保税仓库、出口监管仓库；另一类是物理围网监管模式，包括保税物流中心、保税物流园区、保税区、保税港区等。本节重点介绍保税仓库和保税区货物的报关程序。对各种监管形式的保税物流货物的管理，主要可以归纳为以下五点：

（一）设立审批

保税区、保税港区、保税物流园区要经国务院审批，凭批复设立，其余的由海关批准设立。

（二）准入保税

通过准予进入监管场所或监管区域来实现批准保税。

（三）纳税暂缓

保税物流货物在运离海关监管场所征税时不同时征收缓税利息，而保税加工货物（除出口加工区、珠海园区和边角料外）内销征税时要征缓税利息。

（四）监管延伸

地点延伸：监管地点延伸到监管场所或特殊监管区。

时间延伸：

1. 保税仓库 1 年，可申请延长，延长的时间，最长 1 年。
2. 出口监管仓库 6 个月，可申请延长，延长的时间，最长 6 个月。
3. 保税物流中心 2 年，可申请延长，延长的时间，最长 1 年。
4. 保税物流园区、保税区、保税港区没有限制。

（五）运离结关

保税物流货物报关同保税加工货物报关一样有报核程序，有关单位应定期以电子数据和纸质单证向海关申报规定时段保税物流货物的进、出、存、销情况。每一批货物运离保税监管场所或者特殊监管区域，都必须根据货物的实际流向办结海关手续。办结海关手续后，该批货物就不再是运离的保税监管场所或者特殊监管区域范围的保税物流货物。

三、保税仓库货物的报关程序

经海关批准设立的专门存放保税货物及其他未办结海关手续货物的仓库也就是保税仓库。

（一）保税仓库的种类

我国的保税仓库根据使用对象、范围及特定用途可分为公用型保税仓库、自用型保税仓库和专用型保税仓库。

1. 公用型保税仓库

公用型保税仓库由主营仓储业务的中国境内独立法人经营，专门向社会提供保税仓储服务。

2. 自用型保税仓库

自用型保税仓库由特定的中国境内独立法人经营，仅存储供本企业自用的保税货物。

3. 专用型保税仓库

专用型保税仓库是专门用来存储具有特定用途或特殊种类商品的保税仓库，包括液体危险品保税仓库、备料保税仓库、寄售维修保税仓库和其他专用保税仓库。

（二）保税仓库的设立条件

按照海关的规定，保税仓库应当设立在设有海关机构、便于海关监管的区域。经营保税仓库的企业，应当具备以下条件：

1. 经工商行政管理部门注册登记，具有企业法人资格；
2. 注册资本最低限额为 300 万元人民币；
3. 具备向海关缴纳税款的能力；

4. 经营特殊许可商品存储的，应持有规定的特殊许可证件；

5. 经营备料保税仓库的加工贸易企业，年出口额最低为 1000 万美元；

6. 具有专门存储保税货物的营业场所。

申请设立保税仓库的企业，应向仓库所在地主管海关提交书面申请，并提供已经具备设立条件的有关证明文件。由主管海关受理并报送直属海关审批。

（三）保税仓库的功能

保税仓库功能单一，就是仓储，而且只能存放进境货物。经海关批准，可以存入保税仓库的进境货物有：

1. 加工贸易进口货物；

2. 转口货物；

3. 供应国际航行船舶和航空器的油料、物料和维修零部件；

4. 供维修外国产品所进口寄售的零配件；

5. 外商进境暂存货物；

6. 未办结海关手续的一般贸易进口货物；

7. 经海关批准的其他未办结海关手续的进境货物。

（四）保税仓库的报关程序

保税仓库货物的报关程序可以分为进库报关和出库报关。

1. 进库报关

保税仓库货物进境入仓，经营企业应当在仓库主管海关办理报关手续，经主管海关批准，也可以直接在进境口岸海关办理报关手续。保税仓库货物进境入仓，除三类化学品外，免领进口许可证件。

如果仓库主管海关与进境口岸海关不是同一直属海关，经营企业可以按照"提前报关转关"或者"直接转关"方式办理。如果仓库主管海关与进境口岸海关是同一直属海关，经直属海关批准，由经营企业直接在口岸海关办理报关手续，口岸海关放行后，企业自行提取货物入仓。

2. 出库报关

由于出库后的实际去向不同，保税仓库货物出库可能出现进口报关和出口报关两种情况。

（1）进口报关：

①保税仓库货物出库后用于加工贸易的，由加工贸易企业或其代理人按加工贸易货物的报关程序办理进口报关手续；

②保税仓库货物出库后用于可以享受特定减免税的特定地区、特定企业

和特定用途的，由享受特定减免税的企业或其代理人按特定减免税货物的报关程序办理进口报关手续；

③保税仓库货物出库后进入国内市场或用于境内其他方面，由收货人或其代理人按一般进口货物的报关程序办理进口报关手续。

④保税仓库内的寄售维修零配件申请以保修期内免税出仓的，由保税仓库经营企业办理进口报关手续，填制进口货物报关单，贸易方式栏填"无代价抵偿货物"，并确认免税出仓的维修件在保修期内且不超过原设备进口之日起3年，维修件由外商免费提供，更换下的零部件合法处理。

（2）出口报关：保税仓库出仓复运出境货物，应当按照转关运输方式办理出仓手续。仓库主管海关和口岸海关是同一直属海关的，经直属海关批准，可以不按照转关运输方式，由企业自行提取货物出仓到口岸海关办理出口报关手续。

（五）其他相关规定

1. 保税仓库所存货物的储存期限为1年。如因特殊情况需要延长储存期限，应向主管海关申请延期，经海关批准可以延长，延长的期限最长不超过1年。

2. 保税仓库所存货物，是海关监管货物，未经海关批准并按规定办理有关手续，任何人不得出售、转让、抵押、质押、留置、移作他用或者进行其他处置。

3. 货物在仓库储存期间发生的损毁或者灭失，除不可抗力原因外，保税仓库应当依法向海关缴纳损毁、灭失货物的税款，并承担相应的法律责任。

4. 经主管海关批准，保税仓库货物可以进行改换包装、分级、分类、分拆、分拣、分装、拼装、计量、组合包装、打膜、加刷或刷贴运输标志等辅助性简单作业。

5. 保税仓库经营企业应于每月5日之前以电子数据和书面形式向主管海关申报上一个月仓库进、出、存情况，并随附有关的单证，由主管海关核销。

四、保税区

保税区是指经国务院批准在我国境内设立的由海关进行监管，具有加工、转口、展示、仓储运输等功能的特定区域。也就是说，保税区既有保税加工的功能，又有保税物流的功能。

（一）保税区的报关程序

保税区货物报关分进出境报关和进出区报关。

1. 进出境报关

保税区的进出境报关是境外与保税区内之间货物的进出所应办理的海关手续。保税区的进出境报关采用报关制和备案制相结合的运行机制。

（1）境外货物进入保税区，属非自用的，采取备案制。即保税区内企业从事的加工贸易、转口贸易、仓储和展示，由收货人或其代理人向海关报关时，填写进出境货物备案清单保税入区。

（2）境外货物进入保税区，属自用的，采取报关制。即保税区内企业进口自用合理数量的机器设备、管理设备、办公用品及工作人员所需自用合理数量的应税物品以及货样，由收货人或其代理人向海关报关，填写进口货物报关单免税入区。

2. 进出区报关

保税区的进出区报关是境内与保税区内之间货物进出所应办理的海关手续。保税区的进出区报关要根据不同的情况，采取不同的报关程序。

（1）保税加工货物进出区。进区，报出口，要有加工贸易电子账册、电子化手册，填写出口货物报关单，提供有关的许可证件。出口应当征收出口关税商品的，须缴纳出口关税；海关不签发出口货物报关单退税证明联。出区，报进口，按不同的流向填写不同的进口货物报关单：

①出区进入国内市场的，按一般进口货物报关，填写进口货物报关单，提供有关的许可证件。

②出区用于加工贸易的，按加工贸易货物报关，填制加工贸易进口货物报关单，提供加工贸易电子账册、电子化手册。

③出区用于可以享受特定减免税企业的，按特定减免税货物报关，提供进出口货物征免税证明和应当提供的许可证件，免缴进口税。

（2）外发加工进出区。外发加工是指加工贸易企业出口产品生产的某一环节由其他企业代为加工的业务。境内企业进区外发加工业务，进区时，凭外发加工合同向保税区海关备案，加工出区后核销，不填写进出口报关单，不缴纳税费。

保税区企业出区外发加工业务，出区时须由境内加工企业在加工企业所在地海关办理加工贸易备案手续，建立电子账册、电子化手册，适用银行保证金台账制度，加工期限最长为6个月。情况特殊，经海关批准可以延长，延长的最长期限是6个月。

（3）设备进出区。不管是施工还是投资设备，进出区均需向保税区海关备案。设备进区不填写报关单，不缴纳出口税，海关不签发出口货物报关单退税证明联，设备系从国外进口已征进口税的，不退进口税；设备出区也不必填写报关单，但要报保税区海关销案。

（二）其他相关规定

（1）保税区与境外之间进出的货物，除易制毒化学品、监控化学品、消耗臭氧层物质等国家规定的特殊货物外，不实行进出口许可证件管理，免予交验许可证件。

（2）保税区内企业开展加工贸易业务不适用银行保证金台账制度，料件全额保税。

（3）保税区内的转口货物可以进行分级、挑选、刷贴标志、改换包装等简单加工。

第四节　减免税货物的报关制度

一、关税减免概述

关税减免是减征关税和免征关税的合称。根据我国《海关法》，关税减免分为三大类，即法定减免税、特定减免税和临时减免税。

法定减免税一般是指《海关法》等所实施的减免税，大多与国际通行规则相一致，除国外政府、国际组织无偿赠送的物资外，其他法定减免税货物一般无须办理减免税审批手续。

政策性减免，包括特定减免税和临时减免税，是指根据国家政治、经济政策的需要，经国务院批准，对特定地区、特定企业、特定用途的货物，给予减免进出口税收的优惠政策。

二、减免税货物的管理

（一）减免税货物进口后在特定的海关监管期限内接受海关监管

进口减免税货物的货物的监管期限为：

1. 船舶、飞机：8年

2. 机动车辆：6年

3. 其他货物：5年

（二）减免税货物的具体管理

1. 减免税备案、审批、税款担保和后续管理业务等相关手续，应当由进口货物减免税申请人或其代理人办理。

2. 申请凭税款担保先予办理货物放行手续的情形：

（1）主管海关按照规定已经受理减免税备案或者审批申请，尚未办理完毕的；

（2）有关进口税收优惠政策已经国务院批准，具体实施措施尚未明确，海关总署已确认减免税申请人属于享受该政策范围的；

（3）其他经海关总署核准的情况。

国家对进出口货物有限制性规定，应当提供许可证件而不能提供的，以及法律、行政法规不得担保的其他情形，不得办理减免税货物凭税款担保放行手续。

税收担保期限不超过 6 个月，经直属海关关长或其授权人批准，可以予以延期。延期时间自保税担保期限届满之日起计算，延长期限不超过 6 个月。特殊情况仍需延期的，应当经海关总署批准。

3. 在海关监管年限内，减免税申请人应当自进口减免税货物放行之日起，在每年的第一季度向主管海关递交减免税货物使用状况报告书，报告减免税货物使用状况。

4. 减免税货物转让给进口同一货物享受同等减免税优惠待遇的其他单位的，不予恢复减免税货物转出申请人的减免税额度，减免税货物转入申请人的减免税额度按照海关审定的货物结转时的价格、数量或者应缴税款予以扣减。

5. 减免税货物因品质或规格原因原状退运出境。

（1）以无代价抵偿方式进口同一类型货物的，不予恢复其减免税额度；

（2）未以无代价抵偿方式进口同一类型货物的，可以恢复其减免税额度。需减免税申请人在原免税货物退运出境之日起 3 个月内向海关申请，经批准可恢复。

三、减免税货物的报关程序

减免税货物报关程序包括减免税备案和审批、进口报关、后续处置和解除监管。

（一）减免税备案和审批

一般情况下，由减免税申请人向投资项目所在地海关申请办理。

投资项目所在地海关与减免税申请人所在地海关不是同一海关的，减免税申请人应当向投资项目所在地海关申请办理减免税备案、审批手续。

如投资项目涉及多个海关的，减免税申请人向其所在地海关或者有关海关的共同上级海关申请办理。

减免税备案和审批的阶段包括：减免税备案和减免税证明申领两个环节。

1. 减免税备案

减免税申请人应当在申请办理减免税审批手续前，向主管海关办理减免税备案手续。

2. 减免税审批

主管海关收到减免税申请人的减免税审批申请后，经审核确定其所申请货物的免税方式，并签发"进出口货物征免税证明"。"进出口货物征免税证明"有效期一般为6个月，如遇情况特殊，可申请延长，延长的最长期限为6个月。

"进出口货物征免税证明"实行"一批一关一证"的原则，即一份征免税证明上的货物只能在一个进口口岸一次性进口。

（二）进口报关

1. 进口货物收货人或其代理人持"进出口货物征免税证明"、许可证等相关证件，按一般进出口货物办理报关程序，但不需要缴纳进口关税。

2. 减免税货物进口，填制报关单时，报关单上的"备案号"一栏，要填写"进出口货物征免税证明"的12位编号。

（三）后续处置和解除监管

1. 变更使用地点

在海关监管年限内，减免税货物应当在主管海关核准的地点使用。如需变更使用地点，减免税申请人应当向主管海关提出申请。减免税货物的异地使用，应遵循下列程序：

（1）减免税申请人事先持有关单证及说明材料向主管海关申请。

（2）主管海关审核同意并通知转入地海关。

（3）减免税申请人将货物运至转入地海关管辖地，经转入地海关确认货物情况后并进行异地监管。

（4）异地使用结束后，减免税申请人及时向转入地海关申请办结异地监管手续。

（5）转入地海关审核同意后通知主管海关后，可将减免税货物运回主管海关管辖地。

2. 结转

在海关监管年限内，减免税申请人将进口减免税货物转让给进口同一货物享受同等减免税优惠待遇的其他单位的，应按照下列规定办理减免税货物结转手续：

（1）转出申请人向转出地主管海关提出申请，转出地主管海关审核通知转入地主管海关。

（2）转入申请人向转入地主管海关办理审批手续，海关签发"进出口货物征免税证明"。

（3）转出、转入申请人分别向各自主管海关办理减免税货物出口、进口报关手续。

（4）转出地主管海关办理转出减免税货物的解除监管手续。转入地海关在剩余监管年限内继续实施后续监管。

3. 转让

在海关监管年限内，减免税申请人将进口减免税货物转让给不享受同等减免税优惠待遇的其他单位的，应当事先向减免税申请人主管海关申请办理减免税货物补缴税款和解除监管手续。

4. 移作他用

在海关监管年限内，减免税申请人将进口减免税货物移作他用的，应当事先向减免税申请人主管海关提出申请。主要包括以下情形：

（1）将减免税货物交给减免税申请人以外的其他单位使用。

（2）未按照原定用途、地区使用减免税货物。

（3）未按照特定地区、特定企业或者特定用途使用减免税货物的其他情形。

减免税申请人应当按照移作他用的时间补缴相应税款；如时间不能确定的，应提交税款担保，担保不得低于剩余监管年限应补缴税款总额。

5. 变更、终止

（1）变更：减免税申请人先向海关报告，若承受人资格改变则须补税；若继续享受减免税待遇，则按照规定变更备案或办理结转手续。

（2）终止：原减免税申请人自清算之日起 30 日内，向海关办理补税和解除监管手续。

6. 退运、出口

减免税申请人持出口报关单向主管海关办理原进口减免税货物的解除监管手续。减免税货物退运出境或者出口的，海关不再补征相关税款。

7. 贷款抵押

减免税申请人向主管地海关提出书面申请。申请人不得以减免税货物，向金融机构以外的公民、法人或者其他组织办理贷款抵押。

第五节　暂准进出境货物的报关制度

一、暂准进出境货物概述

（一）暂准进出境货物的概念

暂准进出境货物是指为了特定的目的，经海关批准，暂时进境或暂时出境并在规定的期限内复运出境或复运进境的货物。按照《关税条例》的规定，暂准进出境货物经海关批准，暂时进境或者暂时出境，在进境或者出境时，纳税义务人向海关缴纳相当于应纳税款的保证金或者提供其他担保，可以暂不缴纳税款，并在规定的期限内复运出境或复运进境。

（二）暂准进出境货物的特征

暂准进出境货物具有以下特征：

1. 有条件暂时免纳税费

暂准进出境货物在向海关申报进出境时，向海关提供担保的前提下，可暂免缴纳进出口税费。

2. 除另有规定外，免予提交进出口许可证件

暂准进出境货物不是实际进出口货物，只要按照暂准进出境货物的有关法律法规，办理进出境手续，可以免予提交进出口许可证件。但是，涉及公共道德、公共安全、公共卫生所实施的进出境管制制度的暂准进出境货物，应当凭许可证件进出境。

3. 在规定期限内按原状复运进出境

暂准进出境货物一般应当自进境或者出境之日起6个月内复运出境或者复运进境；经收发货人申请，海关可以根据规定延长复运出境或者复运进境的期限。

4. 办理核销手续后结关

海关对暂准进出境货物都有后续监管要求，因此所有的暂准进出境货物都必须在规定期限内，由货物的收发货人根据货物不同的情况，向海关办理核销结关手续。

（三）暂准进出境货物的适用范围

1. 在展览会、交易会、会议及类似活动中展示或者使用的货物；
2. 文化、体育交流活动中使用的表演、比赛用品；
3. 进行新闻报道或者摄制电影、电视节目使用的仪器、设备及用品；

4. 开展科研、教学、医疗活动使用的仪器、设备和用品；

5. 在本款第 1 项至第 4 项所列活动中使用的交通工具及特种车辆；

6. 货样；

7. 慈善活动使用的仪器、设备及用品；

8. 供安装、调试、检测、修理设备时使用的仪器及工具；

9. 盛装货物的容器；

10. 旅游用自驾交通工具及其用品；

11. 工程施工中使用的设备、仪器及用品；

12. 海关批准的其他暂时进出境货物。

二、暂准进出境货物的报关程序

（一）展览品

1. 展览品的适用范围

展览品不仅包括在展览会中的展示品，也包括在展览会中的示范用品、为示范展出的机器或器具所需用的物品、展览者设置临时展台的建筑材料及装饰材料、供展览品做示范宣传用的电影片、幻灯片、录像带、录音带、说明书、广告等。

2. 展览品的报关程序

进（出）境申报。展览品进（出）境之前，展览会主办单位首先应当将举办展览会的批准文件连同展览品清单一起送进（出）境地海关，办理登记备案手续。展览品进（出）境时，展览会主办单位或其代理人应当向海关提交报关单、展览品清单、提货单、发票、装箱单等单证，同时向海关提供担保申报进（出）境。展览品进（出）境可以采用 ATA 单证册担保。如果采用 ATA 单证册担保，进（出）境申报时可免予填报报关单。

【知识连接】

ATA 单证册

1. ATA 单证册的含义

"暂准进口单证册"，简称 ATA 单证册（Admission Temporaire Temporary Admission），是指世界海关组织通过的《货物暂准进口公约》及其附约 A 和《ATA 公约》中规定使用的，用于替代各缔约方海关暂准进出口货物报关单和税费担保的国际性通关文件。

2. ATA 单证册的格式

一份 ATA 单证册由若干页 ATA 单证组成，单证的具体数目依其经过的国家数目而定。一般由 8 页组成：一页绿色封面单证、一页黄色出口单证、一页白色进口单证、一页白色复出口单证、两页蓝色过境单证、一页黄色复进口单证、一页绿色封底。

3. ATA 单证册的使用

ATA 单证册的担保协会和出证协会一般是由国际商会国际局和各国海关批准的各国国际商会。中国国际商会是我国 ATA 单证册的担保协会和出证协会。

使用 ATA 单证册，首先由应持证人向出证协会提出申请，缴纳一定的手续费，并按出证协会的规定提供担保。出证协会审核后签发 ATA 单证册；持证人凭 ATA 单证册将货物在出境国暂时出境。到暂时进境国时，由进境国海关经查验签章放行；货物完成暂时进境的特定使用目的后，从进境国复运出境，又复运回原出境国；持证人将使用过的、经各海关签注的 ATA 单证册交还给原出证协会。

4. ATTA 单证册在我国的适用范围

在我国，目前使用 ATA 单证册的范围仅限于展览会、交易会、会议及类似活动项下的货物。除此以外的货物，我国海关不接受持 ATA 单证册办理进出口申报手续。

5. 我国适用的 ATA 单证册的有效期

根据国际公约的规定，ATA 单证册的有效期最长是 1 年。但我国海关只接受展览品及相关货物使用 ATA 单证册申报进出口，因此，ATA 单证册项下货物暂时进出境期限为自货物进出境之日起 6 个月。超过 6 个月的，持证人可以向海关申请延期。延期最多不超过 3 次，每次延长期限不超过 6 个月。如有特殊情况超过 24 个月的，需经海关总署批准。

（1）境内（外）展览。展览品进（出）境后，应按照海关的规定在展览会举办地展览使用。展览品的暂准进境期限是 6 个月，即自展览品进境之日起 6 个月内复运出境。出境展览品的暂准出境期限为自展览品出境之日起 6 个月内复运进境。如果需要延长期限，应当向主管海关提出申请。经批准可以延长，延期最多不超过 3 次，每次延长期限不超过 6 个月。另外，进境展览品的海关查验一般在展览会举办地开箱时查验。展览品开箱前，展览会主办单位或其代理人通知海关进行查验。

（2）复出（进）境申报。展览期满，展览会主办单位或其代理人应当向出（进）境地海关办理展览品复出（进）境申报手续，由出（进）境地海关签发报关单证明联，展览会主办单位或其代理人凭以向主管海关办理核销结关手续。

展览品未能在规定期限内复运出（进）境的，展览会主办单位应当向主管海关申请延期，在延长期内办理复运出（进）境手续。

（3）其他相关规定。

①展览期满转为正式进口的展览品，由展览会主办单位或其代理人向海关办理进口申报、纳税手续，其中属于许可证件管理的，还应当提交进口许可证件。

②展览期满被放弃的展览品，由海关变卖后将款项上缴国库。有单位接受放弃展览品的，应当向海关办理进口申报、纳税手续。

③展览期满被赠送的展览品，受赠人应当向海关办理进口手续，海关根据进口礼品或经贸往来赠送品的规定办理结关手续。

④展览期间毁坏、丢失、被窃的展览品，展览会主办单位或其代理人应当向海关报告。对于毁坏的展览品，海关根据毁坏程度估价征税；对于丢失或被窃的展览品，海关按照进口同类货物征收进口税。展览品因不可抗力遭受损毁或灭失的，海关根据受损情况，减征或免征进口税。

（二）其他暂时进出口货物

1. 其他暂时进出口货物适用范围

按照海关《关税条例》的规定，除展览品以外，其余的暂准进出口货物均按《海关对暂时进出口货物监管办法》进行监管，因此均属于暂时进出口货物的范围。

2. 其他暂时进出口货物报关程序

（1）进（出）境申报。其他暂时进（出）口货物进（出）境时，收（发）货人或其代理人应当向海关提交主管部门允许货物为特定目的而暂时进（出）境的批准文件、报关单、商业及货运单据等单证，同时向海关提供担保免缴进（出）口税通关。

（2）境内（外）使用。其他暂时进（出）口货物进（出）境后，应按照海关的规定在境内（外）使用。暂时进出口货物应当自进（出）境之日起6个月内复运出（进）境。如果因特殊情况不能在规定期限内复运出境或者复运进境的，应当向海关申请延期，经批准可以适当延期，延期最多不超过3次，每次延长期限不超过6个月。

（3）复出（进）境申报。使用期满，其他暂时进出口货物所有人或其代理人，应当向出（进）境地海关办理复出（进）境申报及核销手续。

【本章小结】

海关监管货物是指进口入境后至办结海关手续前、出口申报后至离境前及其他各种进口后至复运出境前的货物。海关监管货物的范围很广，包括所有进出境的货物，分为一般进出口货物、保税货物、减免税货物、暂准进出境货物等。监管特征如下：

货物类别	监管特征
一般进出口货物	交证交税，放行结关
保税加工货物	保税保证，核销结关
保税物流货物	保税保证，运离结关
特定减免税货物	免税交证，后续监管
法定减免税货物	免税免证，放行结关
暂准进出境货物	免税免证，复运出境结关

【思考练习】

1. 一般进出口货物的报关程序是如何规定的？

2. 保税加工货物的报关程序是如何规定的？

3. 保税仓库的报关程序是如何规定的？

4. 保税区和出口加工区的报关程序是如何规定的？

5. 特定减免税货物和法定减免税货物在监管上有何区别？

6. 展览品的报关程序是如何规定的？

7. 保税加工货物的电子化手册监管中，银行保证金台账制度的具体规定有哪些？

8. 保税加工货物的电子化手册监管中，异地加工和外发加工有何区别？

9. 保税加工货物内销和结转分别对货物采用什么样的监管制度？

10. 一般进出口货物的申报期限是怎样规定的？申报日期是什么？

【案例分析】

1. A 企业为大连保税区的加工企业，从马来西亚购进橡胶，6 个月后加工成车轮胎后，转售境内的 B 企业。按照海关的有关规定，该业务应由 A 企业报关，并且车轮胎视同进口报关纳税。请问：该笔业务是否可以如此处理？为什么？

2. 2013 年 3 月，中日合资大连电子有限公司在连投资时进口一套电子零件加工设备，共计价值 200 万美元，并且以外商投资物资减免税通关。2013 年 9 月，未经海关的许可，该企业将这套电子设备以 150 万美元转售国内某国有企业。2013 年 10 月，大连海关知情后对其进行了处罚。请问：大连海关是否应对该企业进行处罚？为什么？

3. 大连会展中心从日本进口展览一批石膏雕塑展品，展期为 6 个月，5 月 7 日办理了该批展品的通关，并以 ATA 单证为担保免税通关，展期 6 个月以后，大部分展品运回日本，只有两件展品遗忘在会展中心。之后会展中心以遗忘为由到海关作了退运手续，这两件展品仍可享受了免税通关。请问：这种说法是否合理？为什么？

第四章 特殊报关制度

【本章提要】本章概述了几种特殊进出口货物的报关制度，包括：转关的含义、转关运输的方式以及转关运输货物的报关程序，过境、转运、通运货物的含义及报关规定，不同租赁方式下货物的报关程序，无代价抵偿货物的含义、特征及报关规定，出料加工货物的含义及报关规定，溢卸、误卸、放弃及超期未报关货物的管理规定，退运和退货货物的海关处理方式。

【典型案例导入】2013 年 11 月 1 日，营口鲅鱼圈海关为经霍尔果斯口岸出口的"轮胎拆装机"等 12 项商品办理了转关手续。这些货物在营口港卸船后，经欧亚大陆桥铁路运输至霍尔果斯出境，最终目的地为哈萨克斯坦，采取海铁联运方式运输，较海运可节省一半的货物运输时间。

这是鲅鱼圈海关首次为经霍尔果斯口岸出口商品办理转关。至此，鲅鱼圈海关已与天津海关、长白海关、阿拉山口海关等 11 个海关，以及 3 个保税区建立转关业务关系，鲅鱼圈口岸转关运输蓬勃发展，营口港业务辐射范围不断扩大。

转关运输是指依照有关法律规定，允许海关监管货物由关境内一设关地点转运到另一设关地点，与"属地报关、口岸验放"等海关支持贸易便利化政策措施结合后，可极大地方便收发货人办理海关手续，加速口岸进出口货物的疏运。

为支持以"欧亚大陆桥海铁联运业务"为重点的工作，鲅鱼圈海关工作人员多次陪同营口港务集团"南下"，推介营口港的地理区位和海铁联运业务优势，海关亲自向客户做出服务承诺，通过优先验放、预约加班、紧急货物专人全程负责等措施实现转关货物"零等待"，成功实现义乌小商品经鲅鱼圈口岸转关出口欧洲。

前不久，鲅鱼圈海关工作人员又"北上"满洲里海关，在推介业务的同时建立海关之间的转关业务应急热线，此次鲅鱼圈口岸至霍尔果斯口岸的转关运输业务的建立，即是"北上"的成果之一。

2013 年前三个季度，鲅鱼圈口岸出口转关货运量达 11.4 万吨，同比增长 56.2%，其中铁路出口转关货运量 6.72 万吨，同比增长 199.88%；进口转关货运量达 3.92 万吨，同比增长 11.97%。

一、转关货物

(一) 转关的含义

转关是指海关为加速口岸进出口货物的疏运，方便收发货人办理海关手续，依照有关法规规定，允许海关监管货物由关境内一设关地点转运到另一设关地点办理进出口海关手续的行为。

(二) 转关条件

1. 申请转关运输应符合的条件

(1) 转关的指运地和起运地必须设有海关；

(2) 转关的指运地和起运地应当设有海关批准的监管场所；

(3) 转关承运人应当在海关注册登记，承运车辆符合海关监管要求，并承诺按海关对转关路线范围和途中运输时间所作的限定将货物运往指定的场所。

2. 不得申请转关运输的货物

(1) 进口固体废物（废纸除外）；

(2) 进口易制毒化学品、监控化学品、消耗臭氧层物质；

(3) 进口汽车整车，包括成套散件和二类底盘；

(4) 国家检验检疫部门规定必须在口岸检验检疫的商品。

(三) 转关的种类

1. 进口转关

进口转关是指进口货物由进境地入境后，进口货物的收货人或其代理人向海关申请转关，运往另一设关地点办理进口海关手续。

2. 出口转关

出口转关是指出口货物的发货人或其代理人在起运地已办理出口海关手续，运往出境地口岸，由出境地海关监管出口。

3. 境内转关

境内转关是指货物从境内一个设关地点运往境内另一个设关地点，在此期间货物受海关监管。

（四）转关的报关方式

1. 提前报关方式

提前报关方式是指进口货物在指运地先申报再到进境地办理进口转关手续，出口货物在货物未运抵起运地监管场所前先申报，货物运抵海关监管场所后再办理出口转关手续的方式。

2. 直转方式

直转方式是指进境货物在进境地海关办理转关手续，货物运抵指运地再在指运抵海关办理报关手续的进口转关和出境货物在货物运抵起运地海关监管场所报关后，在起运地海关办理出口转关手续的出口转关。

3. 中转方式

中转方式是指在收发货人或其代理人向指运地或启运地海关办理进出口手续后，由境内承运人或其代理人统一向进境地海关办理进口或出口转关手续。具有包括境外运输和境内运输的全程提运单，必须换装境内运输工具的进出口中转货物，适用中转转关运输方式。

（五）转关的报关程序

1. 进口转关的报关程序

（1）提前报关的转关。进口货物的收货人或其代理人在进境地海关办理进口货物转关手续前，向指运地海关录入进口货物报关单电子数据。指运地海关提前受理电子申报，同时由计算机自动生成进口转关货物申报单，并传输至进境地海关。

提前报关的转关货物收货人或其代理人应向进境地海关提供进口转关货物申报单编号，并提交下列单证办理转关运输手续：

①进口转关货物核放单（广东省内公路运输的，提交进境汽车载货清单）；

②汽车载货登记簿或船舶监管簿；

③提货单。

提前报关的进口转关货物应在电子数据申报之日起 5 日内，向进境地海关办理转关手续。超过期限仍未到进境地海关办理转关手续的，将被指运地海关撤销提前报关的电子数据。提前报关的进口转关货物，进境地海关因故无法调阅进口转关数据时，可以按直转方式办理转关手续。

（2）直转方式的转关。货物的收货人或其代理人在进境地录入转关申报数据，持下列单证直接办理转关手续：

①进口转关货物申报单（广东省内公路运输的，提交进境汽车载货清

单）；

②汽车载货登记簿或船舶监管簿。

直转的转关货物收货人或其代理人，应当在运输工具申报进境之日起 14 日内向进境地海关申报，办理转关运输手续。逾期办理的缴纳滞报金。

直转的转关货物，应当在海关限定的时间内运抵指运地。货物运抵指运地之日起 14 日内，进口货物的收货人或其代理人向指运地海关申报。

（3）中转方式的转关。中转方式的进口转关一般采用提前报关转关。具有全程提运单、须换装境内运输工具的中转转关货物的收货人或其代理人，提前以电子方式向指运地海关办理进口报关手续后，由境内承运人或其代理人持"进口转关货物申报单"、"进口货物中转通知书"按指运地目的港分列的纸制舱单（空运方式提交联程运单）等单证，统一向进境地海关办理货物转关手续。

2. 出口货物的转关

（1）提前报关的转关。由货物的发货人或其代理人在货物未运抵起运地海关监管场所前，先向起运地海关录入出口货物报关单电子数据，由起运地海关提前受理电子申报，生成出口转关货物申报单数据，传输至出境地海关。

货物应于电子数据申报之日起 5 日内，运抵起运地海关监管场所，并持下列单证向启运地海关办理出口转关手续：

①出口货物报关单；

②汽车载货登记簿或船舶监管簿；

③广东省内公路运输的，提交出境汽车载货清单。

超过期限的，将被起运地海关撤销提前报关的电子数据。货物到达出境地后，发货人或其代理人应持下列单证，向出境地海关办理转关货物出境手续：

①起运地海关签发的出口货物报关单；

②出口转关货物申报单或出境汽车载货清单；

③汽车载货登记簿或船舶监管簿。

（2）直转方式的转关。由发货人或其代理人在货物运抵启运地海关监管场所后，向起运地海关传送出口货物报关单电子数据，起运地海关受理电子申报，生成出口转关货物申报单数据，传输至出境地海关。发货人或其代理人应持下列单证，在起运地海关办理出口转关手续：

①出口货物报关单；

②汽车载货登记簿或船舶监管簿；

③广东省内公路运输的，提交出境汽车载货清单。

　　直转的出口转关货物到达出境地后，发货人或其代理人应持下列单证，向出境地海关办理转关货物的出境手续：

　　①起运地海关签发的出口货物报关单；

　　②出口转关货物申报单或出境汽车载货清单；

　　③汽车载货登记簿或船舶监管簿。

　　（3）中转方式的转关。具有全程提运单、需换装境内运输工具的出口中转转关货物的发货人或其代理人，向起运地海关办理出口报关手续后，由境内承运人或其代理人向起运地海关传送并提交出口转关货物申报单、凭出境运输工具分列的电子或纸制舱单、汽车载货登记簿或船舶监管簿等单证，向出境地海关办理货物出口转关手续。经起运地海关核准后，签发出口货物中转通知书，承运人或其代理人凭以办理中转货物的出境手续。

　　3.境内转关的报关程序

　　（1）提前报关的转关：

　　①由转入地货物收货人或其代理人，在转出地海关办理监管货物转关手续前，向转入地海关录入进口货物报关单电子数据报关；由转入地海关提前受理电子申报，并生成进口转关货物申报单，传输至转出地海关；

　　②转入地货物收货人或其代理人应持"进口转关货物核放单"和"汽车载货登记簿"或"船舶监管簿"，并提供进口转关货物申报单编号，向转出地海关办理转关手续。

　　（2）直转方式的转关：

　　①由转入地货物收货人或其代理人在转出地录入转关申报数据，持"进口转关货物申报单"和"汽车载货登记簿"或"船舶监管簿"，直接向转出地海关办理转关手续。

　　②货物运抵转入地后，海关监管货物的转入地收货人或其代理人向转入地海关办理货物的报关手续。

二、过境、转运、通运货物

（一）过境货物（transit cargo）

1.过境货物的含义

　　过境货物是指从境外启运，在我国境内不论是否换装运输工具，通过陆路运输，继续运往境外的货物。

　　2.过境货物的范围

　　准予过境的货物：与我国签有过境货物协定的国家的过境货物；在同我

国签有铁路联运协定的国家收、发货的过境货物；未与我国签有过境货物协定但经国家商务、运输主管部门批准，并向入境地海关备案后准予过境的货物。

禁止过境的货物：来自或运往我国停止或禁止贸易的国家和地区的货物；各种武器、弹药、爆炸品及军需品（通过军事途径运输的除外）；各种烈性毒药、麻醉品和鸦片、吗啡、海洛因、可卡因等毒品；我国法律、法规禁止过境的其他货物、物品。

3. 过境货物的监管规定

海关对过境货物监管的目的是为了防止过境货物在我国境内运输过程中滞留在国内，或将我国货物混入过境货物随运出境，防止我国禁止过境货物从我国过境。因此对于过境货物过境有如下要求：

（1）民用爆炸品、医用麻醉品等的过境运输，应经海关总署及有关部门批准后，方可过境；

（2）有伪报货名和国别，借以运输我国禁止过境货物的，以及其他违反我国法律、行政法规情况的，海关可依法将货物扣留处理；

（3）海关可以对过境货物实施查验，海关在查验过境货物时，经营人或承运人应当到场，负责搬移货物，开拆和重封货物的包装；

（4）过境货物在境内发生损毁或者灭失的（除不可抗力原因外），经营人应当负责向出境地海关补办进口纳税手续；

（5）装载过境货物的运输工具，应当具有海关认可的加封条件或装置，海关认为必要时，可以对过境货物及其装载装置进行加封；

（6）过境货物经营人应当持主管部门的批准文件和工商行政管理部门颁发的营业执照，向海关主管部门申请办理注册登记手续。

4. 过境货物的报关

（1）过境期限。过境货物的过境期限为 6 个月，因特殊原因，可以向海关申请延期，经海关同意后，最长可延期 3 个月。超过规定期限 3 个月仍未过境的，海关按照规定依法提取变卖，变卖后的货款按有关规定处理。

（2）报关程序：

①过境货物进境时，过境货物经营人或报关企业应当向海关递交过境货物报关单和运单、转载清单、载货清单以及发票、装箱清单等，办理过境手续；

②经进境地海关审核无误后，在提运单上加盖"海关监管货物"的戳记，将过境货物报关单和过境货物清单制作关封后加盖"海关监管货物"专用章，连同上述提运单一并交经营人或报关企业；

③过境货物经营人或承运人将上述关封和单证完整及时地向出境地海关递交申报；出境地海关审核有关单证、关封和货物后，海关盖放行章，货物在海关监管下出境。

（二）转运货物（transshipment cargo）

1. 转运货物的含义

转运货物是指由境外启运，通过我国境内设立海关的地点换装运输工具，而不通过境内陆路运输，继续运往境外的货物。

2. 具备下列条件之一的转运货物，可以办理转运手续：

（1）持有转运或联运提货单的；

（2）进口载货清单上注明是转运货物的；

（3）持有普通提货单，但在卸货前向海关声明转运的；

（4）误卸下的进口货物，经运输工具经理人提供属实证件的；

（5）因特殊原因申请转运，获海关批准的。

3. 转运货物的监管规定

海关对转运货物实施监管的主要目的，在于防止货物在口岸换装过程中混卸进口货混装出口，因此对于过境货物过境有如下要求：

（1）转运货物在口岸存放期间，不得开拆、改换包装或进行加工。

（2）转运货物必须在3个月之内办理海关有关手续并转运出境，超出规定期限3个月仍未转运出境或办理其他海关手续的，海关将提取依法变卖处理。

（3）海关对转运货物有权进行查验。

4. 转运货物的报关程序

（1）载有转运货物的运输工具进境后，承运人应当在进口载货清单上列明转运货物的名称、数量、起运地和到达地，并向主管海关申报进境；

（2）申报经海关同意后，在海关指定的地点换装运输工具；

（3）在规定时间内运送转运货物出境。

（三）通运货物（through cargo）

1. 通运货物的含义

通运货物是指由境外启运，不通过我国境内陆路运输，由船舶、航空器载运进境并由原运输工具载运出境的货物。

2. 通运货物的报关程序

（1）运输工具进境时，运输工具的负责人应凭注明通运货物名称和数量的船舶进口报告书或国际民航机使用的进口载货舱单，向进境地海关申报；

（2）进境地海关在接受申报后，在运输工具抵、离境时对申报的货物予以核查，并监管货物实际离境。

三、租赁货物

（一）租赁货物的含义

租赁是指由资产所有者（出租人）按契约规定，将租赁物件租给使用人（承租人），使用人在规定期限内支付租金并享有租赁物件使用权的一种经济行为。跨越国（地区）境的租赁就是国际租赁，而以国际租赁方式进出境的货物即为租赁进出口货物，以下介绍的主要是租赁进口货物。

（二）租赁货物的范围

1. 金融租赁进口货物

带有融资性质，该货物一般是不复运出境的，租赁期满，通常以很低的名义价格转让给承租人，承租人按合同规定分期支付租金，租金的总额一般都大于货价。

2. 经营租赁进口货物

带有服务性质，该货物一般是暂时性质的，按合同规定的期限复运出境，承租人按合同规定支付租金，租金总额一般都小于货价。

（三）租赁货物的报关程序

1. 金融租赁进口货物的报关程序

由于该货物租金大于货价，纳税义务人一般会选择一次性按货价缴纳税款或者按租金分期缴纳税款。因此，可能会出现下面两种情况：

①按货物的完税价格缴纳税款。收货人或其代理人在租赁进口货物进口时，应当向海关提供租赁合同，按进口货物实际价格向海关申报，提供相关的进口许可证件和其他单证，按海关审查确定的货物完税价格计算税款数额，缴纳进口关税和进口环节海关代征税。海关现场放行后，不再对货物进行监管。

②按租金分期缴纳税款。收货人或其代理人在租赁货物进口时，应当向海关提供租赁合同，按照第一期应当支付的租金和按照货物的实际价格，分别填制报关单向海关申报，提供相关的进口许可证件和其他单证，按海关审查的第一期租金的完税价格计算税款数额，缴纳进口关税和进口环节海关代征税，海关按照货物的实际价格统计。海关现场放行后，对货物继续进行监管，纳税义务人每次支付租金后 15 日内按支付租金额向海关申报，并缴纳相应的进口关税和进口环节海关代征税，直到最后一期租金支付完毕。租期届

满之日起 30 日内，纳税义务人应当申请办结海关手续，将租赁进口货物退运出境，如不退运出境，以残值转让，则应当按照转让的价格审查确定完税价格，计征进口关税和进口环节海关代征税。

2. 经营租赁进口货物的报关程序

由于该货物租金小于货价，租赁期满货物退运出境，纳税义务人只会选择按租金缴纳税款。因此，只有一种报关情形：

收货人或其代理人在租赁货物进口时应当向海关提供租赁合同，按照第一期应当支付的租金或者租金总额和按照货物的实际价格分别填制报关单向海关申报，提供相关的进口许可证件和其他单证，按海关审查的第一期租金或租金总额的完税价格计算税款数额缴纳进口关税和进口环节海关代征税，海关按照货物的实际价格统计。海关现场放行后，对货物继续进行监管，分期缴纳税款的，纳税义务人每次支付租金后 15 日内按支付租金额向海关申报，提供报关单证，并缴纳相应的进口关税和进口环节海关代征税，直到最后一期租金支付完毕。租期届满之日起 30 日内，纳税义务人应当申请办结海关手续，将租赁进口货物退运出境或者办理留购、续租的申报纳税手续。

四、无代价抵偿货物

（一）无代价抵偿货物的含义

它是指进出口货物在海关征税放行后，发现货物残坏、短少、品质不良或者规格不符，而由承运人、发货人或保险公司免费补偿或更换的与原货物相同或者与合同规定相符的货物。

（二）无代价抵偿货物的特征

1. 免予交验进出口许可证件。

2. 进口无代价抵偿货物，不征收进口关税和进口环节海关代征税；出口无代价抵偿货物，不征收出口关税。

3. 海关现场放行后不再进行监管。

（三）无代价抵偿货物的报关

1. 期限

向海关申报进出口无代价抵偿货物应在原进出口合同规定的索赔期内且不超过原货物进出口之日起 3 年。

2. 报关程序

对于残损、品质不良或规格不符引起的无代价抵偿货物，在进出口前应当先办理被更换的原进口货物中残损、品质不良或规格不符货物的有关海关手续，其海关手续不同，所应办理的无代价抵偿货物的手续也不同。

（1）退运进出境。原进口货物的收货人或其代理人应当办理被更换的原进口货物中残损、品质不良或规格不符货物的退运出境报关手续，被更换的原进口货物退运出境时不征收出口关税。原出口货物的发货人或其代理人应当办理被更换的原出口货物中残损、品质不良或规格不符货物的退运进境报关手续，被更换的原出口货物退运进境时不征收进口关税和进口环节海关代征税。

（2）放弃，交由海关处理。被更换的原进口货物中残损、品质不良或规格不符货物不退运出境，但原进口货物的收货人愿意放弃，交由海关处理的，海关应当依法处理并向收货人提供依据，凭以申报进口无代价抵偿货物。

（3）不退运出境，也不放弃，或不退运进境。被更换的原进口货物中残损、品质不良或规格不符货物不退运出境且不放弃交由海关处理的，或者被更换的原出口货物中残损、品质不良或规格不符货物不退运进境，原进出口货物的收发货人，应当按照海关接受无代价抵偿货物申报进出口之日适用的有关规定申报出口或进口，并按照海关对原进口货物重新固定的价格计算的税额，缴纳出口关税或进口关税和进口环节海关代征税，属于许可证件管理的商品，还应当交验相应的许可证件。

3. 无代价抵偿货物报关时应当提供的单证

申报无代价抵偿货物进出口时，收发货人除提供报关单和基本的单证外，还应提供其他特殊单证。

（1）进口申报时：原进口货物报关单；原进口货物退运出境的出口货物报关单或者原进口货物交由海关处理的货物放弃处理证明或者已经办理纳税手续的单证（短少抵偿的除外）；原进口货物税款缴纳书或者"进出口货物征免税证明"；买卖双方签订的索赔协议。

海关认为需要时，纳税义务人还应当提交具有资质的商品检验机构出具的原进口货物残损、短少、品质不良或者规格不符的检验证明书或者其他有关证明文件。

（2）出口申报时：原出口货物报关单；原出口货物退运进境的进口货物报关单或者已经办理纳税手续的单证（短少抵偿的除外）；原出口货物税款缴纳书；买卖双方签订的索赔协议。

海关认为需要时，纳税义务人还应当提交具有资质的商品检验机构出具的原出口货物残损、短少、品质不良或者规格不符的检验证明书或者其他有关证明文件。

五、出料加工货物

（一）出料加工货物的含义

出料加工货物是指我国境内企业运到境外进行技术加工后复运进境的货物。出料加工的目的是为了借助国外先进的加工技术提高产品的质量和档次，因此只有在国内现有的技术手段无法或难以达到产品质量要求而必须运到境外进行某项工序加工的情况下，才可以开展出料加工业务。出料加工，原则上不得改变原出口货物的物理形态。

（二）出料加工的期限

出料加工货物在境外加工期限为6个月，如确需延期的，须征得海关核准，但延期的最长时间不得超过3个月。

（三）出料加工货物的报关

1. 备案

开展出料加工的经营企业应当到主管海关办理出料加工合同的备案申请手续，海关根据出料加工的有关规定审核决定是否受理备案，受理备案的，应当核发《出料加工登记手册》。

2. 出境申报

出料加工货物出境，发货人或其代理人应当向海关提交《出料加工登记手册》、出口货物报关单、货运单据及其他海关需要的单证申报出口，属许可证件管理的商品，免交许可证件；属应征出口税的，应提供担保。为有效监管，海关可以对出料加工出口货物附加标志、标记或留取货样。

3. 进境申报

出料加工货物复运进口，收货人或其代理人应当向海关提交《出料加工登记手册》、进口报关单、货运单据及其他海关需要的单证申报进口，海关对出料加工复进口货物，以境外加工费和料件费以及复运进境的运输及其相关费用和保险费审查确定完税价格，征收进口关税和进口环节海关代征税。

4. 核销

出料加工货物全部复运进境后，经营人应当向海关报核，海关进行核销，并对提供担保的退还保证金或者撤销担保。出料加工货物未在海关允许期限内复运进境的，海关按照一般进出口货物办理，将货物出境时收取的税款担保金转为税款，货物进境时按一般进口货物征收进口关税和进口环节海关代征税。

六、溢卸货物和误卸货物

（一）溢卸、误卸货物的含义

溢卸货物是指未列入进口载货清单、提单或运单，或者多于进口载货清单、提单或运单所列数量的货物。误卸货物是指将指运境外港口、车站或境内其他港口、车站而在本港（站）卸下的货物。

（二）管理规定

溢卸、误卸货物，经海关审定属实的，由载运该货物的原运输工具负责人自该运输工具卸货之日起 3 个月内，向海关申请办理退运出境手续或者申报进口手续；或者由该货物的收发货人自该运输工具卸货之日起 3 个月内，向海关申请办理退运出境手续或者申报进口手续。

经载运该货物的原运输工具负责人或者该货物的收发货人申请，海关批准，可以延期 3 个月办理退运出境或者申报进口手续。

超出上述规定的期限，未向海关办理退运或者申报进口手续的，由海关提取依法变卖处理。属于危险品或者鲜活、易腐、易烂、易失效、易变质、易贬值等不宜长期保存的货物，海关可以根据实际情况，提前提取依法变卖处理，变卖所得价款按有关规定处理。

（三）溢卸、误卸货物的报关手续

1. 退运境外

如当事人能够提供发货人或者承运人书面证明文书，可以向海关申请办理直接退运手续。

2. 溢短相补

运输工具负责人或其代理人要求以溢卸货物抵补短卸货物，应与短卸货物原收货人协商同意，并限于同一运输工具、同一品种的货物。如非同一运输工具或不同航次之间以溢卸货物抵补短卸货物的，只限于同一运输公司、同一发货人、同一品种的进口货物。上述两种情况都应由短卸货物原收货人或其代理人按照无代价抵偿货物的报关程序办理进口手续。

3. 物归原主

误卸货物，如属于应运往境外的，运输工具负责人或其代理人要求将误卸货物退运境外时，经海关核实后按照转运货物的报关程序办理海关手续，转运至境外；如属于运往国内其他港口、车站的误卸货物，可由原收货人或其代理人就地向进境地海关办理进口申报手续，也可以经进境地海关同意按转关运输管理办法办理转关运输手续。

4. 就地进口

溢卸货物由原进口货物收货人接受的，原进口货物收货人或其代理人应填写进口货物报关单按一般进口货物报关程序，向进境地主管海关办理进口手续，并提供相关的溢卸货物证明。如属于许可证件管理商品的，应提供有关的许可证件，海关征收进口关税和进口环节海关代征税后，放行货物。

5. 境内转售

原收货人不接受或不办理退运手续的，运输工具负责人或其代理人可以要求在国内进行销售，由购货单位向海关办理相应的进口手续。

七、放弃货物、超期未报关货物

（一）放弃货物

1. 放弃货物的含义

又称放弃进口货物，是指进口货物的收货人或其所有人声明放弃，由海关提取依法变卖处理的货物。但是国家禁止或限制进口的废物、对环境造成污染的货物不得声明放弃。

2. 放弃货物的范围

（1）没有办结海关手续的一般进口货物；

（2）保税货物；

（3）在监管期内的特定减免税货物；

（4）暂准进境货物；

（5）其他没有办结海关手续的进境货物。

3. 放弃货物的处理

放弃进口货物由海关提取变卖处理，所得价款优先拨付变卖处理实际支出的费用后，再扣除运输、装卸、储存等费用。所得价款不足以支付运输、装卸、储存等费用的，按比例支付。变卖价款扣除相关费用后尚有余款的，上缴国库。

（二）超期未报关货物

1. 超期未报关货物的含义

它是指在规定的期限未办结海关手续的海关监管货物。

2. 超期未报关货物的范围

（1）自运输工具申报进境之日起超过3个月未向海关申报进口的货物；

（2）在海关批准的延长期满仍未办结海关手续的溢卸、误卸货物；

（3）超过规定期限3个月未向海关办理复运出境或者其他海关手续的保

税货物；

（4）超过规定期限3个月未向海关办理复运出境或者其他海关手续的暂准进境货物；

（5）超过规定期限3个月未运输出境的过境、转运、通运货物。

3. 超期未报关货物的处理

由海关提取依法变卖处理，被变卖的货物属于法定商检的货物，在变卖前提请出入境检验检疫机构进行检验检疫，费用在变卖款中扣除；变卖所得价款在优先拨付变卖处理实际支出的费用后，按下面顺序扣除相关费用和税款，所得价款不足以支付同一顺序的相关费用的，按照比例支付：

（1）运输、装卸、储存等费用；

（2）进口关税；

（3）进口环节海关代征税；

（4）滞报金。

按照规定扣除相关费用和税款后，尚有余款的，自货物依法变卖之日起1年内经进口货物收货人的申请予以发还。其中被变卖货物属于许可证件管理商品的，应当提交许可证件而不能提供的，不予发还；不符合进口货物收货人资格、不能证明其对进口货物享有权利的，申请不予受理。逾期无进口货物收货人申请、申请不予受理或者不予发还的，余款上缴国库。

经海关审核，符合被变卖进口货物收货人资格的，发还余款的申请人，应当按照海关对进口货物的申报规定，补办进口申报手续。

八、退运货物

退运货物是指原出口货物或进口货物因各种原因造成退运进口和退运出口的货物，包括一般退运货物和直接退运货物。

（一）一般退运货物

它是指已办理申报手续且海关已放行出口或进口，因各种原因造成退运进口或退运出口的货物。

1. 一般退运进口货物的报关手续

（1）报关。原出口货物退运进境时，若该批出口货物已收汇、已核销，原发货人或其代理人应填写进口货物报关单向进境地海关申报，并提供原货物出口时的出口货物报关单，现场海关应凭加盖有已核销专用章的"外汇核销单出口退税专用联"正本或税务部门出具的"出口商品退运已补税证明"，以及保险公司证明或承运人溢装、漏卸的证明等有关资料，办理退运进口手续，同时签发一份进口货物报关单。

原出口货物退运进境时，若该批出口货物未收汇，原发货人或其代理人在办理退运手续时，凭原出口货物报关单，出口收汇核销单，报关单退税证明联向进口地海关申报退运进口，同时填制一份进口货物报关单。若出口货物部分退运进口，海关应在原出口货物报关单上批注实际退运数量、金额后退回企业并留存复印件，海关核实无误后，验放有关货物进境。

（2）税收。因品质或者规格原因，出口货物自出口之日起 1 年内原状退货复运进境的，经海关核实后不予征收进口税，原出口时已经征收出口关税的，只要重新缴纳因出口而退还的国内环节税，自缴纳出口税款之日起 1 年内准予退还。

2. 一般退运出口货物的报关手续

（1）报关。因故退运出口的境外进口货物，原收货人或其代理人应填写出口货物报关单申报出境，并提供原货物进口时的进口货物报关单、保险公司证明或承运人溢装、漏卸的证明等有关资料，经海关核实无误后，验放有关货物出境。

（2）税收。因品质或者规格原因，进口货物自进口之日起 1 年内原状退货复运出境的，经海关核实后可以免征出口税，已征收的进口关税和进口环节海关代征税，自缴纳进口税款之日起 1 年内准予退还。

（二）直接退运货物

它是指在进境后、办结海关手续前，进口货物收发货人、原运输工具负责人或其代理人（以下统称当事人）申请直接退运境外，或者海关根据国家有关规定责令直接退运境外的全部或者部分货物。

进口转关货物在进境地海关放行后，当事人申请办理退运手续的，不属于直接退运货物，应当按照一般退运货物办理退运手续。

1. 当事人申请直接退运的货物

（1）范围：

①因国家贸易管理政策调整，收货人无法提供相关证件的；

②属于错发、误卸或者溢卸货物，能够提供发货人或者承运人书面证明文书的；

③收发货人双方协商一致同意退运，能够提供双方同意退运的书面证明文书的；

④有关贸易发生纠纷，能够提供法院判决书、仲裁机构仲裁决定书或者无争议的有效货物所有权凭证的；

⑤货物残损或者国家检验检疫不合格，能够提供国家检验检疫部门根据收货人申请而出具的相关检验证明文书的。

（2）报关程序：

办理直接退运手续的进口货物未向海关申报的，当事人应当向海关提交进口货物直接退运表以及证明进口实际情况的合同、发票、装箱清单、提运单或者载货清单等相关单证、证明文书，填制报关单，办理直接退运的申报手续。

办理直接退运手续的进口货物已向海关申报的，当事人应当向海关提交进口货物直接退运表、原报关单或者转关单以及证明进口实际情况的合同、发票、装箱清单、提运单或者载货清单等相关单证、证明文书，先行办理报关单或者转关单删除手续。

对海关已经确定布控、查验或者认为有走私违规嫌疑的货物，不予办理直接退运。布控、查验或者案件处理完毕后，按照海关有关规定处理。

经海关批准直接退运的货物不需要交验进出口许可证件或者其他监管证件，免予征收各种税费及滞报金，不列入海关统计。

2. 海关责令直接退运的货物

（1）范围：

①进口国家禁止进口的货物，经海关依法处理后的；

②违反国家检验检疫政策法规，经国家检验检疫部门处理并且出具"检验检疫处理通知书"或者其他证明文书后的；

③未经许可擅自进口属于限制进口的固体废物用做原料，经海关依法处理后的；

④违反国家有关法律、行政法规，应当责令直接退运的其他情形。

对需要责令进口货物直接退运的，由海关根据相关政府行政主管部门出具的证明文书，向当事人制发"中华人民共和国海关责令进口货物直接退运通知书"。当事人收到责令直接退运通知书之日起 30 日内，应当按照海关要求向货物所在地海关办理进口货物直接退运的申报手续。

（2）报关程序：当事人办理进口货物直接退运的申报手续时，应当先填写出口货物报关单向海关申报，再填写进口货物报关单，并在进口货物报关单的"标记唛码及备注"栏填报关联报关单号。由于承运人的责任造成货物错发、误卸或者溢卸的，当事人办理直接退运手续时可以免予填制报关单。

经海关责令直接退运的货物，不需要交验进出口许可证件或者其他监管证件，免予征收各种税费及滞报金，不列入海关统计。

九、退关货物

（一）退关货物的含义

又称出口退关货物，是指出口货物在向海关申报出口后被海关放行，因故未能装上运输工具，发货单位请求将货物退运出海关监管区域不再出口的行为。

（二）出口退关货物的报关手续

出口货物的发货人及其代理人应当在得知出口货物未装上运输工具，并决定不再出口之日起 3 天内，向海关申请退关。经海关核准且撤销出口申报后，方能将货物运出海关监管场所。已缴纳出口税的退关货物，可以在缴纳税款之日起 1 年内，提出书面申请，向海关申请退税。

出口货物的发货人及其代理人办理出口货物退关手续后，海关应对所有单证予以注销，并删除有关报关电子数据。

【本章小结】

通过对几类特殊货物的含义及报关程序的介绍，可以看出，这几类进出口货物，由于海关特定的监管目的，或由于货物进出口有其特殊用途，或进出口货物采用特殊贸易方式等特征，海关在其货物的进出口证明文件和税款的缴纳等方面都有特殊的要求，海关对此类货物的进出口均有专门的管理措施。有关货物的报关，需要按照特殊的要求办理报关。

【思考练习】

1. 转关运输的方式有哪些？各有什么特点？
2. 转关运输货物的报关程序是如何规定的？
3. 简述过境、转运、通运货物的相同点与不同点。
4. 过境、转运、通运货物的报关程序是如何规定的？
5. 什么是无代价抵偿货物？
6. 无代价抵偿货物报关程序是如何规定的？
7. 出料加工货物的报关程序是如何规定的？
8. 退运报关程序是如何规定的？
9. 退运货物与退关货物有何不同？
10. 直接退运货物的范围主要包括哪些情况？

【案例分析】

1. 北京某进出口公司 A 从韩国购买新闻纸一批，货物在天津新港海关进境，转关至北京海关办理该批货物的进口报关纳税手续，该批货物由天津运至北京由天津某运输公司 B 承运。在运输途中，由于汽车驾驶员小张吸烟时不小心引发了火灾，导致新闻纸全部烧毁，根据海关有关规定，该批货物的进口关税及进口环节代征税应由谁缴纳？为什么？

2. 上海某航运公司完税进口一批驳船，使用不久后发现大部分驳船油漆剥落，向境外供应商提出索赔，供应商同意减价 60 万美元，并应进口方的要求，以等值的驳船用润滑油补偿。该批润滑油进口时应当按哪类货物办理海关手续，是否需要缴纳进口关税？

3. 华宁集团有限公司以 CIF 上海 USD9500/吨从法国进口 HHM5502BN 薄膜级低压高密度聚乙烯 200 吨（法检、许可证管理），进口合同还规定了数量机动幅度为 ±5%。该批货物于 2013 年 7 月 20 日进境，收货单位申报前看货取样时，发现实际到货 210 吨，且其中混有型号 HHMTR144 的同类商品 20吨。该公司立即与外商交涉，外商同意补偿 HHM5502BN 货物 10 吨，同时要求将型号为 HHMTR144 商品降价留在境内。问：错发的 20 吨货物如不退运境外，可作何种处理？

第三部分　商品归类

第五章　进出口商品归类

【本章提要】本章包括两部分内容，第一部分《商品名称及编码协调制度》概述，主要介绍了什么是《协调制度》、《协调制度》的优点、商品编码表及编码结构、《协调制度》中注释的分类与法律效力；第二部分《协调制度》的归类总则，主要介绍了《协调制度》的归类总则中六条规则原文的内容，并举例对六条规则进行了解析，特别是规则二、规则三和规则五。

【典型案例导入】某大型外商投资企业（"A公司"）从法国进口100吨乙烯胶粉。在向海关申报时A公司写明该批货物的名称为乙烯胶粉、货物商品编码（"HS编码"）为29012100。但是受理申报的海关提取了该票乙烯胶粉的样品送检，经海关化验中心出具的化验鉴定书显示，该批货物为以醋酸乙烯为主要成分的聚合物，归类参考意见为HS编码：39052900。同时，经海关调查A公司此前曾以同样方式进口乙烯胶粉合计四票。最终海关认定A公司的行为构成申报不实，根据相关规定对A公司给予行政处罚。

进出口商品归类是海关监管、海关征税及海关统计的基础，归类的正确与否直接影响到进出口货物的顺利通关，与报关人的切身利益也密切相关，因此，进出口商品归类知识是报关员必须掌握的基本技能之一。

第一节 《商品名称及编码协调制度》

一、《商品名称及编码协调制度》

《商品名称及编码协调制度》（Harmonized Commodity Description and Coding System，简称 H·S）（以下简称《协调制度》）是指原海关合作理事会（1995 年更名为世界海关组织）在《海关合作理事会商品分类目录》（CCCN）和联合国的《国际贸易标准分类》（SITC）的基础上，参照国际上主要国家的税则、统计、运输等分类目录而制定的一个多用途的国际贸易商品分类目录。经国务院批准，我国海关自 1992 年 1 月 1 日起开始采用《协调制度》对进出口商品进行归类。

二、《协调制度》的主要优点

《协调制度》综合了国际上多种商品分类目录的长处，成为国际贸易商品分类的一种"标准语言"，从而方便了国际贸易，避免了各工作环节的重新分类和重新编号。其主要优点是：

（一）完整

《协调制度》目录将迄今世界上国际贸易的主要商品全部分类列出，同时，为了适应各国征税、统计等商品分类的要求和将来技术发展的需要，还在各类章列有"其他"目录，使国际贸易中的任何商品，包括目前还无法预计到的新产品都能在目录的体系中归入合适的位置，任何一种商品都不会被排斥在该目录范围之外。

（二）系统

《协调制度》的分类原则遵循了一定的科学原理和规则，将商品按人们所了解的自然属性、生产部类和不同用途来分类排列，同时，还照顾了商业习惯和实际操作的可能，从而便于理解、便于归类、便于查找、便于记忆。

（三）通用

该目录在国际上影响很大，目前已为 200 多个国家（地区）所采用，并且还有许多国家正积极准备，以期尽快采用。由于采用同一分类目录的国家的进出口商品相互之间具有可比性，同时，该目录既适合于作海关税则目录，又适合于作对外贸易统计目录，还可适用于作国际运输、保险、生产、贸易等部门的商品分类目录。因此，《协调制度》目录的通用性超过了以往任何一个商品分类目录，加之作为《协调制度》主体的《协调制度国际公约》规定了缔约国的权利和义务，这就保证了该目录的有效统一实施。

（四）准确

《协调制度》目录所列税（品）目的概念明确，内涵和外延明了，不重复。为保证做到这一点，除了目录的税（品）目条文有非常清楚的表述外，还有作为归类总纲的归类总规则以及类注、章注、子目注释加以具体说明，各条税（品）目的范围都非常清楚。

此外，《协调制度》目录作为《协调制度国际公约》的一个附件，在国际上有专门的机构和人员对其进行维护和管理，各国还可通过对《协调制度》目录提出修正意见，以维护本国的经济利益，统一疑难商品的归类。

三、商品编码表及编码结构

《协调制度》是由具有法律效力的归类总规则，类注、章注、子目注释和商品编码表三部分组成，并且它将国际贸易中涉及的各种商品按照自然属性、功能、用途等分为 21 类 97 章，章中分有四位数级商品编码和八位数级商品编码。商品编码表由编码和商品名称组成，其编码结构如下：

3	3	0	1	.	1	2	0	0
‖		‖			5	6	7	8
表示章		表示品目			位	位	位	位
					数	数	数	数
					级	级	级	级
					子	子	子	子
					目	目	目	目

四、注释

注释是为了限定《协调制度》中各类、章、品目和子目所属商品的准确范围，简化品目条文文字，避免商品分类的重复，保证商品归类的正确而设立的。《协调制度》中的注释可分类注、章注和子目注释三种。位于类标题下的注释为类注；位于章标题下的注释为章注；位于类注、章注或章注标题下的注释为子目注释。

注释具有法律效力，是商品归类的依据，一般只限于使用在相应的类、章、品目及子目中，运用注释解决商品归类问题。子目注释在解决问题时处于最优先地位，其次是章注，最后才是类注，也就是说子目注释的法律效力大于章注的法律效力，章注的法律效力大于类注的法律效力。

第二节 《协调制度》归类总则

《协调制度》将国际贸易中种类繁多的商品，根据其性质、用途、功能等和在国际贸易中所占的比重和地位，分成若干类、章、分章和商品组。为使人们在对各种商品进行归类时有所遵循，并使各类商品能准确无误地归入《协调制度》的恰当税（品）目号项下，不发生交叉、重复或归类的不一致，《协调制度》将商品分类的普遍规律加以归纳总结，作为规则列出，并使之成为《协调制度》的基本组成部分，这就是《协调制度》的归类总规则，所有进出口货物在《协调制度》中的归类都必须遵循这些原则。

《协调制度》的归类总规则共有六条，现逐条介绍如下：

一、规则一

（一）规则原文

类、章及分章的标题，仅为查找方便而设。具有法律效力的归类，应按税（品）目条文和有关类注或章注确定，如税（品）目、类注或章注无其他规定，按以下规则确定。

（二）规则解析

规则一有三层含义：首先，它指出"类、章及分章的标题，仅为查找方便而设"。《协调制度》系统地列出了国际贸易的货品，将这些货名分为类、章及分章，每类、章或分章都有标题，尽可能确切地列明所包括货品种类的范围。但是要将数以千万计的商品分别归入目录几千个子目中实非易事，为了便于寻找适当的税（品）目号，便将一类或一章商品加以概括，列出该类或该章的标题。但在许多情况下，归入某类或某章的货品种类繁多，类、章及分章的标题不可能将其一一列出和全部包括进去。因此，类、章及分章的标题，仅为查找方便而设，不是进行归类的法律依据。

其次，该规则说明："具有法律效力的归类应按税（品）目条文和有关类注或章注确定。"这里有两层意思：第一，只有按税（品）目条文、类注或章注确定的归类，才是具有法律效力的商品归类；第二，许多货品可直接按目录条文规定进行归类，而类注、章注的作用在于限定类、章和税（品）目的商品范围。例如，牛尾毛，查阅类、章名称应归入第五章"其他动物产品"，但税目 0511 中未提及牛尾毛；查阅第五章章注四了解到，"马毛"包括牛尾巴毛，所以归入 0503。

再次，规则一说明了税（品）目、类注和章注与其他归类原则的关系，即明确在商品归类时，税（品）目条文及任何相关的类、章注释是最重要的，是首先必须遵循的规定。因此，这些税（品）目号就不能够根据总规则二（二）扩大为包括该章注释规定不包括的货品，只有在税（品）目和类、章注释无其他规定的条件下，方可根据总规则二、三、四及五的规定办理。

二、规则二

（一）规则原文

1. 税（品）目所列货品，应视为包括该项货品的不完整品或未制成品，只要在报验时该项不完整品或未制成品具有完整品或制成品的基本特征；还应视为包括该项货品的完整品或制成品（或按本款可作为完整品或制成品归类的货品）在报验时的未组装件或拆散件。

2. 税（品）目中所列材料或物质，应视为包括该种材料或物质与其他材料或物质混合或组合的物品，税（品）目所列某种材料或物质构成的货品，应视为包括全部或部分由该种材料或物质构成的货品，由一种以上材料或物质构成的货品，应按规则三归类。

（二）规则解析

规则二旨在扩大货品税（品）目条文适用的范围。规则二（一）的第一部分将制成的某一些物品的税（品）目适用范围扩大为不仅包括完整的物品，而且还包括该物品的不完整品或未制成品，只要报验时它们具有完整品或制成品的基本特征。例如，缺少键盘的便携式计算机，虽是未制成品，但已具备制成品的基本特征，应按照制成品归类，即按便携式计算机整机归入 8471.3000

规则二（一）的第二部分规定，完整品或制成品的未组装件或拆散件应归入已组装物品的同一税（品）目号。例如，做手套用已剪成型的针织棉布，查类、章名称后，针织棉布应归入第 52 章，手套应归入第 61 章，但是按本规则，未制成品如已具备制成品的基本特征，应按制成品归类，即按手套归入 6116.9200。

规则二（二）是关于混合及组合的材料或物质，以及由两种或多种材料或物质构成的货品的归类。这部分内容有两方面的含义，一是指税（品）目号中所列某种材料或物质，既包括单纯的该种材料或物质，也包括以该种材料或物质为主，与其他材料或物质混合或组合而成的货品；二是指税（品）目中所列某种材料或物质构成的货品，既包括单纯由该种材料或物质构成的货品，还包括以这种材料或物质为主，兼有或混有其他材料或物质的货品。例如，多功位组合机床，查阅类、章名称应归入第84章物品，按本规则查阅后归入8457.30。

本规则最后规定，混合及组合的材料或物质，以及由一种以上材料或物质构成的货品，如果看起来可归入两个或两个以上税（品）目号的，则必须按规则三的原则进行归类。

三、规则三

（一）规则原文

当货品按规则二（二）或由于其他任何原因看起来可归入两个或两个以上税（品）目时，应按以下规则归类：

1. 列名比较具体的税（品）目，优先于列名一般的税（品）目。但是，如果两个或两个以上税（品）目都仅述及混合或组合货品所含的某部分材料或物质，或零售的成套货品中的某些货品，即使其中某个税（品）目对该货品描述得更为全面、详细，这些货品在有关税（品）目的列名应视为同样具体。

2. 混合物、不同材料构成或不同部件组成的组合物以及零售的成套货品，如果不能按照规则三（一）归类时，在本款可适用的条件下，应按构成货品基本特征的材料或部件归类。

3. 货品不能按照规则三（一）或（二）归类时，应按号列顺序归入其可归入的最末一个税（品）目。

（二）规则解析

对于根据规则二（二）或由于其他原因看起来可归入两个或两个以上税（品）目的货品，本规则规定了三条归类办法。这三条办法应按照其在本规则的先后顺序加以运用，据此，只有在不能按照规则三（一）和规则三（二）两款归类时，才能运用规则三（三）。因此，其优先权的次序为：（1）具体列名；（2）基本特征；（3）从后归类。同样，只有在税（品）目条文和类、章注释无其他规定的条件下，才能运用本规则。

规则三（一）款是指当一种商品似乎在两个或更多的税（品）目中都涉及的情况下，应该比较一下哪个税（品）目的描述更为详细、具体，更为接近要归类的商品。例如，汽车用电动刮雨器，它可能归入两个税号即8708的汽车零件和 85 章的电动工具，按本规则汽车摩托车用电动刮雨器，比汽车零件更为具体所以归入 8512.4000。

规则三（二）款是指对不能按以上规则归类的混合物、组合货品以及零售的成套货品，如能确定构成其主要特征的材料和部件，则应按这种材料或部件归类。例如，放在皮盒内出售的含有电动理发推子、剪子、梳子、刷子、毛巾的成套理发用具，查阅类、章注释，并无提到这类成套货品归类号，按规则三（二）其中具有主要特征的货品是电动理发推子所以应按电动理发推子归入 8510.20。

如果不能按规则三（一）或规则三（二）归类的上述货品，则应按规则三（三）办理，这是一条"从后归类"的原则，即将某个商品可以归入的所有税（品）目号加以比较，并按排列在最后的税（品）目号归类。例如，本色梭织布，含 50% 棉 50% 聚酰胺且重量相等，查阅类、章标题名称，棉属于 52 章，人造纤维属于 55 章，查阅第 11 类和 52、55 章注释，并无提到该合成制品的归类，所以规则三（一）（二）不适用，应按规则三（三）从后归类，即按棉应归 5211，按聚酰胺应归 5514，所以该合成制品应按聚酰胺归入 5514。

四、规则四

（一）规则原文

根据上述规则无法归类的货品，应归入与其最相类似的税（品）目。

（二）规则解析

当一个新产品出现时，《协调制度》所列的商品不一定已经将其明确地包括进去，为了增强《协调制度》的适应能力，有利于解决这类归类问题。本规则规定了产品按最相类似的货品归入有关税（品）目。例如，手推购物车，查阅类、章标题名称可归入 87 章车辆，由于此章注释并无相关解释，所以查阅子目标题可归入 8716 非机械驱动车辆，此目录中又没有具体列名，所以归入 8716.8000 其他车辆。

五、规则五

（一）规则原文

除上述规则外，本规则适用于下列货品的归类：

1. 制成特殊形状仅适用于盛装某个或某套物品并适合长期使用的，如照相机套、乐器盒、枪套、绘图仪器盒、项链盒及类似容器，如果与所装物品同时进口或出口，并通常与所装物品一同出售的，应与所装物品一并归类。

但本款不适用于本身构成整个货品基本特征的容器。

2. 除规则五（一）规定的以外，与所装货品同时进口或出口的包装材料或包装容器，如果通常是用来包装这类货品的，应与所装货品一并归类。但明显可重复使用的包装材料和包装容器不受本款限制。

（二）规则解析

规则五（一）仅适用于同时符合以下规定的容器：

1. 制成特定形状或形式，专门盛装某一物品或某套物品的，即专门按所要盛装的物品进行设计的，有些容器还制成所装物品的特殊形状；

2. 适合长期使用的，即容器的使用期限与所盛装的物品相比是相称的。在物品不使用期间（例如，运输或储藏期间），这些容器还起到保护物品的作用；

3. 与所装物品一同报验的，不论其是否为了运输方便而与所装物品分开包装，单独报验的容器则应归入其所应归入的税（品）目号；

4. 通常与所装物品一同出售的；

5. 本身并不构成货品基本特征的，容器本身只是物品的包装物，无论是从价值或是从作用看，它都是从属于物品。

但本款规则不适用于本身构成了物品基本特征的容器，如装有糖果的成套装饰性瓷碗应按照瓷碗归类而不是按照糖果归类。

规则五（二）实际上是对规则五（一）规定的补充，它适用于明显不能重复使用的包装材料和容器。这些材料和容器都是货物的一次性包装物，向海关报验时，它们必须是包装着货物的，当货物开拆后，包装材料和容器一般不能再按原用途使用。但本款不适用于明显可以重复使用的包装材料或包装容器，例如，用以装液化气体的液化气罐。

六、规则六

（一）规则原文

货品在某一税（品）目项下各子目的法定归类，应按子目条文或有关的子目注释以及以上各条规则（在必要的地方稍加修改后）来确定，但子目的比较只能在同一数级上进行。除《协调制度》条文另有规定的以外，有关的类注、章注也适用于本规则。

（二）规则解析

规则六是专门为商品在《协调制度》子目中的归类而制定的，它有以下的含义：

1. 以上规则一至规则五在必要的地方加以修改后，也可适用于同一税（品）目项下的各级子目。

2. 规则六中所称"同一数级"子目，是指5位数级子目或6位数级子目。据此，当按照规则三（一）规定考虑某一物品在同一税（品）目项下的两个及两个以上5位数级子目的归类时，只能依据有关5位数级子目所列名称进行比较。只有确定了哪个5位数级子目列名更为具体后，而且该子目项下又细分出6位数级子目，才能根据有关6位数级子目条文考虑物品应归入这些6位数级子目中的某个子目。本规则所称"除条文另有规定的以外"，是指类、章注释与子目条文或子目注释不相一致的情况。

3.6位数级子目的货品范围不得超出其所属的5位数级子目的范围；同样，5位数级子目的范围也不得超出其所属的税（品）目范围，因此，只有在货品归入适当的4位数级税（品）目后，方可考虑将其归入合适的5位数级或6位数级子目，并且在任何情况下，应优先考虑5位数级，再考虑6位数级子目范围或子目注释。

【本章小结】

《协调制度》是《商品名称及编码协调制度》的简称，是一部采用六位数编码的商品分类目录，包括品目和子目及其相应的数字编码，类、章和子目的注释，以及商品的归类总规则。《协调制度》是一部科学、系统的国际贸易商品分类体系，其包括三大部分：归类规则；类、章及子目注释；按顺序编排的目与子目编码机条纹。主要优点是完整、系统、通用、准确。归类总规则位于《协调制度》的部首，共有六条，是指导并保证商品归类统一的法律依据。归类总规则的使用顺序为规则一优先于规则二，规则二优先于规则三，必须按顺序使用。

【思考练习】

1. 什么是《商品名称及编码协调制度》？
2. 《协调制度》有哪些优点？
3. 商品编码表的编码结构如何？
4. 什么是《协调制度》中的注释？可以分几类？
5. 《协调制度》的归类规则一的含义是什么？
6. 《协调制度》的归类规则二的含义是什么？
7. 《协调制度》的归类规则三的含义是什么？

8. 《协调制度》的归类规则四的含义是什么?

9. 《协调制度》的归类规则五的含义是什么?

10. 《协调制度》的归类规则六的含义是什么?

【商品归类】

1. 湾仔码头水饺(含猪肉 30%,30% 甜玉米,面粉 40%)

2. MS 非泡沫板,MS 即甲基丙烯酸甲酯(单体单元占 30%)–苯乙烯(单体单元占 70%)共聚物

3. 液体口香糖,20 克/支,成分为食用酒精、香精、巴斯甜、甘油、山梨醇等,使用时喷于口腔,起清新口气的作用

4. 达菲,一种抗 H5NI 型禽流感病毒的口服药物(0.25 克/粒),化学名称磷酸奥司他韦

5. 日本手卷水果寿司,用紫菜裹以大米饭、少许水果丁和调料后切成小卷

6. 韩式大麦茶,由大麦烘炒磨碎制得,每 10 克装于纸袋,食用时连袋一起在热水中浸泡

7. 长寿牌西洋参片,干的,50 克/盒

8. 活的淡水小龙虾

9. 吊秤,最大称重为 1000 公斤

10. 带有录音功能的 mp3 音乐播放器(不能接收无线广播)

11. 一种大芯板,厚 12 毫米,由两面是针叶木包饰面,中间层为碎木料的芯板(厚 8 毫米)胶合而成

12. 铜制镀金领带夹

13. 外科手术刀,不锈钢制

14. 丰田轿车用电动天窗

15. 天丝棉单股纱线,由天丝 65%、棉 35% 混纺而成,其中的天丝(tencel)是一种新型纤维,是由木质浆粕为原料进行再生的纤维素纤维

16. 卧室用家具,红木制

17. 螺纹钢,由非合金钢经热轧扭曲成表面起螺纹的实心直条状,直径 2 厘米,长 4 米

18. 棉 30%、羊毛 30%、涤纶短纤 25%、腈纶短纤 15% 的浅黄色平纹机织物,250 克/平方米

19. 手工钩编的涤纶餐台布

20. 女式棉（含 8% 氨纶）牛仔短裤，机织

21. 超过 100 年的石印画原本（未使用机械或照相制版方法制作），有收藏价值

22. 氧化镁（符合化学定义、非培养晶体、非光学元件）

23. 作饲料添加剂用的天然维生素 D 浓缩物和天然维生素 A 浓缩物的混合物（非零售包装、未配定剂量）

24. 脲（NH2）2CO（毛重大于 10 千克；生产脲醛树脂用原料）

25. 成套的理发工具，由一个手动的理发推剪、一把木梳、一把剪刀、一把刷子组成，装于一只塑料盒中

26. 成套的银制餐叉

27. 木制的衣箱

28. 结织栽绒地毯。按重量计算：栽绒层含羊毛 45%、含粘胶短纤维 30%、含涤纶短纤维 25%

29. 截面为矩形的非合金钢钢材，除冷轧外未经进一步加工，钢材宽度 80mm，厚度 5mm，盘卷状报验

30. 玻璃卡纸（100% 漂白化学木浆制造；300g/m² ；规格 787mm × 1092mm）

31. 不锈钢制造的手柄（可用于多种机床操作）

32. 用于造纸工业的高度砑光机

33. 用于腐蚀性流体的瓷制龙头（莫氏硬度 9 以下的瓷制成）

34. 印花机织物制正方形围巾（边长 60cm；按重量计算：含棉花 50%、含涤纶短纤维 50%）

35. X 射线治疗仪（治疗肿瘤用）

36. 冷冻的煮熟甜玉米粒，塑料袋装

37. 干的猪蹄筋，500 克/袋

38. 奔驰轿车用电动风挡刮雨器

39. 装入肠衣的熏腌牛肉（未经绞碎、未经调味、供食用）

40. 涤纶弹力丝单纱（每根单纱细度小于 50 特），供针织用

41. 照相机（数字方式存储图像）

42. 聚乙烯（比重 0.92）与聚乙酸乙烯酯组成的聚合物混合体（颗粒状）。按占聚合物混合体总重量计算：乙烯单体单元为 50%、乙酸乙烯酯单体单元为 50%

43. 硝酸铵，5 公斤包装

44. 铝制铆钉（铝壶零件）

45. 高频放大器
46. 普洱茶，净重 1 千克/包
47. "SKII"洗发香波，500 毫升/瓶
48. 涤纶弹力丝（由聚酯化学纤维丝加工成变形纱线），非供零售用
49. 立体显微镜
50. 高尔夫球

第四部分　进出口税费

第六章　进出口税费的计征

【本章提要】本章分别介绍了进口关税和出口关税的含义、种类、征收范围及征收标准，通过计算实例，分析了关税的计算方法。海关在对进口货物征收关税的同时还代征进口环节消费税和增值税，因此本章也介绍了消费税、增值税的含义、征收范围、征收标准及计算方法。对未在规定期限内对进口货物报关或向海关缴纳税费的情况，海关将按日征收滞报金和滞纳金。

【典型案例导入】2006 年 3 月，内蒙古自治区呼伦贝尔市中级人民法院对满洲里海关侦办的一起走私进口丁腈橡胶案做出判决，判处被告单位满洲里某公司犯走私普通货物罪，罚金人民币 182 万元；追缴该公司偷逃税款人民币 117.45 万元；以走私普通货物罪判处该公司法人代表王某有期徒刑三年，缓刑三年。这是满洲里海关侦办的货运渠道低瞒报价格案值最大的案件，也是对犯罪嫌疑单位判处罚金数额最高的案件。

2005 年 1 月份，满洲里海关在对通关电子数据进行整合比对、风险分析过程中发现，满洲里某公司在 2004 年 9 月至 2005 年 1 月期间进口丁腈橡胶存在低瞒报价格的嫌疑。经满洲里海关缉私局缉查，2004 年 9 月—2005 年 1 月，该公司分别与俄罗斯 IPC 公司签订了六份进口合同，该六份合同均系伪造，伪造后的合同价格大大低于原始合同价格。该公司在六份伪造合同项下，共向海关申报进口丁腈橡胶 6426.9 吨，案值 934.46 万元，偷逃关税及进口环节税共计人民币 117.45 万余元。伪造合同与原始合同之间产生的差额货款由该公司的关联企业——河北省某两家公司通过香港的办事机构分别汇到俄罗斯供货公司账上，以此完成走私全过程。

第一节 进口关税的计征

一、进口关税的概述

（一）进口关税的含义

进口关税是一个国家的海关对本国的进口商所进口货物和物品征收的关税，是各国使用较多的一种经济保护手段。

（二）进口关税种类

按照关税的计算方法，可分为从价税、从量税、复合税、滑准税等。

1. 从价税

从价税是一种最常用的计征关税的方法。这种方法是以进口货物完税价格作为计税依据，以应征税额占货物完税价格的百分比作为税率，货物进口时，以此税率和实际进口货物完税价格相乘计算应征税额。

其计算公式为：

从价税 = 完税价格 × 从价税税率

2. 从量税

从量税是以进口商品的数量、体积、重量等计量单位为计税基准的一种计征关税的方法。其中重量是较为普遍采用的计量单位，我国目前对冻整鸡及鸡产品、石油原油、啤酒、胶片等进口商品征收从量税。

其计算公式为：

从量税 = 货物数量 × 每单位从量税

3. 复合税

复合税是对某种进口商品混合使用从价税和从量税的一种计征关税的方法。混合使用从价税和从量税的方法有多种，如：对某种商品同时征收一定数额的从价税和从量税；或对低于某一价格的进口商品只按从价税计征关税，高于这一价格，则混合使用从价税和从量税计征关税等。复合税既可发挥从量税抑制低价进口商品的特点，又可发挥从价税税赋合理、稳定的特点。我国目前对广播级磁带录像机、其他磁带录像机、磁带放像机、非特种用途广播级电视摄像机及其他电视摄像机等进口商品征收复合税，对旺季期间出口肥料（尿素及其他氮肥、磷酸氢二铵、磷酸二氢铵等）征收复合关税。

其计算公式为：

复合税 = 完税价格 × 从价税税率 + 货物数量 × 每单位从量税

4. 滑准税

滑准税是按产品的价格高低分档制定若干不同的税率，然后根据进口商品价格的变动而增减进口税率的一种关税。当商品价格上涨时采用较低税率，当商品价格下跌时则采用较高税率，其目的是使该种商品的国内市场价格保持稳定。2008 年我国对关税配额外进口的一定数量的棉花实行 5% ~ 40% 的滑准税。

其计算公式为：

从价应征进口关税税额 = 完税价格 × 暂定关税税率

从量应征进口关税税额 = 进口货物数量 × 暂定关税税率

二、进口货物完税价格的审定

进口货物完税价格的审定包括一般进口货物完税价格的审定和特殊进口货物完税价格的审定两方面的内容。

（一）一般进口货物完税价格的审定

共有六种估价方法，这六种方法应当依次采用，但如果纳税义务人提出要求，并提供相关资料，经海关同意，可以颠倒倒扣价格法和计算价格法的适用次序。这六种估价方法依次为：

1. 进口货物成交价格法

成交价格法是《关税条例》及《审价办法》规定的第一种估价方法，进口货物完税价格应首先以成交价格估价方法审查确定。

进口货物成交价格法是海关估价中使用最多的一种估价方法，但是如果货物的进口非因销售引起或销售不能符合成交价格须满足的条件，就不能采用成交价格法，而应该依次采用下列方法审查确定货物的完税价格。

2. 相同及类似货物成交价格法

即以与被估货物同时或大约同时向中华人民共和国境内销售的相同货物及类似货物的成交价格为基础，审查确定进口货物完税价格的方法。

相同货物是指与进口货物在同一国家或者地区生产的，在物理性质、质量和信誉等所有方面都相同的货物，但是表面上的微小差异允许存在。

类似货物是指与进口货物在同一国家或者地区生产的，虽然不是在所有方面都相同，但是却具有相类似的特性、类似的组成材料相同的功能，并且在商业中可以互换的货物。

在采用这种方法确定进口货物完税价格时，首先应使用同一生产商生产的相同或类似货物的成交价格，只有在没有同一生产商生产的相同或类似货物的成交价格的条件下，才可以使用同一生产国或地区不同生产商生产的相同或类似货物的成交价格。如果有多个相同或类似货物的成交价格，应当以最低的成交价格为基础估定进口货物的完税价格。

3. 倒扣价格法

即以进口货物、相同或类似货物在境内第一环节的销售价格为基础，扣除境内发生的有关费用来估定完税价格。"第一环节"是指有关货物进口后进行的第一次转售，且转售者与境内买方之间不能有特殊关系。

倒扣价格法的倒扣项目有：

（1）该货物的同级或同种类货物在境内第一环节销售时通常支付的佣金以及利润和一般费用；

（2）货物运抵境内输入地点之后的运输及其相关费用、保险费；

（3）进口关税、进口环节代征税及其他国内税；

（4）加工增值额，如果以货物经过加工后在境内转售的价格作为倒扣价格的基础，则必须扣除上述加工增值部分。

4. 计算价格法

它是以发生在生产国或地区的生产成本作为基础的价格。计算价格的构成项目有：

（1）生产该货物所使用的料件成本和加工费用；

（2）向境内销售同等级或者同种类货物通常的利润和一般费用；

（3）货物运抵中华人民共和国境内输入地点起卸前的运输及其相关费用、保险费。

5. 合理方法

它是指海关不能根据以上四种方法确定完税价格时，根据公平、统一、客观的估价原则，以客观量化的数据资料为基础，审查确定进口货物完税价格的估价方法。

（二）特殊进口货物完税价格的审定

1. 加工贸易进口料件或者其制成品的估价方法

由于种种原因，部分加工贸易进口料件或者其制成品不能按有关合同、协议约定复出口，经海关批准转为内销，需依法对其实施估价后征收进口税款。具体有以下四种情况：

（1）进口时需征税的进料加工进口料件，以该料件申报进口时的成交价格为基础审查确定完税价格。

（2）进料加工进口料件或者其制成品内销时，以料件原进口成交价格为基础审查确定完税价格。

（3）来料加工进口料件或者其制成品内销时，以接受内销申报的同时或者大约同时进口的与料件相同或者类似的货物的进口成交价格为基础审查确定完税价格。

（4）加工企业内销加工过程中产生的边角料或者副产品，以海关审查确定的内销价格作为完税价格。

2. 出口加工区内加工企业内销制成品的估价方法

出口加工区内的加工企业内销的制成品，海关以接受内销申报的同时或者大约同时进口的相同或者类似货物的进口成交价格为基础审查确定完税价格。出口加工区内的加工企业内销加工过程中产生的边角料或者副产品，以海关审查确定的内销价格作为完税价格。

3. 保税区内加工企业内销进口料件或者其制成品的估价方法

保税区内的加工企业内销的进口料件或者其制成品，海关以接受内销申报的同时或者大约同时进口的相同或者类似货物的进口成交价格为基础审查确定完税价格。保税区内的加工企业内销加工过程中产生的边角料或者副产品，以海关审查确定的内销价格作为完税价格。

4. 出境修理复运进境货物的估价方法

运往境外修理的机械器具、运输工具或者其他货物，出境时已向海关报明并在海关规定期限内复运进境的，应当以海关审定的修理费和料件费作为完税价格。

5. 出境加工复运进境货物的估价方法

运往境外加工的货物，出境时已向海关报明，并在海关规定期限内复运进境的，海关以境外加工费和料件费以及该货物复运进境的运输及其相关费用、保险费审查确定完税价格。

6. 租赁进口货物的估价方法

以租金方式对外支付的租赁货物，在租赁期间以海关审定的该货物的租金作为完税价格，利息予以计入。留购的租赁货物以海关审定的留购价格作为完税价格。纳税义务人申请一次性缴纳税款的，可以选择申请按照规定估价方法确定完税价格，或者按照海关审查确定的租金总额作为完税价格。

7. 减免税货物的估价方法

减税或免税进口的货物需予征、补税时，海关以审定的该货物原进口时的价格，扣除折旧部分价值作为完税价格，其计算公式如下：

完税价格 = 海关审定该货物原进口时的价格 × [(1 − 征、补税时实际已使用的月数 ÷ (监管年限 × 12))]

(三) 常见成交价格的进口货物完税价格的计算

以我国口岸到岸价格（CIF）成交的，可直接以此价格作为完税价格，即：

完税价格 = CIF 价

以境外口岸 FOB 价成交的，应加上该项货物从境外发货或交货口岸运到我国境内口岸以前所实际支付的运费和保险费作为完税价格，即：

完税价格 = (FOB + 运费) ÷ (1 − 保险费率)

以我国口岸 CFR 价成交的，应当另加保险费作为完税价格，即：

完税价格 = CFR ÷ (1 − 保险费率)

参照国内同类货物的正常批发价格的基本计算公式：

完税价格 = 国内批发价格 ÷ (1 + 进口优惠税率 + 20%)

如果该项进口货物在进口环节应予征收增值税时，则完税价格的计算公式为：

完税价格 = 国内批发价格 ÷ [(1 + 进口优惠税率) × (1 + 增值税税率) + 20%]

对于应征进口环节消费税的货物，其完税价格的计算公式为：

$$完税价格 = 国内批发价格 ÷ \left[(1 + 进口优惠税率) × \left(1 + \frac{消费税税率}{1 - 消费税税率}\right) × (1 + 增值税税率) + 20\%\right]$$

三、进口关税率的适用

《中华人民共和国海关进口税则》关税税则分设了最惠国税率、协定税率、特惠税率、普通税率、关税配额税率等税率栏目。进口商品均可在一定期限内实行暂定税率。至 2010 年 1 月 1 日，我国加入 WTO 降税承诺已经全部履行完毕，关税总水平由 2001 年的 15.3% 降至 9.8%。

（1）原产于共同适用最惠国待遇条款的世界贸易组织成员的进口货物，原产于与中华人民共和国签订含有相互给予最惠国待遇条款的双边贸易协定的国家或者地区的进口货物，以及原产于中华人民共和国境内的进口货物，适用最惠国税率。原产于与中华人民共和国签订含有关税优惠条款的区域性贸易协定的国家或地区的进口货物，适用协定税率。原产于与中华人民共和国签订含有特殊关税优惠条款的贸易协定的国家或地区的进口货物，适用特惠税率。上述之外的国家或地区的进口货物以及原产地不明的进口货物，均适用普通税率。

（2）适用最惠国税率的进口货物有暂定税率的，应当适用暂定税率；适用协定税率、特惠税率的进口货物有暂定税率的，应当从低适用税率；适用普通税率的进口货物，不适用暂定税率。对于无法确定原产国（地区）的进口货物，按普通税率征税。

（3）按照国家规定实行关税配额管理的进口货物，关税配额内的，适用关税配额税率；关税配额外的，其税率的适用按照上述（1）、（2）条款的相关规定执行。

（4）按照有关法律、行政法规的规定对进口货物采取反倾销、反补贴、保障措施的，其税率的适用按照《中华人民共和国反倾销条例》、《中华人民共和国反补贴条例》、《中华人民共和国保障措施条例》的有关规定执行。

（5）任何国家或地区违反与中华人民共和国签订或者共同参加的贸易协定及相关协定，对中华人民共和国在贸易方面采取禁止、限制、加征关税或者其他影响正常贸易的措施的，对原产于该国家或者地区的进口货物可以征收报复性关税，适用报复性关税税率。征收报复性关税的货物、适用国别、税率、期限和征收办法，由国务院关税税则委员会决定并公布。

（6）凡进口原产于与我国达成优惠贸易协定的国家或地区并享受协定税率的商品，同时该商品又属于我国实施反倾销或反补贴措施范围内的，应按照优惠贸易协定税率计征进口关税；凡进口原产于与我国达成优惠贸易协定的国家或地区并享受协定税率的商品，同时该商品又属于我国采取保障措施范围内的，应在该商品全部或部分中止、撤销、修改关税减让义务后所确定的适用税率基础上计征进口关税。

（7）执行国家有关进出口关税减征政策时，首先应当在最惠国税率基础上计算有关税目的减征税率，然后根据进口货物的原产地及各种税率形式的适用范围，将这一税率与同一税目的特惠税率、协定税率、进口暂定最惠国税率进行比较，税率从低执行，但不得在暂定最惠国税率基础上再进行减免。

（8）从2002年起，我国对部分非全税目信息技术产品的进口按ITA税率征税。

此外，适用最惠国税率、协定税率、特惠税率的进口货物，以及适用出口税率的出口货物，如实施暂定税率，实行从低适用税率的原则。执行国家有关进出口关税减征政策时，首先应当在最惠国税率基础上计算有关税目的减征税率，然后根据进口货物的原产地及各种税率形式的适用范围，将这一税率与同一税目的特惠税率、协定税率、进口暂定最惠国税率进行比较，税率从低执行，但不得在暂定最惠国税率基础上再进行减免。按照普通税率征税的进口货物，不适用进口关税暂定税率。对于无法确定原产国（地区）的进口货物，按普通税率征税。

四、进口关税的计算

(一) 从价关税

1. 计算公式

正常征收的进口关税税额 = 完税价格 × 法定进口关税税率

减税征收的进口关税税额 = 完税价格 × 减按进口关税税率

2. 计算实例

[例1] 天津某进出口公司从韩国进口甲醇，进口申报价格为 CIF 天津 USD80000。当日外汇牌价 (中间价) 为 USD1 = RMB6.1124；经查找，甲醇适用最惠国税率 12% 。

计算方法：先计算出甲醇的完税价格如下：

USD80000 × 6.1124 = 488992 (元)

再计算出甲醇应缴的进口关税如下：

488992 × 12% = 58679.04 (元)

[例2] 上海某进出口公司从新加坡进口甲醛 35 公吨，保险费率 0.3% ，进口申报价格为 CFR 上海 USD520000，当日的外汇牌价 (中间价) 为 USD1 = RMB6.1124。经查找，该进口货物适用特惠税率为 10% 。

计算方法：先将进口申报价格由美元折合成人民币如下：

520000 × 6.1124 = 3178448 (元)

再计算完税价格如下：

完税价格 = 3178448 ÷ (1 - 0.3%) = 3188012.04 (元)

计算该进口货物的进口关税税额如下：

进口关税 = 3188012.04 × 10% = 318801.20 (元)

[例3] 某进出口公司从日本进口硫酸镁 5000 公吨，进口申报价格为 FOB 神户 USD500000，运费每公吨 USD30，保险费率 3‰，当日的外汇牌价 (中间价) 为 USD1 = RMB6.1124。经查找，硫酸镁适用协定税率 12% 。

计算方法：先计算运费如下：5000 × 30 × 6.1124 = 916860 (元)

再将进口申报价格由美元折成人民币如下：

500000 × 6.1124 = 3056200 (元)

最后计算完税价格如下：

完税价格 = (3056200 + 916860) ÷ (1 - 3‰)

= 3973060/0.997 = 3985015.05 (元)

计算该批进口硫酸镁的进口关税税额如下：

进口关税额 = 3985015.05 × 12% = 478201.81（元）

（二）从量关税

1. 计算公式

进口关税税额 = 进口货物的数量 × 每单位从量税额

2. 计算实例

[**例4**] 国内大连某公司从香港购进富士彩色胶卷50800卷（规格135/36），成交价格为CIF大连10.00港币/卷，当日的外汇牌价（中间价）为HKD1 = RMB0.7884。经查找，胶卷适用最惠国税率28元/米^2。

计算方法：经换算，规格"135/36"1卷 = 0.05775米^2

实际进口数量为50800卷 × 0.05775米^2 = 2933.7米^2

进口关税税额 = 货物的数量 × 每单位从量税

= 2933.7米^2 × 28元/米^2 = 82143.60元

（三）复合关税

1. 计算公式

进口关税税额 = 进口货物的完税价格 × 从价税税率 + 进口货物的数量 × 每单位从量税额

2. 计算实例

[**例5**] 国内某公司从日本购进家用摄像机50台，成交价格为CIF大连5000美元/台，当日的外汇牌价（中间价）为USD1 = RMB6.1124。经查找，摄像机适用最惠国税率1898.5元从量税再加3%的从价关税。

计算方法：先将进口货物总价由美元折合成人民币如下：

5000 × 50 × 6.1124 = 1528100（元）

进口关税税额 = 货物的完税价格 × 从价税税率 + 货物的数量 × 每单位从量税

= 1528100 × 3% + 50台 × 1898.5元/台

= 45843 + 94925 = 140768（元）

（四）滑准税

1. 计算公式

从价应征进口关税税额 = 完税价格 × 暂定关税税率

从量应征进口关税税额 = 进口货物数量 × 暂定关税税率

2. 计算实例

[**例6**] 国内某公司购进配额外未梳棉花1公吨，原产地为美国，成交价

格为 CIF 大连 980.00 美元/公吨。企业已向海关提交由国家发展改革委授权机构出具的"关税配额外优惠关税税率进口棉花配额证",经海关审核确认后,征收滑准关税,经查找,当完税价格高于或等于 11.397 元/千克时,按 0.570 元/千克计征从量税,当完税价格低于 11.397 元/千克时,计算相应的暂定税率。已知其适用中国银行的外汇折算价为 USD1 = RMB6.1124,计算应征进口关税税额。

计算方法:进口货物完税价格 = 980 × 1 × 6.1124 = 5990.15 元,折算后每千克为 5.990 元,低于 11.397 元/千克,根据暂定关税税率公式计算暂定关税税率:

暂定关税税率 = 8.686/关税完税价格 + 2.526% × 关税完税价格 − 1

$\qquad$ = 8.686/5.990 + 2.526% × 5.990 − 1

$\qquad$ = 0.6014

计算后的滑准关税率为 60.14%,大于 40%,按 40% 计征关税

应征进口关税税额 = 完税价格 × 暂定关税税率

$\qquad$ = 5990.15 × 40%

$\qquad$ = 2396.06 (元)

第二节　出口关税的计征

一、出口关税的概述

出口关税是一国海关以出境货物和物品为课税对象所征收的关税。为鼓励出口,世界各国一般不征收出口税或仅对少数商品征收出口税。我国目前征收的出口关税都是从价税,即:

出口关税 = 出口货物完税价格 × 出口关税税率

其中,出口货物完税价格 = FOB ÷ (1 + 出口关税税率)

二、出口货物完税价格的审定

(一) 审定出口货物完税价格的原则

就估价准则和价格基础而言,出口货物完税价格的审定与进口货物完税价格的审定是基本一致的。海关审定的出口货物成交价格,也应该是该项货物的买方为购买该货物向卖方实际支付或应当支付的价格。由于世界上绝大多数国家和地区均实行鼓励出口的政策,仅限于对少数商品征收出口关税且税率不高,因此,就估价技术和方法而言,出口估价比进口估价相对简化、方便。

（1）出口货物应以海关审定的货物售予境外的离岸价格（FOB），扣除出口税后，作为完税价格。如离岸价格内包括了向国外支付的佣金，应先予以扣除，再按规定扣除出口税后计算完税价格。出口货物在离岸价格以外，买方还另行支付货物包装费，应将其计入完税价格。

（2）上述离岸价格应以该项货物运离关境前的最后一个口岸的离岸价格为实际离岸价格。若该项货物从内地起运，则从内地口岸至最后出境口岸所支付的国内段运输费用应予以扣除。

（3）离岸价格不包括装船以后发生的费用，因此，出口货物成交价格如为境外口岸到岸价格（CIF）或货价加运费价格（CFR）时，应先扣除运费、保险费等越过船舷后的一切费用，包括佣金。

（二）出口货物完税价格的计算

以我国口岸 FOB 价成交的，其出口货物完税价格的计算公式为：

完税价格 = 离岸价 ÷（1 + 出口税率）

以境外口岸 CFR 价成交的，应先扣除离开我国口岸后的运费，再按规定扣除出口税后计算完税价格，即：

完税价格 =（CFR 价 – 运费）÷（1 + 出口税率）

以境外口岸 CIF 价成交的，应先扣除离开我国口岸后的运费、保险费，再按规定扣除出口税后计算完税价格，即：

完税价格 =（CIF 价 – 运费 – 保险费）÷（1 + 出口税率）

三、出口关税的计算

（一）计算公式

出口关税 = 完税价格 × 出口关税税率

完税价格 = FOB ÷（1 + 出口关税税率）

（二）计算实例

[例1]　广州某外贸企业从摩托车厂购进摩托车 600 辆，直接报关离境出口澳大利亚。摩托车出厂价每辆 5000 元，离岸价每辆 700 美元（汇率 1∶6.1124）。出口关税税率为 3%，请计算这批摩托车应交出口关税税额是多少？

计算方法：出口货物完税价格 =（700 × 600 × 6.1124）÷（1 + 3%）

　　　　　　　　　　　　　 = 2492434.95（元）

出口关税税额 = 完税价格 × 出口关税税率

　　　　　　 = 2492434.95 × 3% = 74773.05（元）

[例2]　上海某公司出口货物成交价格为 CFR 香港 80000 美元，从上海至

香港的运费为总价 600 美元，保险费率为 0.3%，汇率为 1 美元 = 6.1124 人民币，关税税率为 5%。计算：出口关税税额。

计算方法：出口货物离岸价 FOB 价 = 出口货物 CFR 价 − 运费
$$= 80000 - 600 = 79400 \text{ 美元}$$

出口货物完税价格 = $(79400 \times 6.1124) \div (1 + 5\%)$
$$= 462213.87 \text{（元）}$$

出口关税税额 = 完税价格 × 出口关税税率
$$= 462213.87 \times 5\% = 23110.69 \text{（元）}$$

第三节　进出口环节税的计征

一、消费税

（一）消费税概述

1. 消费税的含义

消费税是以消费品或消费行为的流转额作为课税对象而征收的一种流转税。我国消费税是在对货物普遍征收增值税的基础上，选择少数消费品征收，采用价内税的计算方法，即计税价格的组成中包括了消费税税额。

2. 消费税的征收范围

消费税的征税范围，主要是依据我国经济社会发展现状和现行消费政策、人民群众的消费结构以及财政需要，并借鉴国外的通行做法确定的。征税的消费品大体可分为以下四种类型：

（1）过度消费会对人的身体健康、社会秩序、生态环境等方面造成危害的特殊消费品，例如烟、酒、酒精、鞭炮、焰火等；

（2）奢侈品、非生活必需品，例如贵重首饰及珠宝玉石、化妆品、高档手表、游艇、高尔夫球及球具等；

（3）高能耗的高档消费品，例如小轿车、摩托车、汽车轮胎等；

（4）不可再生和替代的资源类消费品，例如汽油、柴油、成品油、木制一次性筷子、实木地板等。

（二）消费税计算

1. 计算公式

我国消费税采用从价定率、从量定额的方法计算应纳税额。

（1）实行从价定率征收的消费税是按照组成的计税价格计算的。计算公式为：

应纳税额 = 组成计税价格 × 消费税税率

组成计税价格 =（关税完税价格 + 关税税额）÷（1 − 消费税税率）

　　　　　　 = 关税完税价格(1 + 关税税率) ÷（1 − 消费税税率）

（2）实行从量定额征收的消费税的计算公式为：

应纳税额 = 应征消费税消费品数量 × 单位税额

（3）实行从量、从价征收的消费税是运用上述两种征税方法计算的税额之和，其计算公式为：

应纳税额 = 应征消费税消费品数量 × 单位税额 + 消费税组成计税价格 × 消费税税率

2. 计算实例

[**例1**]　大连某公司进口丹麦产啤酒 10 公吨，经海关审核其成交价格总值为 CIF 大连 USD1800.00。汇率为：1 美元 = 6.1124 元人民币，计算应征的消费税税额。经查找：关税税率为 5%，消费税税率为 20%。

计算方法：组成计税价格 = 关税完税价格 ×（1 + 关税税率）÷（1 − 消费税税率）

　　　　　　　　　　 = 1800 × 6.1124 ×（1 + 5%）÷（1 − 20%）

　　　　　　　　　　 = 14440.55 元

应纳税额 = 组成计税价格 × 消费税税率 = 14440.55 × 20% = 2888.11 元

[**例2**]　上海某公司进口丹麦产啤酒 3800 升，经海关审核其成交价格总值为 CIF 上海 USD1876.00。汇率为：1 美元 = 6.1124 元人民币，计算应征的消费税税额。经查找：关税税率为 0 元/升，消费税税率为 250 元/公吨，1 公吨 = 988 升。

计算方法：应按从量定额征收，3800 升啤酒应为 3800 ÷ 988 = 3.846 公吨

应征收消费税税额 = 应征消费税消费品数量 × 单位税额

　　　　　　　　 = 3.846 公吨 × 250 元/公吨 = 961.50 元

二、增值税

（一）增值税概述

1. 增值税的含义

增值税是以商品的生产、流通和劳务服务各个环节所创造的新增价值为课税对象的一种流转税。

2. 增值税的征收范围

在我国境内销售货物（销售不动产或免征的除外）、进口货物和提供加

工、修理修配劳务的单位或个人，都要依法缴纳增值税。我国增值税的征收原则是中性、简便、规范。对纳税人销售或者进口低税率和零税率以外货物，提供加工、修理修配劳务的，税率为17%。对于纳税人销售或者进口下列货物，按低税率13%计征增值税：

（1）粮食、食用植物油；

（2）自来水、暖气、冷气、热水、煤气、石油液化气、天然气、沼气、居民用煤炭制品；

（3）图书、报纸、杂志；

（4）饲料、化肥、农药、农机、农膜；

（5）国务院规定的其他货物。

（二）增值税计算

1. 计算公式

进口环节的增值税以组成价格作为计税价格，征税时不得抵扣任何税额。其组成价格由关税完税价格（CIF）加上关税组成；对于应征消费税的品种，其组成价格还要加上消费税。现行增值税的组成价格和应纳税额计算公式为：

应纳税额 = 组成计税价格 × 增值税税率

组成计税价格 = 关税完税价格 + 关税税额 + 消费税税额

2. 计算实例

[**例1**] 某公司进口货物一批，经海关审核其成交价格为 USD1500.00，汇率为1美元 = 6.1124元人民币，已知该批货物的关税税率为10%，消费税税率为10%，增值税税率为17%，计算应征增值税税额。

计算方法：应征关税税额 = 完税价格 × 关税税率 = 1500 × 6.1124 × 10%

= 916.86 元

应征消费税税额 = （关税完税价格 + 关税税额）÷（1 – 消费税税率）× 消费税税率

= （1500 × 6.1124 + 916.86）÷（1 – 10%）× 10%

= 1120.61 元

应征增值税税额 = （关税完税价格 + 关税税额 + 消费税税额）× 增值税税率

= （1500 × 6.1124 + 916.86 + 1120.61）× 17%

= 1905.03 元

[**例2**] 某进出口公司进口一批不用征收进口消费税的货物，经海关审核其成交价格总值为 CIF 大连 USD1000.00，已知该批货物的关税税率为20%，

增值税税率为 17%，1 美元 = 6. 1124 元人民币。计算应征增值税税额。

  计算方法：应征关税税额 = 完税价格 × 关税税率

$$= 1000 \times 6. 1124 \times 20\%$$

$$= 1222. 48 \text{ 元}$$

  应征增值税税额 = (完税价格 + 关税税额) × 增值税税率

$$= (1000 \times 6. 1124 + 1222. 48) \times 17\%$$

$$= 1246. 93 \text{ 元}$$

第四节 其他税费的计征

一、滞报金

(一) 滞报金概述

1. 滞报金的含义

滞报金是海关对未在法定期限内向海关申报进口货物的收货人采取的依法加收的属经济制裁性的款项。

2. 滞报金的征收标准

滞报金按日计征，其起征日为规定的申报时限的次日，截止日为收货人向海关申报后，海关接受申报的日期。滞报金的日征收金额为进口货物完税价格的 0.5‰。滞报金的起征点为人民币 50 元，不足 50 元的可以免征。

(二) 滞报金计算

1. 计算公式

进出口货物滞报金金额 = 进口货物成交价格 × 0.5‰ × 滞报天数

2. 计算实例

[例 1] 某一运输工具装载某进出口企业购买进口的货物于 2012 年 11 月 12 日 (星期一) 申报进口，但该企业于 2012 年 12 月 3 日才向海关申报进口该批货物。该批货物的成交价格为 CIF 大连 300000 美元 (1 美元 = 6. 1124 元人民币)。计算应征收的滞报金。

计算方法：申报期限最晚为 2012 年 11 月 26 日 (星期二)，11 月 27 日——12 月 3 日为滞报期，共滞报 7 天。

  应征收的滞报金 = 进出口货物成交价格 × 0.5‰ × 滞报天数

$$= 300000 \times 6. 1124 \times 0.5‰ \times 7 = 6418. 02 \text{ 元} \approx 6418 \text{ 元}$$

二、滞纳金

(一) 滞纳金概述

1. 滞纳金的含义

滞纳金指应纳关税的单位或个人因在规定期限内未向海关缴纳税款依法应缴纳的款项，是海关税收管理中的一种行政强制措施。

2. 滞纳金的征收标准

按照规定，关税、进口环节增值税、消费税、船舶吨税等的纳税人或其代理人，应当自海关填发税款缴款书之日起15日内缴纳进口税款，逾期缴纳的，海关依法在原应纳税款的基础上，按日加收滞纳税款0.5‰的滞纳金。滞纳金起征点为人民币50元，不足50元的免予征收。

(二) 滞纳金计算

1. 计算公式

关税滞纳金金额 = 滞纳关税税额 × 0.5‰ × 滞纳天数

代征税滞纳金金额 = 滞纳代征税税额 × 0.5‰ × 滞纳天数

2. 计算实例

[例2] 国内某公司从香港购进日本皇冠牌轿车10辆，成交价格共为CIF上海USD125800。已知该批货物应征关税税额为人民币232893.52元，应征进口环节消费税为人民币75861.7元，进口环节增值税税额为人民币246636.38元。海关于2012年10月15日（星期一）填发《海关专用缴款书》，该公司于2012年11月9日缴纳税款。计算应征的滞纳金。

计算方法：税款缴款期限为2007年10月30日（星期二），10月31日—11月9日为滞纳期，共滞纳10天。

关税滞纳金 = 滞纳进口关税税额 × 0.5‰ × 滞纳天数

= 232893.52 × 0.5‰ × 10 = 1164.47 元 ≈ 1164 元

进口环节消费税滞纳金 = 进口环节消费税税额 × 0.5‰ × 滞纳天数

= 75861.7 × 0.5‰ × 10

= 379.31 元 ≈ 379 元

进口环节增值税滞纳金 = 进口环节增值税税额 × 0.5‰ × 滞纳天数

= 246636.38 × 0.5‰ × 10

= 1233.18 元 ≈ 1233 元

【本章小结】

本章主要内容如下：①征收关税是海关的主要任务之一，海关除了征收关税外，还代征进口环节消费税、增值税等。②关税完税价格的确定是本章的重点。进出口货物完税价格是海关对进出口货物征收从价税时审查估定的应税价格，是海关凭以计征关税及进口环节消费税、增值税的基础。③关税、进口环节消费税、增值税计征方法。④滞报金和滞纳金计征方法。

【思考练习】

1. 简述关税、进口环节增值税、消费税的征收机关、征收对象。
2. 成交价格是否一定是发票价格？二者是什么关系？
3. 进口关税完税价格审定原则是什么？
4. 对运往境外修理的货物，应怎样估定其完税价格？
5. 进口关税税率适用原则是什么？
6. 出口关税完税价格审定原则是什么？
7. 消费税的征收范围是如何规定的？
8. 增值税的征收范围是如何规定的？
9. 我国哪些进口商品按 13% 税率征收进口环节增值税？
10. 哪些情形海关不予征收滞报金？

【计算题】

1. 上海某公司出口货物成交价格为 CFR 香港 80000 美元，另外从上海至香港的运费为总价 600 美元，从上海至香港的保险费率为 0.3%，汇率为 1 美元 =6.1124 人民币，关税税率为 4%。计算出口关税税额。

2. 广州某公司从德国购进一批轿车，成交价格共 FOB100000.00 美元，另付港商佣金 FOB 价格的 2%（非买方佣金），运费 6000.00 美元，保险费率 3‰，经查该汽车适用税率为 45%。要求计算进口关税。（外汇中间价折合率 1 美元 = 人民币 6.1124 元）

3. 上海某汽车贸易公司从日本进口汽车一辆，成交价格 CIF 上海 2000000 日元/台，且经上海海关审定。查该汽车的适用关税税率为 35%，增值税率为 17%，消费税率为 10%，外汇牌价为 100 日元 =5.9154 元人民币。计算：应纳消费税和增值税税额。

4. 某贸易公司从日本进口了 1000 箱啤酒，规格为 24 支 ×330 毫升/箱，申报价格为 FOB 神户 USD10/箱，发票列明：运费为 USD5000，保险费率为 0.3%，经海关审查属实。该啤酒的最惠国税率为 3.5%，消费税税率为 25%，增值税税率为 17%，外汇牌价为 100 美元 =611.24 元人民币。计算：

应纳消费税和增值税税额。

5. 载有进出口企业 A 从国外购买的进口货物的某海轮 B 于 2012 年 10 月 8 日（星期一）向上海海关申报进境，但 A 企业于 2012 年 11 月 1 日才向上海海关申报进口该批货物。该货物的 CIF 上海价格为 150000 美元。已知 1 美元 = 6.1124 元人民币。计算应征收滞报金金额。

6. 某公司进口货物应缴纳关税 80000 元、增值税税额为 100000 元、消费税 70000 元，海关于 2012 年 9 月 5 日（星期三）填发税款缴款书，该公司于 2012 年 10 月 10 日缴纳税款。计算海关应征收的滞纳金。

第五部分　报关单填制

第七章　进出口货物报关单的填制

【本章提要】 本章简要介绍了报关单的种类及填制要求，重点介绍了进出口报关单中预录入编号、海关编号、进口口岸/出口口岸、备案号、合同协议号、进口日期/出口日期、申报日期、经营单位、收货单位/发货单位、申报单位、运输方式、运输工具名称、航次号、提运单号、贸易方式、征免性质、征税比例/结汇方式、许可证号、起运国（地区）/运抵国（地区）、装货港/指运港、境内目的地/境内货源地、批准文号、成交方式、运费、保费、杂费、件数、包装种类、毛重（公斤）、净重（公斤）、集装箱号、随附单据、用途/生产厂家、标记唛码及备注、项号、商品编号、商品名称、规格型号、数量及单位、原产国（地区）/最终目的国（地区）、单价、总价、币制、征免等栏目的含义和填报规则。

【典型案例导入】 "实行通关无纸化改革以后，企业足不出户就可以进行电子申报，不受工作地点和时间的限制，全天候均可通过电子申报完成通关手续！"广州南沙名幸电子有限公司主管龚相华兴奋地说，"现在，我们只需登录中国电子口岸网，准确录入报关单数据，将报关单及随附的纸质单证转变为电子数据，提交'申报'后短短几分钟，就完成一票货物整个出口申报流程。"

2012年8月1日，广州海关启动通关作业无纸化改革试点。广州海关紧贴外贸企业的需求，以优良的工作作风，积极推进通关无纸化改革，帮助企业降低通关成本，实现关企双赢。截至 2013 年 6 月，广州海关通关作业无纸化已签约企业共 44406 家，无纸化签约企业呈大幅增长态势。

通关作业无纸化改革是以企业分类管理和风险分析为基础，按照风险等级对涉及出口货物实施分类，运用信息化技术，改变海关验核进出口企业递交纸质报关单及随附单证办理通关手续的做法，直接对企业通过中国电子口岸录入申报的报关单及随附单证的电子数据进行无纸审核、验放处理的通关作业模式。通关作业无纸化改革将海关通关的相关单证进行了信息化，改变现有纸质单证人工流转方式，实现通关作业全程的无纸化，有利于优化通关流程，提高通关效率，降低企业通关成本，促进贸易便利化。

进出口货物报关单是报关员代表报关单位向海关办理货物进出境手续的主要单证。按照《中华人民共和国海关进出口货物申报管理规定》（以下简称《管理规定》）和《中华人民共和国海关进出口货物报关单填制规范》（以下简称《填制规范》）的要求，完整、准确、有效地填制进出口货物报关单是报关员从业所具备的基本技能。

第一节　进出口报关单的概述

一、报关单的种类

报关员在处理报关业务的过程中，能够使用到的报关单，有报关单录入凭单、预录入报关单和报关单证明联。

1. 报关单录入凭单：指申报单位按报关单的格式填写的凭单，用作报关单预录入的依据。该凭单的编号规则由申报单位自行决定。

2. 预录入报关单：指预录入单位按照申报单位填写的报关单，录入、打印并由申报单位向海关申报，海关尚未接受申报的报关单。

3. 报关单证明联：指海关在核实货物实际进出境后按报关单格式提供的，用作进出口货物收发货人向国税、外汇管理部门办理退税和外汇核销手续的证明文件。

二、报关单填制的一般要求

报关员代表报关单位向海关申报时，必须填写并向海关递交进出口货物报关单。报关员在填制报关单时，首先应当按照以下海关对报关单填制的一般要求向海关申报，并对申报内容的真实性、准确性、完整性和规范性承担相应的法律责任。

1. 报关员必须按照《海关法》及《管理规定》和《填制规范》的有关规定和要求，向海关如实申报。

2. 报关单的填报必须真实，做到"两个相符"，一是单证相符，即所填报关单各栏目的内容必须与合同、发票、装箱单、提单以及批文等随附单据相符；二是单货相符，即所填报关单各栏目的内容必须与实际进出口货物情况相符。尤其是货物的品名、规格、数量、价格等栏目的内容必须真实，不得出现差错，更不能出现伪报、瞒报、虚报。

3. 报关单的填报要准确、齐全、完整、清楚，报关单各栏目内容要逐项详细准确填报（打印），字迹清楚、整洁、端正，不得用铅笔或红色复写纸填写；若有更正，必须在更正项目上加盖校对章。

4. 不同批文或合同的货物、同一批货物中不同贸易方式的货物、不同备案号的货物、不同提运单的货物、不同征免性质的货物、不同运输方式或相同运输方式但不同航次的货物，均应分别填写报关单。

5. 已向海关申报的进出口货物报关单，如原填报内容与实际进出口货物不一致而又有正当理由的，申报人应向海关递交书面更正申请，经海关核准后，对原填报的内容进行更改或撤销。

第二节　进出口报关单的填制规范

报关员无论是采用电子报关单，还是采用纸质报关单，向海关申报时，都应当按照《管理规定》和《填制规范》的要求，完整、准确、有效地填制进出口货物报关单。本节将以 H2000 通关系统为主，介绍进出口货物报关单各栏目的填制规范。

一、预录入编号

本栏目填报预录入报关单的编号，预录入编号规则由接受申报的海关决定。

二、海关编号

本栏目填报海关接受申报时给予报关单的编号，一份报关单对应一个海关编号。报关单海关编号为 18 位，其中第 1 – 4 位为接受申报海关的编号（海关规定的《关区代码表》中相应海关代码），第 5 – 8 位为海关接受申报的公历年份，第 9 位为进出口标志（"1"为进口，"0"为出口；集中申报清单"I"为进口，"E"为出口），后 9 位为顺序编号。

本栏目计算机自动打印，不需填报。

三、进口口岸/出口口岸

本栏目应根据货物实际进出境的口岸海关，填报海关规定的《关区代码表》中相应口岸海关的名称及代码。特殊情况的填报要求如下：

进口转关运输货物，应填报货物进境地海关名称及代码；出口转关运输货物，应填报货物出境地海关名称及代码。按转关运输方式监管的跨关区深加工结转货物，出口报关单填报转出地海关名称及代码，进口报关单填报转入地海关名称及代码。

在不同海关特殊监管区域或保税监管场所之间调拨、转让的货物，填报对方特殊监管区域或保税监管场所所在的海关名称及代码。

其他无实际进出境的货物，填报接受申报的海关名称及代码。

关区代码表

代码	名称	代码	名称	代码	名称
100	北京关区	103	京关展览	106	京关关税
109	机场旅检	112	京邮办处	115	京东郊站
118	十八里店	125	西客站	128	京顺义办
202	新港海关	205	津塘沽办	208	津保税区
211	津加工区	401	石家庄关	404	秦关廊办
501	并关监管	504	侯马海关	602	额尔古纳
605	满通辽办	608	满互贸区	701	呼和浩特
704	呼关邮办	801	沈阳海关	804	沈驻抚顺
807	沈机场办	810	葫芦岛关	902	大连机场
906	连保税区	909	大连邮办	950	鲅鱼圈关
1500	长春关区	1503	长白海关	1506	集安海关

代码	名称	代码	名称	代码	名称
1509	延吉海关	1516	集海关村	1521	一汽场站
1527	珲春圈河	1537	珲沙坨子	1549	延古城里
1593	长白邮办	1900	哈尔滨区	1903	黑河海关
1906	牡丹江关	1909	齐齐哈尔	1912	虎林海关
1915	漠河海关	1918	饶河海关	1922	哈关邮办
1925	绥关公路	2202	吴淞海关	2205	沪车站办
2208	宝山海关	2211	卢湾监管	2214	漕河泾发
2217	嘉定海关	2220	金山海关	2223	南汇海关
2226	贸易网点	2229	航交办	2233	浦东机场
2241	沪业一处	2244	上海快件	2301	连云港关
2304	无锡海关	2307	镇江海关	2310	扬州海关
2313	张保税区	2316	泰州海关	2321	常溧阳办
2325	苏昆山办	2328	苏吴县办	2331	锡宜兴办
2335	昆山加工	2338	苏关邮办	2903	温州海关
2906	绍兴海关	2909	杭经开关	2912	杭关萧办
2920	金华海关	2932	温经开关	2981	嘉关乍办
3101	宁波海关	3104	北仑海关	3107	甬驻余办
3300	合肥海关	3303	马鞍山关	3306	铜陵海关
3500	福州关区	3503	宁德海关	3506	莆田海关
3509	福关邮办	3513	福保税处	3700	厦门关区
3703	漳州海关	3706	龙岩海关	3712	厦海沧办
3715	厦机场办	3718	东办同益	3721	泉紫帽山
3731	漳州角美	3741	漳浦办	3760	龙岩业务
4000	南昌关区	4003	赣州海关	4006	昌北机办
4202	日照海关	4205	济南海关	4209	石岛海关

代码	名称	代码	名称	代码	名称
4212	泰安海关	4215	青菏泽办	4218	青开发区
4221	烟机场办	4224	龙长岛办	4227	青岛大港
4231	烟开发区	4235	济邮局办	4238	威海快件
4241	烟加工区	4601	郑州海关	4604	郑州机办
4607	郑安阳办	4702	荆州海关	4705	武汉沌口
4708	武关江办	4712	武关机场	4901	衡阳海关
4904	常德海关	4907	韶山海关	5101	广州新风
5104	清远英德	5107	肇庆封开	5110	南海海关
5113	南海北村	5116	南海业务	5119	南海三山
5122	内港洲嘴	5125	从化海关	5130	广州石牌
5134	穗保税处	5137	穗价格处	5140	穗关税处
5143	广州车站	5146	穗交易会	5149	大铲海关
5152	顺德食出	5155	顺德旅检	5161	沙湾车场
5164	番禺船舶	5167	南沙货港	5170	肇庆海关
5173	肇庆保税	5176	肇庆四会	5179	罗定海关
5182	佛山澜石	5185	佛山石湾	5188	佛山火车
5191	韶关乐昌	5194	三水港	5197	机场旅检
5200	黄埔关区	5203	新塘海关	5206	惠州海关
5209	埔保税区	5212	新沙海关	5215	黄埔加工
5302	罗湖海关	5305	深关现场	5308	沙湾海关
5311	深关车站	5314	深关邮办	5317	深关机场
5320	文锦渡关	5323	深审单处	5326	深数统处
5329	深保税处	5332	深财务处	5335	深技术处
5338	惠州港关	5341	深惠州关	5701	拱稽查处
5721	中山港	5727	中小揽办	5741	湾仔船舶

代码	名称	代码	名称	代码	名称
5770	斗门海关	5780	高栏海关	5793	万山海关
5799	拱行监处	6002	汕关货二	6006	汕关保税
6009	汕关邮包	6013	外砂海关	6018	汕关惠来
6021	潮州海关	6031	汕尾海关	6041	梅州海关
6401	海口海关	6404	洋浦海关	6407	美兰机场
6702	茂名海关	6705	湛江水东	6708	湛江高州
6711	霞山海关	6800	江门关区	6812	江门外海
6820	新会海关	6824	新会旅检	6830	台山海关
6833	台山旅检	6841	三埠码头	6847	三埠稽查
6852	恩平港	6861	鹤山车场	6867	鹤山稽查
6872	阳江车场	6875	阳江闸坡	6878	阳江沙扒
7202	北海海关	7205	柳州海关	7208	凭祥海关
7211	龙邦海关	7900	成都关区	7903	乐山海关
7906	成关邮办	8000	重庆关区	8003	重庆机办
8006	重庆东站	8300	贵阳海关	8601	昆明海关
8604	章凤海关	8607	南伞海关	8610	腾冲海关
8613	河口海关	8616	田蓬海关	8619	保山监管
8622	西双版纳	8800	拉萨海关	8803	狮泉河关
9000	西安关区	9003	宝鸡海关	9401	乌鲁木齐
9404	阿拉山口	9407	吉木乃办	9411	塔克什肯
9414	红山嘴	9500	兰州关区	9600	银川海关
101	机场单证	104	京一处	107	机场库区
110	平谷海关	113	京中关村	116	京信
119	机场物流	126	京加工区	200	天津关区
203	津开发区	206	津驻邮办	209	蓟县海关

代码	名称	代码	名称	代码	名称
220	津关税处	402	秦皇岛关	405	保定海关
502	并关机办	600	满洲里关	603	满十八里
606	满哈沙特	609	满铁路	702	二连海关
705	二连公路	802	锦州海关	805	沈开发区
808	沈集装箱	900	大连海关	903	连开发区
907	大连新港	930	丹东海关	960	大东港关
1501	长春海关	1504	临江海关	1507	珲春海关
1511	长春机办	1517	珲长岭子	1525	图们桥办
1529	延吉南坪	1539	延开山屯	1559	延吉邮办
1595	图们邮办	1901	哈尔滨关	1904	同江海关
1907	东宁海关	1910	大庆海关	1913	富锦海关
1916	萝北海关	1919	哈内陆港	1923	哈关车办
2200	上海海关	2203	沪机场关	2206	沪邮局办
2209	龙吴海关	2212	奉贤海关	2215	虹桥开发
2218	外高桥关	2221	松江海关	2224	崇明海关
2227	普陀区站	2230	徐汇区站	2234	沪钻交所
2242	沪业二处	2245	沪金桥办	2302	南通海关
2305	张家港关	2308	新生圩关	2311	徐州海关
2314	苏工业区	2317	禄口机办	2322	镇丹阳办
2326	苏吴江办	2329	通启东办	2332	锡锡山办
2336	苏园加工	2900	杭州关区	2904	舟山海关
2907	湖州海关	2910	杭关机办	2918	杭关余办
2921	金关义办	2933	温关机办	2991	杭加工区
3102	镇海海关	3105	甬保税区	3108	甬驻慈办
3301	芜湖海关	3304	黄山海关	3307	阜阳海关

代码	名称	代码	名称	代码	名称
3501	马尾海关	3504	三明海关	3507	福关机办
3510	南平海关	3518	福监管处	3701	厦门海关
3704	东山海关	3710	厦特区处	3713	厦行邮处
3716	厦同安办	3719	厦门加工	3722	大嶝监管
3732	漳州石码	3742	诏安监管	3777	厦稽查处
4001	南昌海关	4004	景德镇关	4200	青岛海关
4203	龙口海关	4206	潍坊海关	4210	青保税区
4213	临沂海关	4216	东营海关	4219	蓬莱海关
4222	莱州海关	4225	威开发区	4228	烟关快件
4232	日岚山办	4236	石龙眼办	4239	潍诸城办
4242	威加工区	4602	洛阳海关	4605	郑州邮办
4700	武汉海关	4703	襄樊海关	4706	宜三峡办
4710	武关货管	4713	武关邮办	4902	岳阳海关
4905	长沙海关	4908	湘关机办	5102	新风罗冲
5105	新风白云	5108	肇庆德庆	5111	南海官窑
5114	南海平洲	5117	南海车场	5120	广州内港
5123	内港四仓	5126	内港赤航	5131	花都海关
5135	穗稽查处	5138	穗调查局	5141	广州机场
5144	穗州头咀	5147	穗邮办监	5150	顺德海关
5153	顺德车场	5158	顺德勒流	5162	番禺旅检
5165	南沙旅检	5168	沙湾联运	5171	肇庆高要
5174	肇庆旅检	5177	肇庆三榕	5180	佛山海关
5183	三水码头	5186	佛山保税	5189	佛山新港
5192	三水海关	5195	审单中心	5198	穗河源关
5201	埔老港办	5204	东莞海关	5207	凤岗海关

代码	名称	代码	名称	代码	名称
5210	埔红海办	5213	埔长安办	5300	深圳海关
5303	沙头角关	5306	笋岗海关	5309	布吉海关
5312	深监管处	5315	惠东办	5318	梅林海关
5321	福保税关	5324	深审价办	5327	深监控处
5330	盐保税关	5333	深侦查局	5336	深办公室
5339	深加工区	5342	深红海办	5710	拱关闸办
5724	中石岐办	5730	拱香洲办	5750	九洲海关
5771	斗井岸办	5790	拱监管处	5795	横琴海关
6000	汕头海关	6003	汕关行邮	6007	汕关业务
6011	榕城海关	6014	广澳海关	6019	汕关联成
6022	饶平海关	6032	汕关海城	6042	梅州兴宁
6402	三亚海关	6405	海保税区	6700	湛江关区
6703	徐闻海关	6706	湛江吴川	6709	湛江信宜
6712	湛江霞海	6810	江门海关	6813	江门旅检
6821	新今古洲	6825	新会港	6831	台公益港
6837	台山稽查	6842	三埠水口	6850	恩平海关
6857	恩平稽查	6862	鹤山码头	6870	阳江海关
6873	阳江港	6876	阳江溪头	7200	南宁关区
7203	梧州海关	7206	防城海关	7209	贵港海关
7212	钦州海关	7901	成都海关	7904	攀枝花关
7907	成都自贡	8001	重庆海关	8004	重庆邮办
8007	九龙坡港	8301	贵阳总关	8602	畹町海关
8605	盈江海关	8608	孟定海关	8611	沧源海关
8614	金水河关	8617	大理海关	8620	昆明机场
8623	昆丽江办	8801	聂拉木关	8804	拉萨机办

代码	名称	代码	名称	代码	名称
9001	西安海关	9004	西关邮办	9402	霍尔果斯
9405	塔城海关	9408	喀什海关	9412	乌拉斯太
9415	伊尔克什	9501	兰州海关	9700	西宁关区
102	京监管处	105	京二处	108	京通关处
111	京五里店	114	京国际局	117	京开发区
124	北京站	127	京快件	201	天津海关
204	东港海关	207	津机场办	210	武清海关
400	石家庄区	403	唐山海关	500	太原海关
503	大同海关	601	海拉尔关	604	满赤峰办
607	满室韦	700	呼特关区	703	包头海关
800	沈阳关区	803	沈驻邮办	806	沈驻辽阳
809	沈阳东站	901	大连码头	904	连加工区
908	连大窑湾	940	营口海关	980	鞍山海关
1502	长开发区	1505	图们海关	1508	吉林海关
1515	图们车办	1519	延吉三合	1526	集安青石
1531	长春东站	1547	珲加工区	1591	长春邮办
1596	集安邮办	1902	绥关铁路	1905	佳木斯关
1908	逊克海关	1911	密山海关	1914	抚远海关
1917	嘉荫海关	1920	哈开发区	1924	哈关机办
2201	浦江海关	2204	闵开发区	2207	沪稽查处
2210	浦东海关	2213	莘庄海关	2216	沪金山办
2219	杨浦监管	2222	青浦海关	2225	外港海关
2228	长宁区站	2232	船监管处	2235	松江加工
2243	沪业三处	2300	南京海关	2303	苏州海关
2306	常州海关	2309	盐城海关	2312	江阴海关

代码	名称	代码	名称	代码	名称
2315	淮安海关	2318	南京现场	2324	苏常熟办
2327	苏太仓办	2330	扬泰兴办	2333	南通关办
2337	连开发办	2901	杭州海关	2905	海门海关
2908	嘉兴海关	2911	杭关邮办	2919	杭富阳办
2931	温关邮办	2934	温关鳌办	3100	宁波关区
3103	甬开发区	3106	大榭海关	3109	甬机场办
3302	安庆海关	3305	蚌埠海关	3310	合肥现场
3502	福清海关	3505	福保税区	3508	福榕通办
3511	武夷山关	3519	福关马港	3702	泉州海关
3705	石狮海关	3711	厦东渡办	3714	象屿保税
3717	东办集司	3720	泉州货征	3730	漳州货征
3740	东山货征	3750	石狮货征	3788	厦侦查局
4002	九江海关	4005	吉安海关	4201	烟台海关
4204	威海海关	4207	淄博海关	4211	济宁海关
4214	青前湾港	4217	青枣庄办	4220	青机场关
4223	青邮局办	4226	青聊城办	4229	德州海关
4233	济机场办	4237	济通关处	4240	青保税处
4600	郑州关区	4603	南阳海关	4606	郑铁东办
4701	宜昌海关	4704	黄石海关	4707	鄂加工区
4711	武关江岸	4900	长沙关区	4903	衡关郴办
4906	株洲海关	5100	广州海关	5103	清远海关
5106	小虎码头	5109	新风窖心	5112	南海九江
5115	南海盐步	5118	平洲旅检	5121	内港芳村
5124	内石榴岗	5127	内大干围	5132	花都码头
5136	穗统计处	5139	穗监管处	5142	民航快件

代码	名称	代码	名称	代码	名称
5145	广州邮办	5148	穗大郎站	5151	顺德保税
5154	北窖车场	5160	番禺海关	5163	番禺货柜
5166	南沙货柜	5169	番禺东发	5172	肇庆车场
5175	肇庆码头	5178	云浮海关	5181	高明海关
5184	佛山窖口	5187	佛山车场	5190	韶关海关
5193	三水车场	5196	云浮六都	5199	穗技术处
5202	埔新港办	5205	太平海关	5208	埔开发区
5211	河源海关	5214	常平办事处	5301	皇岗海关
5304	蛇口海关	5307	南头海关	5310	淡水办
5313	深调查局	5316	大鹏海关	5319	同乐海关
5322	沙保税关	5325	深综合处	5328	深规范处
5331	三门岛办	5334	深稽查处	5337	大亚湾核
5340	驻特区办	5700	拱北关区	5720	中山海关
5725	坦洲货场	5740	湾仔海关	5760	拱白石办
5772	斗平沙办	5792	拱保税区	5798	拱行监邮
6001	汕关货一	6004	汕关机场	6008	汕保税区
6012	汕关普宁	6015	南澳海关	6020	汕关港口
6028	潮阳海关	6033	汕关陆丰	6400	海口关区
6403	八所海关	6406	清澜海关	6701	湛江海关
6704	湛江南油	6707	湛江廉江	6710	东海岛组
6713	湛江机场	6811	江门高沙	6817	江门保税
6823	新会车场	6827	新会稽查	6832	台烽火角
6840	三埠海关	6843	三埠旅检	6851	恩平车场
6860	鹤山海关	6863	鹤山旅检	6871	阳江码头
6874	阳江东平	6877	阳江稽查	7201	南宁海关

代码	名称	代码	名称	代码	名称
7204	桂林海关	7207	东兴海关	7210	水口海关
7213	桂林机办	7902	成关机办	7905	绵阳海关
7908	成都加工	8002	南坪开发	8005	万县海关
8008	渝加工区	8600	昆明关区	8603	瑞丽海关
8606	孟连海关	8609	打洛海关	8612	勐腊海关
8615	天保海关	8618	芒市海关	8621	昆明邮办
8624	思茅海关	8802	日喀则关	8805	拉萨现场
9002	咸阳机场	9400	乌关区	9403	吐尔尕特
9406	伊宁海关	9409	红其拉甫	9413	老爷庙
9416	库尔勒办	9502	青监管组		

四、备案号

本栏目填报进出口货物收发货人在海关办理加工贸易合同备案或征、减、免税备案审批等手续时，海关核发的《中华人民共和国海关加工贸易手册》、电子账册及其分册（以下统称《加工贸易手册》）、《进出口货物征免税证明》（以下简称《征免税证明》）或其他备案审批文件的编号。备案号栏目为12位字符，其中第1位是标记代码，第2—5位为海关编号，第6位为年号，第7—12位为备案顺序号。例如：来料加工备案号："B2201 6 5461235"。

一份报关单只允许填报一个备案号。具体填报要求如下：

（一）加工贸易项下货物，除少量低值辅料按规定不使用《加工贸易手册》及以后续补税监管方式办理内销征税的外，填报《加工贸易手册》编号。

使用异地直接报关分册和异地深加工结转出口分册在异地口岸报关的，本栏目应填报分册号；本地直接报关分册和本地深加工结转分册限制在本地报关，本栏目应填报总册号。

加工贸易成品凭《征免税证明》转为减免税进口货物的，进口报关单填报《征免税证明》编号，出口报关单填报《加工贸易手册》编号。

对加工贸易设备之间的结转，转入和转出企业分别填制进、出口报关单，在报关单"备案号"栏目填报《加工贸易手册》编号。

（二）涉及征、减、免税备案审批的报关单，填报《征免税证明》编号。

（三）涉及优惠贸易协定项下实行原产地证书联网管理（香港 CEPA、澳门 CEPA，下同）的报关单，填报原产地证书代码"Y"和原产地证书编号。

（四）减免税货物退运出口，填报《减免税进口货物同意退运证明》的编号；减免税货物补税进口，填报《减免税货物补税通知书》的编号；减免税货物结转进口（转入），填报《征免税证明》的编号；相应的结转出口（转出），填报《减免税进口货物结转联系函》的编号。

（五）涉及构成整车特征的汽车零部件的报关单，填报备案的 Q 账册编号。

五、合同协议号

本栏目填报进出口货物合同（包括协议或订单）编号。

六、进口日期/出口日期

进口日期填报运载进口货物的运输工具申报进境的日期。

出口日期指运载出口货物的运输工具办结出境手续的日期，本栏目供海关签发打印报关单证明联用，在申报时免予填报。

无实际进出境的报关单，填报海关接受申报的日期。

本栏目为 8 位数字，顺序为年（4 位）、月（2 位）、日（2 位）。

七、申报日期

申报日期指海关接受进出口货物收发货人、受委托的报关企业申报数据的日期。以电子数据报关单方式申报的，申报日期为海关计算机系统接受申报数据时记录的日期。以纸质报关单方式申报的，申报日期为海关接受纸质报关单并对报关单进行登记处理的日期。

申报日期为 8 位数字，顺序为年（4 位）、月（2 位）、日（2 位）。

本栏目在申报时免予填报。

八、经营单位

本栏目填报在海关注册登记的对外签订并执行进出口贸易合同的中国境内法人、其他组织或个人的名称及海关注册编码。

经营单位编码是经营单位在海关办理注册登记手续时，海关给予注册登记的 10 位编码。

例如，宁波海洋渔业有限公司，其经营单位编码为"3101215432"。其编码结构如下：

1. 第 1—2 位表示省、自治区、直辖市；

2. 第 3—4 位表示省辖市；

3. 第 5 位为市经济区划代码：

"1"—经济特区；

"2"—经济技术开发区和上海浦东新区、海南洋浦经济技术开发区；

"3"—高新技术产业园区；

"4"—保税区；

"5"—出口加工区；

"6"—保税港区；

"7"—物流园区；

"9"—其他。

4. 第 6 位为经营单位的经济类型代码：

"1"—有进出口经营权的国有企业；

"2"—中外合作企业；

"3"—中外合资企业；

"4"—外商独资企业；

"5"—有进出口经营权的集体企业；

"6"—有进出口经营权的私营企业；

"7"—有进出口经营权的个体工商户；

"8"—有报关权而没有进出口经营权的企业；

"9"—其他。

5. 第 7—10 位为注册登记顺序编号。

在特殊情况下，填制要求如下：

（1）进出口货物合同的签订者和执行者非同一企业的，填报执行合同的企业。

（2）外商投资企业委托进出口企业进口投资设备、物品的，填报外商投资企业，并在标记唛码及备注栏注明"委托某进出口企业进口"。

（3）有代理报关资格的报关企业代理其他进出口企业办理进出口报关手续时，填报委托的进出口企业的名称及海关注册编码。

九、收货单位/发货单位

（一）收货单位填报已知的进口货物在境内的最终消费、使用单位的名称，包括：

1. 自行从境外进口货物的单位。

2. 委托进出口企业进口货物的单位。

（二）发货单位填报出口货物在境内的生产或销售单位的名称，包括：

1. 自行出口货物的单位。

2. 委托进出口企业出口货物的单位。

（三）收、发货单位已在海关注册登记的，本栏目应填报其中文名称及海关注册编码；未在海关注册登记的，本栏目应填报其中文名称及组织机构代码；未在海关注册登记且没有组织机构代码的，本栏目应填报 NO。使用《加工贸易手册》管理的货物，报关单的收、发货单位应与《加工贸易手册》的"经营企业"或"加工企业"一致；减免税货物报关单的收、发货单位应与《征免税证明》的"申请单位"一致。

十、申报单位

自理报关的，本栏目填报进出口企业的名称及海关注册编码；委托代理报关的，本栏目填报经海关批准的报关企业名称及海关注册编码。

本栏目还包括报关单左下方用于填报申报单位有关情况的相关栏目，包括报关员、报关单位地址、邮政编码和电话号码等栏目。

十一、运输方式

运输方式包括实际运输方式和海关规定的特殊运输方式，前者指货物实际进出境的运输方式，按进出境所使用的运输工具分类；后者指货物无实际进出境的运输方式，按货物在境内的流向分类。

本栏目应根据货物实际进出境的运输方式或货物在境内流向的类别，按照海关规定的《运输方式代码表》选择填报相应的运输方式。

（一）在特殊情况下，填报要求如下：

1. 非邮件方式进出境的快递货物，按实际运输方式填报；

2. 进出境旅客随身携带的货物，按旅客所乘运输工具填报；

3. 进口转关运输货物，按载运货物抵达进境地的运输工具填报；出口转关运输的货物，按载运货物驶离出境地的运输工具填报；

4. 不复运出（入）境而留在境内（外）销售的进出境展览品、留赠转卖物品等，填报"其他运输"（代码9）；

（二）无实际进出境货物在境内流转时，填报要求如下：

1. 境内非保税区运入保税区货物和保税区退区货物，填报"非保税区"

（代码0）；

　　2. 保税区运往境内非保税区货物，填报"保税区"（代码7）；

　　3. 境内存入出口监管仓库和出口监管仓库退仓货物，填报"监管仓库"（代码1）；

　　4. 保税仓库转内销货物，填报"保税仓库"（代码8）；

　　5. 从境内保税物流中心外运入中心或从中心运往境内中心外的货物，填报"物流中心"（代码W）；

　　6. 从境内保税物流园区外运入园区或从园区运往境内园区外的货物，填报"物流园区"（代码X）；

　　7. 从境内保税港区外运入港区（不含直通）或从港区运往境内港区外（不含直通）的货物，填报"保税港区"（代码Y），综合保税区比照保税港区填报；

　　8. 从境内出口加工区、珠澳跨境工业区珠海园区（以下简称珠海园区）外运入加工区、珠海园区或从加工区、珠海园区运往境内区外的货物，区外企业填报"出口加工"（代码Z），区内企业填报"其他运输"（代码9）；

　　9. 境内运入深港西部通道港方口岸区的货物，填报"边境特殊海关作业区"（代码H）；

　　10. 其他境内流转货物，填报"其他运输"（代码9），包括特殊监管区域内之间流转、调拨的货物，特殊监管区域、保税监管场所之间相互流转的货物，特殊监管区域外的加工贸易余料结转、深加工结转、内销等货物。

运输方式代码表

编号	运输方式	编号	运输方式	编号	运输方式
0	非保税区	1	监管仓库	2	水路运输
3	铁路运输	4	公路运输	5	航空运输
6	邮件运输	7	保税区	8	保税仓库
9	其他运输	Z	出口加工	W	物流中心
X	物流园区	Y	保税港区		

十二、运输工具名称

　　本栏目填报载运货物进出境的运输工具名称或编号。填报内容应与运输部门向海关申报的舱单（载货清单）所列相应内容一致。具体填报要求如下：

（一）直接在进出境地或采用"属地申报，口岸验放"通关模式办理报关手续的报关单，填报要求如下：

1. 水路运输：填报船舶编号（来往港澳小型船舶为监管簿编号）或者船舶英文名称。

2. 公路运输：填报该跨境运输车辆的国内行驶车牌号，深圳提前报关模式的报关单，填报国内行驶车牌号＋"/"＋"提前报关"。

3. 铁路运输：填报车厢编号或交接单号。

4. 航空运输：填报航班号。

5. 邮件运输：填报邮政包裹单号。

6. 其他运输：填报具体运输方式名称，例如：管道、驮畜等。

（二）转关运输货物的报关单，填报要求如下：

1. 进口

（1）水路运输：直转、提前报关填报"@"＋16 位转关申报单预录入号（或 13 位载货清单号）；中转填报进境英文船名。

（2）铁路运输：直转、提前报关填报"@"＋16 位转关申报单预录入号；中转填报车厢编号。

（3）航空运输：直转、提前报关填报"@"＋16 位转关申报单预录入号（或 13 位载货清单号）；中转填报"@"。

（4）公路及其他运输：填报"@"＋16 位转关申报单预录入号（或 13 位载货清单号）。

（5）以上各种运输方式使用广东地区载货清单转关的提前报关填报"@"＋13 位载货清单号。

2. 出口

（1）水路运输：非中转填报"@"＋16 位转关申报单预录入号（或 13 位载货清单号）。如多张报关单需要通过一张转关单转关的，运输工具名称字段填报"@"。

中转货物，境内水路运输填报驳船船名；境内铁路运输填报车名（主管海关 4 位关别代码＋"TRAIN"）；境内公路运输填报车名（主管海关 4 位关别代码＋"TRUCK"）。

（2）铁路运输：填报"@"＋16 位转关申报单预录入号（或 13 位载货清单号），如多张报关单需要通过一张转关单转关的，填报"@"。

（3）航空运输：填报"@"＋16 位转关申报单预录入号（或 13 位载货

清单号），如多张报关单需要通过一张转关单转关的，填报"@"。

（4）其他运输方式：填报"@"＋16位转关申报单预录入号（或13位载货清单号）。

（三）采用"集中申报"通关方式办理报关手续的，报关单本栏目填报"集中申报"。

（四）无实际进出境的报关单，本栏目免予填报。

十三、航次号

本栏目填报载运货物进出境的运输工具的航次编号。

具体填报要求如下：

（一）直接在进出境地或采用"属地申报，口岸验放"通关模式办理报关手续的报关单：

1. 水路运输：填报船舶的航次号。

2. 公路运输：填报运输车辆的8位进出境日期〔顺序为年（4位）、月（2位）、日（2位），下同〕。

3. 铁路运输：填报列车的进出境日期。

4. 航空运输：免予填报。

5. 邮件运输：填报运输工具的进出境日期。

6. 其他运输方式：免予填报。

（二）转关运输货物的报关单：

1. 进口

（1）水路运输：中转转关方式填报"@"＋进境干线船舶航次。直转、提前报关免予填报。

（2）公路运输：免予填报。

（3）铁路运输："@"＋8位进境日期。

（4）航空运输：免予填报。

（5）其他运输方式：免予填报。

2. 出口

（1）水路运输：非中转货物免予填报。中转货物：境内水路运输填报驳船航次号；境内铁路、公路运输填报6位启运日期〔顺序为年（2位）、月（2位）、日（2位）〕。

（2）铁路拼车拼箱捆绑出口：免予填报。

（3）航空运输：免予填报。

（4）其他运输方式：免予填报。

（三）无实际进出境的报关单，本栏目免予填报。

十四、提运单号

本栏目填报进出口货物提单或运单的编号。

一份报关单只允许填报一个提单或运单号，一票货物对应多个提单或运单时，应分单填报。

具体填报要求如下：

（一）直接在进出境地或采用"属地申报，口岸验放"通关模式办理报关手续的：

1. 水路运输：填报进出口提单号。如有分提单的，填报进出口提单号＋"＊"＋分提单号。

2. 公路运输：免予填报。

3. 铁路运输：填报运单号。

4. 航空运输：填报总运单号＋"_"＋分运单号，无分运单的填报总运单号。

5. 邮件运输：填报邮运包裹单号。

（二）转关运输货物的报关单：

1. 进口

（1）水路运输：直转、中转填报提单号。提前报关免予填报。

（2）铁路运输：直转、中转填报铁路运单号。提前报关免予填报。

（3）航空运输：直转、中转货物填报总运单号＋"_"＋分运单号。提前报关免予填报。

（4）其他运输方式：免予填报。

（5）以上运输方式进境货物，在广东省内用公路运输转关的，填报车牌号。

2. 出口

（1）水路运输：中转货物填报提单号；非中转货物免予填报；广东省内汽车运输提前报关的转关货物，填报承运车辆的车牌号。

（2）其他运输方式：免予填报。广东省内汽车运输提前报关的转关货物，填报承运车辆的车牌号。

（三）采用"集中申报"通关方式办理报关手续的，报关单填报归并的集中申报清单的进出口起止日期〔按年（4位）月（2

位）日（2 位）年（4 位）月（2 位）日（2 位）〕。

（四）无实际进出境的，本栏目免予填报。

十五、贸易方式（监管方式）

本栏目应根据实际对外贸易情况，按海关规定的《监管方式代码表》，选择填报相应的监管方式简称及代码。一份报关单只允许填报一种监管方式。

在特殊情况下，加工贸易货物监管方式填报要求如下：

（一）进口少量低值辅料（即 5000 美元以下、78 种以内的低值辅料）按规定不使用《加工贸易手册》的，填报"低值辅料"。使用《加工贸易手册》的，按《加工贸易手册》上的监管方式填报。

（二）外商投资企业为加工内销产品而进口的料件，属非保税加工的，填报"一般贸易"。

外商投资企业全部使用国内料件加工的出口成品，填报"一般贸易"。

（三）加工贸易料件结转或深加工结转货物，按批准的监管方式填报。

（四）加工贸易料件转内销货物以及按料件办理进口手续的转内销制成品、残次品、半成品，应填制进口报关单，填报"来料料件内销"或"进料料件内销"；加工贸易成品凭《征免税证明》转为减免税进口货物的，应分别填制进、出口报关单，出口报关单本栏目填报"来料成品减免"或"进料成品减免"，进口报关单本栏目按照实际监管方式填报。

（五）加工贸易出口成品因故退运进口及复运出口的，填报"来料成品退换"或"进料成品退换"；加工贸易进口料件因换料退运出口及复运进口的，填报"来料料件退换"或"进料料件退换"；加工贸易过程中产生的剩余料件、边角料退运出口，以及进口料件因品质、规格等原因退运出口且不再更换同类货物进口的，分别填报"来料料件复出"、"来料边角料复出"、"进料料件复出"、"进料边角料复出"。

（六）备料《加工贸易手册》中的料件结转转入加工出口《加工贸易手册》的，填报"来料加工"或"进料加工"。

（七）保税工厂加工贸易进出口货物，根据《加工贸易手册》填报"来料加工"或"进料加工"。

（八）加工贸易边角料内销和副产品内销，应填制进口报关单，填报"来料边角料内销"或"进料边角料内销"。

（九）加工贸易进口料件不再用于加工成品出口，或生产的半成品（折料）、成品因故不再出口，主动放弃交由海关处理时，应填制进口报关单，填报"料件放弃"或"成品放弃"。

贸易方式代码表

代码	简称	全称
0110	一般贸易	一般贸易
0130	易货贸易	易货贸易
0139	旅游购物商品	用于旅游者五万美元以下的出口小批量订货
0200	料件放弃	主动放弃交由海关处理的来料或进料加工料件
0214	来料加工	来料加工装配贸易进口料件及加工出口货物
0243	加工专用油	加工专用油
0245	来料料件内销	来料加工料件转内销
0255	来料深加工	来料深加工结转货物
0258	来料余料结转	来料加工余料结转
0265	来料料件复出	来料加工复运出境的原进口料件
0300	来料料件退换	来料加工料件退换
0320	不作价设备	加工贸易外商提供的不作价进口设备
0345	来料成品减免	来料加工成品凭征免税证明转减免税
0400	成品放弃	主动放弃交由海关处理的来料及进料加工成品
0420	加工贸易设备	加工贸易项下外商提供的进口设备
0444	保区进料成品	按成品征税的保税区进料加工成品转内销货物
0445	保区来料成品	按成品征税的保税区来料加工成品转内销货物
0446	加工设备内销	加工贸易免税进口设备转内销
0456	加工设备结转	加工贸易免税进口设备结转
0466	加工设备退运	加工贸易免税进口设备退运出境
0500	减免设备结转	用于监管年限内减免税设备的结转
0513	补偿贸易	补偿贸易
0544	保区进料料件	按料件征税的保税区进料加工成品转内销货物

代码	简称	全称
0545	保区来料料件	按料件征税的保税区来料加工成品转内销货物
0615	进料对口	进料加工（对口合同）
0642	进料以产顶进	进料加工成品以产顶进
0644	进料料件内销	进料加工料件转内销
0654	进料深加工	进料深加工结转货物
0657	进料余料结转	进料加工余料结转
0664	进料料件复出	进料加工复运出境的原进口料件
0700	进料料件退换	进料加工料件退换
0715	进料非对口	进料加工（非对口合同）
0744	进料成品减免	进料加工成品凭征免税证明转减免税
0815	低值辅料	低值辅料
0844	进料边角料内销	进料加工项下边角料转内销
0845	来料边角料内销	来料加工项下边角料内销
0864	进料边角料复出	进料加工项下边角料复出口
0865	来料边角料复出	来料加工项下边角料复出口
1110	对台贸易	对台直接贸易
1139	国轮油物料	中国籍运输工具境内添加的保税油料、物料
1200	保税间货物	保税区间及保税仓库间货物的转关
1215	保税工厂	保税工厂
1233	保税仓库货物	保税仓库进出境货物
1234	保税区仓储转口	保税区进出境仓储转口货物
1300	修理物品	进出境修理物品
1427	出料加工	出料加工
1500	租赁不满一年	租期不满一年的租赁贸易货物
1523	租赁贸易	租期在一年及以上的租赁贸易货物

代码	简称	全称
1616	寄售代销	寄售、代销贸易
1741	免税品	免税品
1831	外汇商品	免税外汇商品
2025	合资合作设备	合资合作企业作为投资进口设备物品
2215	三资进料加工	三资企业为履行出口合同进口料件和出口成品
2225	外资设备物品	外资企业作为投资进口的设备物品
2439	常驻机构公用	外国常驻机构进口办公用品
2600	暂时进出货物	暂时进出口货物
2700	展览品	进出境展览品
2939	陈列样品	驻华商业机构不复运出口的进口陈列样品
3010	货样广告品 A	有经营权单位进出口的货样广告品
3039	货样广告品 B	无经营权单位进出口的货样广告品
3100	无代价抵偿	无代价抵偿货物
3339	其他进口免费	其他进口免费提供货物
3410	承包工程进口	对外承包工程进口物资
3422	对外承包出口	对外承包工程出口物资
3511	援助物资	国家和国际组织无偿援助物资
3611	无偿军援	无偿军援
3612	捐赠物资	华侨、港澳、台同胞、外籍华人捐赠物资
3910	有权军事装备	直接军事装备（有经营权）
3939	无权军事装备	直接军事装备（无经营权）
4019	边境小额	边境小额贸易（边民互市贸易除外）
4039	对台小额	对台小额贸易
4200	驻外机构运回	我驻外机构运回旧公用物品
4239	驻外机构购进	我驻外机构境外购买运回国的公务用品

代码	简称	全称
4400	来料成品退换	来料加工成品退换
4500	直接退运	直接退运
4539	进口溢误卸	进口溢卸、误卸货物
4561	退运货物	因质量不符、延误交货等原因退运进出境货物
4600	进料成品退换	进料成品退换
5000	料件进出区	用于区内外非实际进出境货物
5015	区内加工货物	加工区内企业从境外进口料件及加工出口成品
5033	区内仓储货物	加工区内仓储企业从境外进口的货物
5100	成品进出区	用于区内外非实际进出境货物
5200	区内边角调出	用于区内外非实际进出境货物
5300	设备进出区	用于区内外非实际进出境货物
5335	境外设备进区	加工区内企业从境外进口的设备物资
5361	区内设备退运	加工区内设备退运境外
9639	海关处理货物	海关变卖处理的超期未报货物，走私违规货物
9700	后续补税	无原始报关单的后续补税
9739	其他贸易	其他贸易
9800	租赁征税	租赁期一年及以上的租赁贸易货物的租金
9839	留赠转卖物品	外交机构转售境内或国际活动留赠放弃特批货
9900	其他	其他

十六、征免性质

本栏目应根据实际情况按海关规定的《征免性质代码表》选择填报相应的征免性质简称及代码，持有海关核发的《征免税证明》的，应按照《征免税证明》中批注的征免性质填报。一份报关单只允许填报一种征免性质。

加工贸易货物报关单，应按照海关核发的《加工贸易手册》中批注的征免性质简称及代码填报。在特殊情况下，填报要求如下：

（一）保税工厂经营的加工贸易，根据《加工贸易手册》，填报"进料加工"或"来料加工"。

（二）外商投资企业为加工内销产品而进口的料件，属非保税加工的，填报"一般征税"或其他相应征免性质。

（三）加工贸易转内销货物，按实际情况，填报（如一般征税、科教用品、其他法定等）。

（四）料件退运出口、成品退运进口的货物，填报"其他法定"（代码0299）。

（五）加工贸易结转货物，本栏目免予填报。

征免性质代码表

代码	简称	全称
101	一般征税	一般征税进出口货物
201	无偿援助	无偿援助进出口物资
299	其他法定	其他法定减免税进出口货物
301	特定区域	特定区域进口自用物资及出口货物
307	保税区	保税区进口自用物资
399	其他地区	其他执行特殊政策地区出口货物
401	科教用品	大专院校及科研机构进口科教用品
403	技术改造	企业技术改造进口货物
406	重大项目	国家重大项目进口货物
412	基础设施	通信、港口、铁路、公路、机场建设进口设备
413	残疾人	残疾人组织和企业进出口货物
417	远洋渔业	远洋渔业自捕水产品
418	国产化	国家定点生产小轿车和摄录机企业进口散件
420	远洋船舶	远洋船舶及设备部件
421	内销设备	内销远洋船用设备及关键部件
422	集成电路	集成电路生产企业进口货物
501	加工设备	加工贸易外商提供的不作价进口设备

代码	简称	全称
502	来料加工	来料加工装配和补偿贸易进口料件及出口成品
503	进料加工	进料加工贸易进口料件及出口成品
506	边境小额	边境小额贸易进口货物
601	中外合资	中外合资经营企业自产出口货物
602	中外合作	中外合作经营企业自产出口货物
603	外资企业	外商独资企业自产出口货物
606	海洋石油	勘探、开发海上石油进口货物
608	陆地石油	勘探、开发陆地石油进口货物
609	贷款项目	利用贷款进口货物
611	贷款中标	国际金融组织贷款、外国政府贷款中标机电设备零部件
789	鼓励项目	国家鼓励发展的内外资项目进口设备
799	自有资金	外商投资额度外利用自有资金进口设备、备件、配件
801	救灾捐赠	救灾捐赠进口物资
802	扶贫慈善	境外向我境内无偿捐赠用于扶贫慈善的免税进口物资
898	国批减免	国务院特准减免税的进出口货物
998	内部暂定	享受内部暂定税率的进出口货物
999	例外减免	例外减免税进出口货物

十七、征税，比例/结汇方式

进口报关单，本栏目免予填报。出口报关单，填报结汇方式，按照海关规定的《结汇方式代码表》，选择填报相应的结汇方式名称或代码。

结汇方式代码表

代码	结汇方式	代码	结汇方式	代码	结汇方式
1	信汇（M/T）	2	电汇（T/T）	3	票汇（D/D）
4	付款交单（D/P）	5	承兑交单（D/A）	6	信用证（L/C）
7	先出后结	8	先结后出	9	其他

十八、许可证号

本栏目填报以下许可证的编号：进（出）口许可证、两用物项和技术进（出）口许可证、两用物项和技术出口许可证（定向）、出口许可证（加工贸易）、出口许可证（边境小额贸易）。

一份报关单只允许填报一个许可证号。

十九、启运国（地区）/运抵国（地区）

启运国（地区），填报进口货物启始发出直接运抵我国或者在运输中转国（地）未发生任何商业性交易的情况下运抵我国的国家（地区）。

运抵国（地区），填报出口货物离开我国关境直接运抵或者在运输中转国（地区）未发生任何商业性交易的情况下最后运抵的国家（地区）。

不经过第三国（地区）转运的直接运输进出口货物，以进口货物的装货港所在国（地区）为启运国（地区），以出口货物的指运港所在国（地区）为运抵国（地区）。

经过第三国（地区）转运的进出口货物，如在中转国（地区）发生商业性交易，则以中转国（地区）作为启运/运抵国（地区）。

本栏目应按海关规定的《国别（地区）代码表》，选择填报相应的启运国（地区）或运抵国（地区）中文名称及代码。

无实际进出境的，填报"中国"（代码142）。

国别（地区）代码表

代码	中文	英文	代码	中文	英文
101	阿富汗	Afghanistan	102	巴林	Bahrian
103	孟加拉国	Bangladesh	104	不丹	Bhutan
105	文莱	Brunei	106	缅甸	Myanmar
107	柬埔寨	Cambodia	108	塞浦路斯	Cyprus
109	朝鲜	Korea, DPR	110	中国香港	Hong Kong
111	印度	India	112	印度尼西亚	Indonesia
113	伊朗	Iran	114	伊拉克	Iraq
115	以色列	Israel	116	日本	Japan

代码	中文	英文	代码	中文	英文
117	约旦	Jordan	118	科威特	Kuwait
119	老挝	Laos，PDR	120	黎巴嫩	Lebanon
121	中国澳门	Macau	122	马来西亚	Malaysia
123	马尔代夫	Maldives	124	蒙古	Mongolia
125	尼泊尔	Nepal	126	阿曼	Oman
127	巴基斯坦	Pakistan	128	巴勒斯坦	Palestine
129	菲律宾	Philippines	130	卡塔尔	Qatar
131	沙特阿拉伯	Saudi Arabia	132	新加坡	Singapore
133	韩国	Korea Rep.	134	斯里兰卡	Sri Lanka
135	叙利亚	Syrian	136	泰国	Thailand
137	土耳其	Turkey	138	阿联酋	United Arab Emirates
139	也门共和国	Republic of Yemen	141	越南	Vietnam
142	中国	China	143	台澎金马关税区	Taiwan prov.
144	东帝汶	East Timor	145	哈萨克斯坦	Kazakhstan
146	吉尔吉斯斯坦	Kirghizia	147	塔吉克斯坦	Tadzhikistan
148	土库曼斯坦	Turkmenistan	149	乌兹别克斯坦	Uzbekstan
199	亚洲其他国家（地区）	Oth. Asia nes	200	非洲	Africa
201	阿尔及利亚	Algeria	202	安哥拉	Angora
203	贝宁	Benin	204	博茨瓦那	Botswana
205	布隆迪	Burundi	206	喀麦隆	Cameroon
207	加那利群岛	Canary Is	208	佛得角	Cape Vrde
209	中非共和国	Central African Rep.	210	塞卜泰	Ceuta
211	乍得	Chad	212	科摩罗	Comoros

续　表

代码	中文	英文	代码	中文	英文
213	刚果	Congo	214	吉布提	Djibouti
215	埃及	Egypt	216	赤道几内亚	Eq. Guinea
217	埃塞俄比亚	Ethiopia	218	加蓬	Gabon
219	冈比亚	Gambia	220	加纳	Ghana
221	几内亚	Guinea	222	几内亚（比绍）	Guinea Bissau
223	科特迪瓦	Cote d'lvoir	224	肯尼亚	Kenya
225	利比里亚	Liberia	226	利比亚	Libyan Arab Jm
227	马达加斯加	Madagascar	228	马拉维	Malawi
229	马里	Mali	230	毛里塔尼亚	Mauritania
231	毛里求斯	Mauritius	232	摩洛哥	Morocco
233	莫桑比克	Mozambique	234	纳米比亚	Namibia
235	尼日尔	Niger	236	尼日利亚	Nigeria
237	留尼汪	Reunion	238	卢旺达	Rwanda
239	圣多美和普林西比	Sao Tome & Principe	240	塞内加尔	Senegal
241	塞舌尔	Seychelles	242	塞拉利昂	Sierra Leone
243	索马里	Somalia	244	南非	S. Africa
245	西撒哈拉	Western Sahara	246	苏丹	Sudan
247	坦桑尼亚	Tanzania	248	多哥	Togo
249	突尼斯	Tunisia	250	乌干达	Uganda
251	布基纳法索	Burkina Faso	252	民主刚果	Congo, DR
253	赞比亚	Zambia	254	津巴布韦	Zimbabwe
255	莱索托	Lesotho	256	梅利利亚	Melilla
257	斯威士兰	Swaziland	258	厄立特里亚	Eritrea
259	马约特岛	Mayotte	299	非洲其他国家（地区）	Oth. Afr. nes

代码	中文	英文	代码	中文	英文
300	欧洲	Europe	301	比利时	Belgium
302	丹麦	Denmark	303	英国	United Kingdom
304	德国	Germany	305	法国	France
306	爱尔兰	Ireland	307	意大利	Italy
308	卢森堡	Luxembourg	309	荷兰	Netherlands
310	希腊	Greece	311	葡萄牙	Portugal
312	西班牙	Spain	313	阿尔巴尼亚	Albania
314	安道尔	Andorra	315	奥地利	Austria
316	保加利亚	Bulgaria	318	芬兰	Finland
320	直布罗陀	Gibraltar	321	匈牙利	Hungary
322	冰岛	Iceland	323	列支敦士登	Liechtenstein
324	马耳他	Malta	325	摩纳哥	Monaco
326	挪威	Norway	327	波兰	Poland
328	罗马尼亚	Romania	329	圣马力诺	San Marino
330	瑞典	Sweden	331	瑞士	Switzerland
334	爱沙尼亚	Estonia	335	拉脱维亚	Latvia
336	立陶宛	Lithuania	337	格鲁吉亚	Georgia
338	亚美尼亚	Armenia	339	阿塞拜疆	Azerbaijan
340	白俄罗斯	Byelorussia	341	哈萨克斯坦	Kazakhstan
342	吉尔吉斯斯坦	Kirghizia	343	摩尔多瓦	Moldavia
344	俄罗斯联邦	Russia	345	塔吉克斯坦	Tadzhikistan
346	土库曼斯坦	Turkmenistan	347	乌克兰	Ukraine
348	乌兹别克斯坦	Uzbekstan	349	南斯拉夫	Yugoslavia FR
350	斯洛文尼亚	Slovenia Rep	351	克罗地亚	Croatia Rep
352	捷克共和国	Czech Rep	353	斯洛伐克	Slovak Rep

代码	中文	英文	代码	中文	英文
354	马其顿	Macedonia Rep	355	波斯尼亚－黑塞哥维那共和国	Bosnia & Hercegovina
356	梵蒂冈城国	Vatican City State	399	欧洲其他国家（地区）	Oth. Eur. nes
400	拉丁美洲	Latin America	401	安提瓜和巴布达	Antigua & Barbuda
402	阿根廷	Argentina	403	阿鲁巴岛	Aruba
404	巴哈马	Bahamas	405	巴巴多斯	Barbados
406	伯利兹	Belize	408	玻利维亚	Bolivia
409	博内尔	Bonaire	410	巴西	Brazil
411	开曼群岛	Cayman Is	412	智利	Chile
413	哥伦比亚	Colombia	414	多米尼亚共和国	Dominica
415	哥斯达黎加	Costa Rica	416	古巴	Cuba
417	库腊索岛	Curacao	418	多米尼加共和国	Dominican Rep.
419	厄瓜多尔	Ecuador	420	法属圭亚那	French Guyana
421	格林纳达	Grenada	422	瓜德罗普	Guadeloupe
423	危地马拉	Guatemala	424	圭亚那	Guyana
425	海地	Haiti	426	洪都拉斯	Honduras
427	牙买加	Jamaica	428	马提尼克	Martinique
429	墨西哥	Mexico	430	蒙特塞拉特	Montserrat
431	尼加拉瓜	Nicaragua	432	巴拿马	Panama
433	巴拉圭	Paraguay	434	秘鲁	Peru
435	波多黎各	Puerto Rico	436	萨巴	Saba
437	圣卢西亚	Saint Lucia	438	圣马丁岛	Saint Martin Is
439	圣文森特和格林纳丁斯	Saint Vincent & Grenadines	440	萨尔瓦多	El Salvador

代码	中文	英文	代码	中文	英文
441	苏里南	Suriname	442	特立尼达和多巴哥	Trinidad & Tobago
443	特克斯和凯科斯群岛	Turks & Caicos Is	444	乌拉圭	Uruguay
445	委内瑞拉	Venezuela	446	英属维尔京群岛	Br. Virgin Is
447	圣其茨－尼维斯	St. Kitts – Nevis	448	圣皮埃尔和密克隆	St. Pierre and Miquelon
449	荷属安地列斯群岛	the Netherlands Antilles	499	拉丁美洲其他国家（地区）	Oth. L. Amer. nes
500	北美洲	North America	501	加拿大	Canada
502	美国	United States	503	格陵兰	Greenland
504	百慕大	Bermuda	599	北美洲其他国家（地区）	Oth. N. Amer. nes
600	大洋洲	Oceania	601	澳大利亚	Australia
602	库克群岛	Cook Is	603	斐济	Fiji
604	盖比群岛	Gambier Is	605	马克萨斯群岛	Marquesas Is
606	瑙鲁	Nauru	607	新喀里多尼亚	New Caledonia
608	瓦努阿图	Vanuatu	609	新西兰	New Zealand
610	诺福克岛	Norfolk Is	611	巴布亚新几内亚	Papua New Guinea
612	社会群岛	Society Is	613	所罗门群岛	Solomon Is
614	汤加	Tonga	615	土阿莫土群岛	Tuamotu Is
616	土布艾群岛	Tubai Is	617	萨摩亚	Samoa
618	基里巴斯	Kiribati	619	图瓦卢	Tuvalu
620	密克罗尼西亚联邦	Micronesia Fs	621	马绍尔群岛	Marshall Is Rep
622	帕劳共和国	Palau	623	法属波利尼西亚	French Polynesia

代码	中文	英文	代码	中文	英文
624	新喀里多尼亚	New Caledonia	625	瓦利斯和浮图纳	Wallis and Futuna
699	大洋洲其他国家（地区）	Oth. Ocean. nes	701	国（地）别不详的	Countries（reg.）unknown
702	联合国及机构和国际组织	UN and other interational	999	中性包装原产国别	
100	亚洲	Asia			

二十、装货港/指运港

装货港，填报进口货物在运抵我国关境前的最后一个境外装运港。指运港，填报出口货物运往境外的最终目的港；最终目的港不可预知的，按尽可能预知的目的港填报。

本栏目应根据实际情况，按海关规定的《港口航线代码表》，选择填报相应的港口中文名称及代码。装货港/指运港在《港口航线代码表》中无港口中文名称及代码的，可选择填报相应的国家中文名称或代码。

无实际进出境的，本栏目填报"中国境内"（代码142）。

港口航线代码表（一）（101－1400）

港口中文名	港口英文名	航线	国别代码	港口代码
阿富汗	Afghanistan	3	101	101
巴林	Bahrian	3	102	102
孟加拉国	Bangladesh	3	103	103
不丹	Bhutan	3	104	104
文莱	Brunei	2	105	105
缅甸	Burma	2	106	106
柬埔寨	Democratic Kampuchea	2	107	107
塞浦路斯	Cyprus	6	108	108
朝鲜民主主义人民共和国	Korea，DPR	1	109	109

港口中文名	港口英文名	航线	国别代码	港口代码
中国香港	Hong Kong	1	110	110
印度	India	3	111	111
印度尼西亚	Indonesia	3	112	112
伊朗	Iran	6	113	113
伊拉克	Iraq	3	114	114
以色列	IARAEL	3	115	115
日本	Japan	16	116	116
约旦	Jordan	5	117	117
科威特	Kuwait	3	118	118
老挝	Laos，PDR	2	119	119
黎巴嫩	Lebanon	6	120	120
中国澳门	Macau	1	121	121
马来西亚	Malaysia	2	122	122
马尔代夫	Maldives	3	123	123
蒙古	Mongolia	7	124	124
尼泊尔	Nepal	3	125	125
阿曼	Oman	3	126	126
巴基斯坦	Pakistan	3	127	127
巴勒斯坦	Palestine	3	128	128
菲律宾	Philippines	2	129	129
卡塔尔	Qatar	3	130	130
沙特阿拉伯	Saudi Arabia	3	131	131
新加坡	Singapore	2	132	132
韩国	Korea Rep.	1	133	133
斯里兰卡	Sri Lanka	3	134	134

港口中文名	港口英文名	航线	国别代码	港口代码
叙利亚	Syrian Arab Rep.	6	135	135
泰国	Thailand	2	136	136
土耳其	Turkey	6	137	137
阿拉伯联合酋长国	United Arab Emirates	3	138	138
也门共和国	Republic of Yemen	5	139	139
越南	Vietnam	1	141	141
中国境内	CHINA	1	142	142
中国台湾省	Taiwan prov.	1	143	143
东帝汶	East Timor	3	144	144
哈萨克斯坦	Kazakhstan	7	145	145
吉尔吉斯斯坦	Kirghizia	7	146	146
塔吉克斯坦	Tadzhikistan	7	147	147
土库曼斯坦	Turkmenistan	7	148	148
乌兹别克斯坦	Uzbekstan	7	149	149
亚洲其他国家（地区）	Oth. Asia. nes	0	199	199
阿尔及利亚	Algeria	8	201	201
安哥拉	Angora	8	202	202
贝宁	Benin	8	203	203
博茨瓦那	Botswana	8	204	204
布隆迪	Burundi	8	205	205
喀麦隆	Cameroon	8	206	206
加那利群岛	Canary Is	8	207	207
佛得角	Cape verde	8	208	208
中非	Central African Rep	8	209	209
塞卜泰	Ceuta	8	210	210

续 表

港口中文名	港口英文名	航线	国别代码	港口代码
乍得	Chad	0	211	211
科摩罗	Comoros	5	212	212
刚果	Congo	8	213	213
吉布提	Djibouti	5	214	214
埃及	Egypt	6	215	215
赤道几内亚	Eq. Guinea	8	216	216
埃塞俄比亚	Ethiopia	5	217	217
加蓬	Gabon	8	218	218
冈比亚	Gambia	8	219	219
加纳	Ghana	8	220	220
几内亚	Guinea	8	221	221
几内亚（比绍）	Guineabissau	8	222	222
科特迪瓦	Cote d'lvoir	8	223	223
肯尼亚	Kenya	5	224	224
利比里亚	Liberia	8	225	225
利比亚	Libyan Arab Jm	6	226	226
马达加斯加	Madagascar	5	227	227
马拉维	Malawi	5	228	228
马里	Mali	6	229	229
毛里塔尼亚	Mauritania	8	230	230
毛里求斯	Mauritius	5	231	231
摩洛哥	Morocco	8	232	232
莫桑比克	Mozambique	5	233	233
纳米比亚	Namibia	8	234	234
尼日尔	Niger	6	235	235

港口中文名	港口英文名	航线	国别代码	港口代码
尼日利亚	Nigeria	8	236	236
留尼汪	Reunion	5	237	237
卢旺达	Rwanda	8	238	238
圣多美和普林西比	Sao Tome & Principe	8	239	239
塞内加尔	Senegal	8	240	240
塞舌尔	Seychelles	8	241	241
塞拉利昂	Sierra Leone	8	242	242
索马里	Somalia	5	243	243
南非（阿扎尼亚）	S. Africa	8	244	244
西撒哈拉	Western Sahara	8	245	245
苏丹	Sudan	5	246	246
坦桑尼亚	Tanzania	5	247	247
多哥	Togo	6	248	248
突尼斯	Tunisia	6	249	249
乌干达	Uganda	6	250	250
布基纳法索	Burkina Faso	8	251	251
民主刚果	Congo，DR	8	252	252
赞比亚	Zambia	8	253	253
津巴布韦	Zimbabwe	8	254	254
莱索托	Lesotho	8	255	255
梅利利亚	Melilla	8	256	256
斯威士兰	Swaziland	8	257	257
厄立特里亚	Eritrer	8	258	258
非洲其他国家（地区）	Oth. Afr. nes	6	299	299

港口中文名	港口英文名	航线	国别代码	港口代码
比利时	Belgium	6	301	301
丹麦	Denmark	6	302	302
英国	United Kingdom	6	303	303
德意志联邦共和国	Germany，FR	6	304	304
法国	France	6	305	305
爱尔兰	Ireland	6	306	306
意大利	Italy	6	307	307
卢森堡	LuXembourg	6	308	308
荷兰	Netherland	6	309	309
希腊	Greece	6	310	310
葡萄牙	Portugal	6	311	311
西班牙	Spain	6	312	312
阿尔巴尼亚	Albania	6	313	313
安道尔	Andorra	7	314	314
奥地利	Austria	7	315	315
保加利亚	Bulgaria	7	316	316
芬兰	Finland	6	318	318
直布罗陀	Gibraltar	6	320	320
匈牙利	Hungary	8	321	321
冰岛	Iceland	6	322	322
列支敦士登	Liechtenstein	3	323	323
马耳他	MALTA	6	324	324
摩纳哥	Monaco	7	325	325
挪威	Norway	6	326	326

港口中文名	港口英文名	航线	国别代码	港口代码
波兰	Poland	7	327	327
罗马尼亚	Romania	7	328	328
圣马力诺	San Marino	7	329	329
瑞典	Sweden	6	330	330
瑞士	Switzerland	7	331	331
爱沙尼亚	Estonia	7	334	334
拉脱维亚	Latvia	7	335	335
立陶宛	Lithuania	7	336	336
格鲁吉亚	Georgia	7	337	337
亚美尼亚	Armenia	7	338	338
阿塞拜疆	Azerbaijan	7	339	339
白俄罗斯	Belorussia	7	340	340
摩尔多瓦	Moldavia	7	343	343
俄罗斯	Russia	7	344	344
乌克兰	Ukraine	7	347	347
塞尔维亚和黑山	Serbia and Montenegr	7	349	349
斯洛文尼亚	Slovenia	7	350	350
克罗地亚	Croatia	7	351	351
捷克	Czecho	7	352	352
斯洛伐克	Slovakia	7	353	353
马其顿	Macedonia	7	354	354
波黑	R. B. H	7	355	355
欧洲其他国家	OTH. EUR. NES	7	399	399
安提瓜和巴布达	Antigua & Barbuda	13	401	401
阿根廷	Argentina	14	402	402

港口中文名	港口英文名	航线	国别代码	港口代码
阿鲁巴角	Arubs Is	13	403	403
巴哈马	Bahamas	13	404	404
巴巴多斯	Barbados	13	405	405
伯利兹	Belize	13	406	406
玻利维亚	Bolivia	13	408	408
博内尔	Bonaire	14	409	409
巴西	Brazil	14	410	410
开曼群岛	Cayman Is.	15	411	411
智利	Chile	15	412	412
哥伦比亚	Colombia	15	413	413
多米尼加	Dominica	13	414	414
哥斯达黎加	Costa Rica	13	415	415
古巴	Cuba	13	416	416
库腊索岛	Curacao	13	417	417
多米尼加共和国	Dominican Rep.	13	418	418
厄瓜多尔	Ecuador	15	419	419
法属圭亚那	French Guyana	14	420	420
格林纳达	Grenada	13	421	421
瓜德罗普	Guadeloupe	13	422	422
危地马拉	Guatemala	13	423	423
圭亚那	Guyana	14	424	424
海地	Haiti	13	425	425
洪都拉斯	Honduras	13	426	426
牙买加	Jamaica	13	427	427
马提尼克	Martinique	13	428	428

续 表

港口中文名	港口英文名	航线	国别代码	港口代码
墨西哥	Mexico	13	429	429
蒙特塞拉特	Montserrat	13	430	430
尼加拉瓜	Nicaragua	13	431	431
巴拿马	Panama	13	432	432
巴拉圭	PARAGUAY	14	433	433
秘鲁	Peru	15	434	434
波多黎各	Puerto Rico	13	435	435
萨巴	Saba	13	436	436
圣卢西亚	Saint Lucia	13	437	437
圣马丁岛	Saint Martin	13	438	438
圣文森特和格林纳丁斯	Saint Vincent & Gren	13	439	439
萨尔瓦多	El Salvador	13	440	440
苏里南	Suriname	14	441	441
特立尼达和多巴哥	Trinidad & Tobago	13	442	442
特克斯和凯科斯群岛	Turks & Caicos Is	13	443	443
乌拉圭	Uruguay	14	444	444
委内瑞拉	Venezuela	14	445	445
英属维尔京群岛	Br. Virgin Is	13	446	446
圣其茨 - 尼维斯	St. Kitts - Nevis	13	447	447
拉丁美洲其他国家地区	Oth. L. Amer. nes	13	499	499
加拿大	Canada	12	501	501
美国	United States	11	502	502
格陵兰	Greenland	12	503	503
百慕大	Bermuda	12	504	504
北美其他国家	OTH. N. AMER. NES	12	599	599

港口中文名	港口英文名	航线	国别代码	港口代码
澳大利亚	Australia	4	601	601
库克群岛	Cook Is	4	602	602
斐济	Fiji	4	603	603
盖比群岛	Gambier Is	4	604	604
马克萨斯群岛	Marquesas Is	4	605	605
瑙鲁	Nauru	4	606	606
新喀里多尼亚	New Caledonia	4	607	607
瓦努阿图	Vanuatu	4	608	608
新西兰	New Zealand	4	609	609
诺福克岛	Norfolk Is	4	610	610
巴布亚新几内亚	Papua New Guinea	4	611	611
社会群岛	Society Is	4	612	612
所罗门群岛	Solomon Is	4	613	613
汤加	Tonga	4	614	614
土阿莫土群岛	Tuamotu Is	4	615	615
土布艾群岛	Tubai Is	4	616	616
萨摩亚	Samoa	4	617	617
基里巴斯	Kiribati	4	618	618
图瓦卢	Tuvalu	4	619	619
密克罗尼西亚	Micronesia	4	620	620
马绍尔群岛	Marshall Is	4	621	621
贝劳共和国	Palau	4	622	622
大洋洲其他国家（地区）	Oth. Ocean. nes	4	699	699
喀布尔	KABOL	3	101	1001
喀布尔	KABUL	3	101	1002

续 表

港口中文名	港口英文名	航线	国别代码	港口代码
坎大哈	KANDAHAR	3	101	1003
曼纳马	MANAMA	3	102	1004
米纳苏尔曼	MINA SULMAN	3	102	1005
悉特拉	SITRA	3	102	1006
吉大港	CHITTAGONG	3	103	1007
达卡	DACCA	3	103	1008
库尔纳	KHULNA	3	103	1009
斯里巴加湾市	BANDAR SERI BEGAWAN	2	105	1010
文莱	BRUNEI	2	105	1011
若开	AKYAB	2	106	1012
阿恰布	AKYAB	2	106	1013
勃生	BASSEIN	2	106	1014
八莫	BHAMO	2	106	1015
毛淡棉	MOULMEIN	2	106	1016
慕尔鸣	MOULMEIN	2	106	1017
磅逊	KOMPONG SOM	2	107	1018
金吉	PHNOM PENH	2	107	1019
金边	PNOM – PENH	2	107	1020
吉兰丹	KELANTAN	6	108	1021
拉塔基亚	LATCHI	6	108	1022
拉奇	LATCHI	6	108	1023
利马索尔	LIMASSOL	6	108	1024
莫尔富	MORPHOU BAY	6	108	1025
尼科西亚	NICOSIA	6	108	1026
佩福斯	PAPHOS	6	108	1027

港口中文名	港口英文名	航线	国别代码	港口代码
拉奇港	PORT LATCHI	6	108	1028
瓦西里克	VASSILIKO	6	108	1029
海州	HAEJU	1	109	1030
兴南	HUNGNAM	1	109	1031
开城	KAESONG	1	109	1032
南浦	NAMPO	1	109	1033
清津	SEISHIN	1	109	1034
清津	CHONGJIN	1	109	1035
清津	CHUNGJIN	1	109	1036
新义州	SIMIJU	1	109	1037
元山	WONSAN	1	109	1038
中国香港	HONGKONG	1	110	1039
阿勒皮	ALLEPPEY	3	111	1040
贝迪	BEDI	3	111	1041
贝莱克里	BELEKERI	3	111	1042
色纳加尔	BHAUNAGAR	3	111	1043
加尔各答	CALCUTTA	3	111	1044
孟买	BOMBAY	3	111	1045
卡利卡特	CALICUT	3	111	1046
卡林加帕坦	CALINGAPATNAM	3	111	1047
卡基纳达	COCANADA	3	111	1048
柯钦	COCHIN	3	111	1049
达曼	DAMAN	3	111	1050
德里	DELHI	3	111	1051
霍纳瓦	HONAVAR	3	111	1052

港口中文名	港口英文名	航线	国别代码	港口代码
卡基纳达	KAKINADA	3	111	1053
坎德拉	KANDLA	3	111	1054
卡尔瓦尔	KARWAR	3	111	1055
卡利卡特	KOZHIKODE	3	111	1056
马德拉斯	MADRAS	3	111	1057
马尔佩	MALPE	3	111	1058
曼德维	MANDVI	3	111	1059
芒格洛尔	MANGALORE	3	111	1060
马希	MAHE	3	111	1061
马苏利帕特南	MASULIPATAM	3	111	1062
莫尔穆冈	MORMUGAO	3	111	1063
纳加帕蒂南	NAGAPATTINAM	3	111	1064
瑙拉基	NAVLAKHI	3	111	1065
潘吉姆	PANJIM	3	111	1066
新德里	NEW DELHI	3	111	1067
奥卡港	OKHA	3	111	1068
本地治里	PONDICHERRY	3	111	1069
布累尔港	PORT BLAIR	3	111	1070
奥卡港	PORT OKHA	3	111	1071
帕拉迪普港	PORT PARADIP	3	111	1072
波尔班达尔港	PORT PORBANDAR	3	111	1073
雷迪港	PORT REDI	3	111	1074
奎隆	QUILON	3	111	1075
塔德里	TADRI	3	111	1076
特利切里	TELLICHERRY	3	111	1077

港口中文名	港口英文名	航线	国别代码	港口代码
图蒂科林	TUTICORIN	3	111	1078
佛腊伐尔	VERAVAL	3	111	1079
维扎加帕特南	VISAKHAPATNAM	3	111	1080
维扎加帕特南	VIZAGAPATANAM	3	111	1081
安班兰	AMPENAN	2	112	1082
阿萨汗	AROE BAY	2	112	1083
阿萨汗	ASAHAN	2	112	1084
巴眼亚比	BAGAN SIAPI – API	2	112	1085
BALAWAN	BALAWAN	2	112	1086
巴厘巴板	BALIKPAPAN	2	112	1087
马辰	BANDJARMASIN	2	112	1088
万隆	BANDUNG	2	112	1089
马辰	BANJARMASIN	2	112	1090
本卡利斯	BENGKALIS	3	112	1091
明古鲁	BENGKULU	3	112	1092
贝诺	BENOA	3	112	1093
比马	BIMA	2	112	1094
比通	BITUNG	2	112	1095
井里汶	CHERIBON	2	112	1096
达博辛克	DABO SINGKEP	2	112	1097
贾贾普拉	DJAJAPURA	2	112	1098
雅加达	DJAKARTA	2	112	1099
占碑	DJAMBI	2	112	1100
米瓦纳	DJUWANA	2	112	1101
栋加拉	DONGGALA	2	112	1102

续 表

港口中文名	港口英文名	航线	国别代码	港口代码
杜迈	DUMAI	2	112	1103
贺兰狄亚	HOLLANDIA	2	112	1104
雅加达	JAKARTA	2	112	1105
爪哇岛	JAVA, PULAU	2	112	1106
达博辛克	KABO SINGKEP	2	112	1107
卡利安格	KALIANGET	2	112	1108
安班兰	KEMPO	2	112	1109
吉打榜	KETAPANG	2	112	1110
哥打巴鲁	KOTABARU	1	112	1111
瓜拉卡帕斯	KUALA KAPUAS	2	112	1112
库迈	KUMAI	2	112	1113
古邦	KUPANG	2	112	1114
洛塞马韦	LHO'SEUMAWE	2	112	1115
望加锡	MACASSAR	2	112	1116
马杰尼	MADJENE	2	112	1117
马德拉斯	MADRAS	2	112	1118
马都拉岛	MADURA PULAU	2	112	1119
望加锡	MAKASAR	2	112	1120
万鸦老	MANADO	2	112	1121
满各里	MANGOLE ISLAND	2	112	1122
马诺克瓦里	MANOKWARI	2	112	1123
毛梅雷	MAUMERE	2	112	1124
默腊克	MERAK	2	112	1125
孔雀港	MERAK	2	112	1126
米拉务	MEULABOH	2	112	1127

港口中文名	港口英文名	航线	国别代码	港口代码
蒙法尔科内	MONFALCONE	2	112	1128
奥莱勒厄	OLEE LHEUE	2	112	1129
巴东	PADANG	2	112	1130
帕干巴鲁	PAKAN BARU	2	112	1131
双溪帕宁	PAKNING	2	112	1132
巨港	PALEMBANG	2	112	1133
巴邻旁	PALEMBANG	2	112	1134
帕纳鲁坎	PANARUKAN	2	112	1135
潘姜	PANDJANG	2	112	1136
庞卡尔巴兰	PANGKAL BALAM	2	112	1137
庞卡兰苏苏	PANGKALAN – SUSU	2	112	1138
潘吉姆	PANJIM	2	112	1139
巴里巴里	PARE RARE	2	112	1140
巴苏鲁	PASURUAN	2	112	1141
帕芒卡	PEMANGKAT	2	112	1142
佩纳巴	PENABA	2	112	1143
巨港	PLAJJU	2	112	1144
坤甸	PONTIANAK	2	112	1145
蓬提亚纳	PONTIANAK	2	112	1146
普罗伯林果	PROBOLINGGO	2	112	1147
三巫	PULO SAMBU	2	112	1148
沙璜	SABANG	3	112	1149
三马林达	SAMARINDA	2	112	1150
三发	SAMBAS	2	112	1151
散皮	SAMPIT	2	112	1152

港口中文名	港口英文名	航线	国别代码	港口代码
塞拉潘姜	SELAT PANDJANG	`2	112	1153
三宝垄	SEMARANG	2	112	1154
实武牙	SIBOLGA	2	112	1155
锡卡	SIKKA	2	112	1156
西姆拉	SIMLA	2	112	1157
山口羊	SINGKAWANG	2	112	1158
苏朗	SORONG	2	112	1159
贾贾普拉	SUKARNAPURA	2	112	1160
苏拉威西	SULAWESI	2	112	1161
苏门答腊	SUMATRA	2	112	1162
双溪帕宁	SUNGEI PAKNING	2	112	1163
泗水	SURABAJA	2	112	1164
苏腊巴亚	SURABAYA	2	112	1165
苏苏	SUSU	2	112	1166
丹戎班丹	TANDJUNG PANDAN	2	112	1167
泗水	TANDJUNG PERAK	2	112	1168
丹戎不碌	TANDJUNG PRIOK	2	112	1169
雅加达海港	TANDJUNG PRIOK	2	112	1170
丹戎乌班	TANDJUNG UBAN	2	112	1171
塔帕土安	TAPAKTUAN	2	112	1172
打拉根	TARAKAN ISLAND	2	112	1173
直葛	TEGAL	2	112	1174
特卢巴尤尔	TELUKBAJUR	2	112	1175
德那第	TERNATE	2	112	1176
芝拉扎	TJILATJAP	2	112	1177

续 表

港口中文名	港口英文名	航线	国别代码	港口代码
井里汶	TJIREBON	2	112	1178
文古尔拉	VENGURLA	2	112	1179
阿巴丹	ABADAN	3	113	1180
阿巴斯港	B. ABBAS	3	113	1181
阿巴斯港	BANDAR	3	113	1182
阿巴斯港	BANDAR ABBAS	3	113	1183
马夏赫尔港	BANDAR MAHSHAHR	3	113	1184
沙赫普尔港	BANDAR SHAHPOUR	3	113	1185
哈尔克岛	KHARG ISLAND	3	113	1186
霍拉姆沙赫尔	KHORRAMSHAHR	3	113	1187
霍拉姆沙赫尔	MOHAMMERAH	3	113	1188
马赫沙赫尔港	PORT MAHSHAHR	3	113	1189
大不里士	TABRIZ	3	113	1190
德黑兰	TEHRAN	3	113	1191
帕勒维	PAHLEVI	6	113	1192
巴格达	BAGHDAD	3	114	1193
巴士拉	BASRAH	3	114	1194
霍尔阿米亚	KHOR AL – AMYA	3	114	1195
基尔库克	KIRKUK	3	114	1196
摩苏尔	MOSUL	3	114	1197
巴士拉	SHATT – EL ARAB	3	114	1198
乌姆卡斯尔	UM QASR	3	114	1199
ZUBAIR	ZUBAIR	3	114	1200
法奥	FAO	3	114	1201
网走	ABASHIRI	16	116	1202

港口中文名	港口英文名	航线	国别代码	港口代码
纲干	ABOSHI	16	116	1203
相生	AIOI	16	116	1204
AJIGAWA	AJIGAWA	16	116	1205
秋田	AKITA	16	116	1206
AKITSU	AKITSU	16	116	1207
尼崎	AMAGASAKI	16	116	1208
阿南	ANAN	16	116	1209
青森	AOMORI	16	116	1210
渥美	ATSUMI	16	116	1211
千叶	CHIBA	16	116	1212
DOKAI	DOKAI	16	116	1213
福山	FUKUYAMA	16	116	1214
船桥	FUNABASHI	16	116	1215
船桥	FUNAKAWA	16	116	1216
伏木	FUSHIKI	16	116	1217
蒲郡	GAMAGORI	16	116	1218
八户	HACHINOHE	16	116	1219
荻	HAGI	16	116	1220
傅多	HAKATA	16	116	1221
函馆	HAKODATE	16	116	1222
滨田	HAMADA	16	116	1223
阪南	HANNAN	16	116	1224
日明	HIAGARI	16	116	1225
响滩	HIBIKINADA	16	116	1226
东播磨（IHO）	HIGASHIHARIMA	16	116	1227

续 表

港口中文名	港口英文名	航线	国别代码	港口代码
姬路	HIMEJI	16	116	1228
广烟	HIROHATA	16	116	1229
广岛	HIROSHIMA	16	116	1230
曰立	HITACHI	16	116	1231
细岛	HOSOJIMA	16	116	1232
今治	IMABARI	16	116	1233
尹万里	IMARI	16	116	1234
因岛	INNOSHIMA	16	116	1235
石卷	ISHINOMAKI	16	116	1236
系崎	ITOZAKI	16	116	1237
岩国	IWAKUNI	16	116	1238
伊予三岛	IYO – MISHIMA	16	116	1239
伊予三岛	IYOMISHIMA	16	116	1240
鹿儿岛	KAGOSHIMA	16	116	1241
鹿儿岛新港	KAGOSHIMA SHINKO	16	116	1242
海南	KAINAN	16	116	1243
加古川	KAKOGAWA	16	116	1244
釜石	KAMAISHI	16	116	1245
金泽	KANAZAWA	16	116	1246
芯田	KANDA	16	116	1247
门司	KANMON PORT	16	116	1248
鹿川	KANOKAWA	16	116	1249
笠冈	KASAOKA	16	116	1250
鹿岛	KASHIMA	16	116	1251
川崎	KAWASAKI	16	116	1252

港口中文名	港口英文名	航线	国别代码	港口代码
KEIHIN PORT	KEIHIN PORT	16	116	1253
喜入	KIIRE	16	116	1254
菊间	KIKUMA	16	116	1255
君津	KIMITSU	16	116	1256
衣浦	KINUURA	16	116	1257
木更津	KISARAZU	16	116	1258
神户	KOBE	16	116	1259
高知	KOCHI	16	116	1260
小仓	KOKURA	16	116	1261
小松岛	KOMATSUSHIMA	16	116	1262
下松	KUDAMATSU	16	116	1263
吴港	KURE	16	116	1264
黑崎	KUROSAKI	16	116	1265
钏路	KUSHIRO	16	116	1266
舞鹤	MAIZURU	16	116	1267
枚山	MAKIYAMA	16	116	1268
枕崎	MAKURASAKI	16	116	1269
马刀泻	MATEGATA	16	116	1270
松山	MATSUYAMA	16	116	1271
三池	MIIKE	16	116	1272
水俣	MINAMATA	16	116	1273
三岛川三江	MISIMA – KAWANOE	16	116	1274
三角	MISUMI	16	116	1275
浮岛	MITSUKOJIMA	16	116	1276
宫古	MIYAKO	16	116	1277

港口中文名	港口英文名	航线	国别代码	港口代码
宫津	MIYAZU	16	116	1278
水岛	MIZUSHIMA	16	116	1279
门司	MOJI	16	116	1280
纹别	MONBETSU	16	116	1281
向岛	MUKAISHIMA	16	116	1282
室兰	MURORAN	16	116	1283
余丁纳	MUTSURE	16	116	1284
室兰	MUYOYAN	16	116	1285
长崎	NAGASAKI	16	116	1286
名古屋	NAGOYA	16	116	1287
那霸	NAHA	16	116	1288
中城	NAKAGUSUKU	16	116	1289
七尾	NANAO	16	116	1290
直江津	NAOETSU	16	116	1291
直岛	NAOSHIMA	16	116	1292
新潟东	NIGATA – HIGASHI	16	116	1293
新潟	NIIGATA	16	116	1294
新居滨	NIIHAMA	16	116	1295
大船渡	OFUNATO	16	116	1296
扇岛	OGISHIMA	16	116	1297
大分	OHITA	16	116	1298
大分	OITA	16	116	1299
御前崎	OMAEZAKI	16	116	1300
小名滨	ONAHAMA	16	116	1301
尾道	ONOMICHI	16	116	1302

港口中文名	港口英文名	航线	国别代码	港口代码
大阪	OSAKA	16	116	1303
小樽	OTARU	16	116	1304
尾鹫	OWASE	16	116	1305
留萌	RUMOI	16	116	1306
佐贺关	SAGANOSEKI	16	116	1307
佐伯	SAIKI	16	116	1308
界港	SAKAI	16	116	1309
阪出	SAKAIDE	16	116	1310
境港	SAKAIMINATO	16	116	1311
境港	SAKAIMINOTA	16	116	1312
酒田	SAKATA	16	116	1313
佐世保	SASEBO	16	116	1314
仙台	SENDAI	16	116	1315
饰磨	SHIKAMA	16	116	1316
清水	SHIMIZU	16	116	1317
下关	SHIMONOSEKI	16	116	1318
下津	SHIMOTSU	16	116	1319
盐斧	SHIOGAMA	16	116	1320
苏萨	SUSA（SOUSSE）	16	116	1321
洲崎	SUZAKI	16	116	1322
桔	TACHIBANA	16	116	1323
田子浦	TAGONOURA	16	116	1324
高松	TAKAMATSU	16	116	1325
托间	TAKUMA	16	116	1326
田边	TANABE	16	116	1327

续　表

港口中文名	港口英文名	航线	国别代码	港口代码
户烟	TOBATA	16	116	1328
东海	TOKAI	16	116	1329
德山	TOKUYAMA	16	116	1330
东京	TOKYO	16	116	1331
苫小牧	TOMAKOMAI	16	116	1332
富田	TONDA	16	116	1333
余丁纳	TOTTORI	16	116	1334
富山	TOYAMA	16	116	1335
富山新港	TOYAMA – SHINKO	16	116	1336
丰桥	TOYOHASHI	16	116	1337
津居山	TSUIYAMA	16	116	1338
津久见	TSUKUMI	16	116	1339
敦贺	TSURUGA	16	116	1340
鹤崎	TSURUSAKI	16	116	1341
宇部	UBE	16	116	1342
内浦	UCHIURA	16	116	1343
宇野	UNO	16	116	1344
宇野和玉野	UNO &TAMANO	16	116	1345
若松	WAKAMATSU	16	116	1346
和歌山	WAKAYAMA	16	116	1347
若松	WAKKANAI	16	116	1348
若松	YAHATA	16	116	1349
八代	YATSUAHIRO	16	116	1350
八代	YATSUSHIRO	16	116	1351
八幡	YAWATA	16	116	1352

港口中文名	港口英文名	航线	国别代码	港口代码
四日市	YOKKAICHI	16	116	1353
横滨	YOKOHAMA	16	116	1354
横须贺	YOKOSUKA	16	116	1355
神户	KOBE	16	116	1356
下关	SHIMONOSEKI	16	116	1357
新潟	NIIGATA	16	116	1358
亚喀巴	AQABA	5	117	1359
伊尔比德	IRBID	5	117	1360
纳布鲁斯	NABLUS	5	117	1361
科威特	KUWAIT	3	118	1362
米内艾哈迈迪	MENA – AL – AHMADI	3	118	1363
米纳阿卜杜拉	MENA ABDULLA	3	118	1364
米纳萨乌德	MENA SAUD	3	118	1365
舒艾巴	SHUAIBA	3	118	1366
科威特	SHUWAIKH	3	118	1367
万象	VIENTIANE	2	119	1368
贝鲁特	BEIRUT	6	120	1369
西顿	SIDON	6	120	1370
的黎波里	TRIPOLI	6	120	1371
特里特利	TRIPOLI	6	120	1372
中国澳门	MACAO	1	121	1373
中国澳门	MACAU	1	121	1374
巴卡皮	BAKAPIT	2	122	1375
比纳唐	BINATANG	2	122	1376
乔治市	GEORGE TOWN	2	122	1377

港口中文名	港口英文名	航线	国别代码	港口代码
柔弗巴鲁	JOHORE BAHRU	2	122	1378
甘马挽	KEMAMAN	2	122	1379
亚疵	KOTA KINABALU	2	122	1380
哥打基纳巴卢	KOTA KINABALU	2	122	1381
吉隆坡	KRISTIANSTAD N.	2	122	1382
克里斯蒂安松	KUCHING	2	122	1383
古晋	KUCHING	2	122	1384
古达	KUDAT	2	122	1385
库纳克	KUNAK	2	122	1386
拉布安	LABUAN	2	122	1387
拉阿德－达士	LAHAD DATU	2	122	1388
拉瓦斯	LAWAS	2	122	1389
林邦	LIMBANG	2	122	1390
林加	LINGGA	2	122	1391
米里	LUTONG	2	122	1392
马六甲	MALACCA	2	122	1393
米里	MIRI	2	122	1394
帕西古当	PASIR GUDANG	2	122	1395
槟城	PENANG	2	122	1396
乔治市	PENANG	2	122	1397
波德申	PORT DICKSON	2	122	1398
巴生港	PORT KELANG	2	122	1399
巴生港	PORT SWETTENHAM	2	122	1400

港口航线代码表（二）（1401－2069）

港口中文名	港口英文名	航线	国别代码	港口代码
普赖	PRAI	2	122	1401
山打根	SANDAKAN	2	122	1402
萨里克	SARIKEI	2	122	1403
塞京卡	SEJIGKAT	2	122	1404
森坡纳	SEMPORNA	2	122	1405
诗巫	SIBU	2	122	1406
斗湖	TAWAU	2	122	1407
特洛拉穆尼亚	TELOK RAMUNIA	2	122	1408
TG. MANIS	TG. MANIS	2	122	1409
拉布安	VICTORIA HARBOUR	2	122	1410
斗湖	WALLACE BAY	2	122	1411
马雷岛	MALE I.	3	123	1412
乌兰巴托	ULAANBAATAR	7	124	1413
乌兰巴托	ULANBATOR	7	124	1414
乌兰巴托	ULANBAATAR	7	124	1415
法哈勒港	MINA－AL－FAHAL	3	126	1416
加布斯港	PORT QABOOS	3	126	1417
卡拉奇	KARACHI	3	127	1418
耶路撒冷	JERUSALEM	3	128	1419
利达	LYDDA	3	128	1420
阿什杜德	ASHDOD	6	128	1421
阿巴里	APARRI	2	129	1422
碧瑶	BAGUIO	2	129	1423
八打雁	BATANGAS	2	129	1424
比斯利格	BISLIG BAY	2	129	1425

港口中文名	港口英文名	航线	国别代码	港口代码
保和	BOHOL	2	129	1426
布瓦杨	BUAYAN	2	129	1427
宿务	CEBU	2	129	1428
卡加延德寨多	CAGAYAN DE ORO	2	129	1429
达沃	DAVAO	2	129	1430
杜马格特	DUMAGUETE	2	129	1431
吉马腊斯	GUIMARAS	2	129	1432
伊利甘	ILIGAN	2	129	1433
伊洛伊洛	ILOILO	2	129	1434
怡朗	ILOILO	2	129	1435
伊萨贝拉	ISABELA	2	129	1436
和乐	JOLO	2	129	1437
何塞帕尼加尼万	JOSE PANGANIBAN	2	129	1438
黎牙实比	LEGASPI	2	129	1439
吕宋岛	LUZON I.	2	129	1440
马尼拉	MANILA	2	129	1441
马辛洛克	MASINLOC	2	129	1442
民多罗岛	MINAORO I.	2	129	1443
棉兰老岛	MINDANAO I.	2	129	1444
班乃岛	PANAY I.	2	129	1445
普临塞萨港	PUERTO PRINCESSA	2	129	1446
浦鲁帕腾	PULUPANDAN	2	129	1447
奎松城	QUEZON CITY	2	129	1448
萨马岛	SAMAR I.	2	129	1449
圣弗尔南多	SAN FERNABDO	2	129	1450

续　表

港口中文名	港口英文名	航线	国别代码	港口代码
桑义	SANGI	2	129	1451
塔巴科	TABAO	2	129	1452
塔克洛班	TACLOBAN	2	129	1453
坦多克	TANDOC	2	129	1454
桑义	TOLEDO	2	129	1455
伊洛伊洛	YLOILO	2	129	1456
三宝颜	ZAMBOANGA	2	129	1457
多哈	DOHA	3	130	1458
乌姆赛义德	UMMSAIB	3	130	1459
AL JUBAIL	AL JUBAIL	3	131	1460
AL – JUBAIL	AL – JUBAIL	3	131	1461
布赖代	BURAYDAH	3	131	1462
达曼	DAMMAM	3	131	1463
吉达	JEDDAN	3	131	1464
吉达	JIDDA	3	131	1465
JUBAIL	JUBAIL	3	131	1466
JUBALL	JUBALL	3	131	1467
麦加	MAKKAH	3	131	1468
麦加	MECCA	3	131	1469
利雅得	RIYADH	3	131	1470
廷布	YENBO	3	131	1471
普劳布科姆	PULAU BUKOM	2	132	1472
普劳艾亚却文	PULO AYER CHAWEN	2	132	1473
普劳梅里茅	PULO BUKOM	2	132	1474
普劳萨巴洛克	PULO MERLIMAU	2	132	1475

港口中文名	港口英文名	航线	国别代码	港口代码
普劳萨巴洛克	PULO SEBAROK	2	132	1476
新加坡	SINGAPORE	2	132	1477
新加坡	TANJONG PAGAR	2	132	1478
丹戎彭尤鲁	TANJONG PENJURU	2	132	1479
釜山	BUSAN	1	133	1480
群山	GUNZAM	1	133	1481
仁川	INCHON	1	133	1482
马山	MASAN	1	133	1483
镇海	CHINHAE	1	133	1484
木蒲	MOPPO	1	133	1485
蒲项	POHANG	1	133	1486
尉山	ULSAN	1	133	1487
丽水	YOSU	1	133	1488
科伦坡	COLOMBO	3	134	1489
加勒	GALLE	3	134	1490
亭可马里	TRINCOMALEE	3	134	1491
巴尼亚斯	BANIYAS	6	135	1492
大马士革	DAMASCUS	6	135	1493
拉塔基亚	LATTAKIA	6	135	1494
塔尔图斯	TARTOUS	6	135	1495
AYUTTHSYA	AYUTTHSYA	2	136	1496
曼谷	BANGKOK	2	136	1497
北大年	PATTANI	2	136	1498
普吉	PHUKET	2	136	1499
萨塔西普	SATTAHIP	2	136	1500

续 表

港口中文名	港口英文名	航线	国别代码	港口代码
是拉差	SIRACHA	2	136	1501
宋卡	SONGKHLA	2	136	1502
阿达比亚	ADABIYA	6	137	1503
伊斯肯德伦	ALEXANDRETTA	6	137	1504
阿马斯腊	AMASRA	6	137	1505
安塔利亚	ANTALYA	6	137	1506
班德尔马	BANDIRMA	6	137	1507
地里斯凯里斯	DELISKELESI	6	137	1508
德林斯	DERINCE	6	137	1509
埃雷利	EREGLI	6	137	1510
法察	FATSA	6	137	1511
吉勒安	GIRESUN	6	137	1512
格姆利克	GEMLIK	6	137	1513
海达尔帕夏	HAYDARPASA	6	137	1514
霍帕	HOPA	6	137	1515
伊内博卢	INEBOLU	6	137	1516
伊斯肯德伦	ISKENDERUN	6	137	1517
伊斯坦布尔	ISTANBUL	6	137	1518
伊兹密尔	IZMIR	6	137	1519
卡拉	KARADENIZEREGLISI	6	137	1520
开塞利	KAYSERI	6	137	1521
马尔马里斯	MARMARIS	6	137	1522
梅尔辛	MERSIN	6	137	1523
穆坦尼亚	MUDANYA	6	137	1524
奥陶	ORDU	6	137	1525

港口中文名	港口英文名	航线	国别代码	港口代码
里泽	RIZE	6	137	1526
萨姆松	SAMSUN	6	137	1527
锡诺普	SINOP	6	137	1528
伊兹密尔	SMYRNA	6	137	1529
特基尔达	TEKIRDAG	6	137	1530
提雷博卢	TIREBOLU	6	137	1531
特拉帕尼	TREBIZOND	6	137	1532
特拉布松	TRABZON	6	137	1533
温耶	UNYE	6	137	1534
埃雷利	UZUNKUM	6	137	1535
澳纳	VONA	6	137	1536
宗古尔达克	ZONGULBAK	6	137	1537
宗古尔达克	ZONGULDAK	6	137	1538
阿布扎比	ABU DHABI	3	138	1539
达斯岛	DAS I.	3	138	1540
达斯岛	BAA	3	138	1541
达斯岛	IALAND	3	138	1542
迪拜	DUBAI	3	138	1543
杰贝力赞纳	JEBAL DHANNA	3	138	1544
丹戎不碌	JEBEL DHANNA	3	138	1545
沙迦	SHARJAH	3	138	1546
荷台达	HODEIDAH	5	139	1547
萨那	SANA	5	139	1548
亚丁	ADEN	5	140	1549
木卡拉	MUKALLA	5	140	1550

港口中文名	港口英文名	航线	国别代码	港口代码
索哥德拉	SOCOTYA	5	140	1551
岘港	DANANG	1	141	1552
河内	HA NOI	1	141	1553
海防	HAIPHONG	1	141	1554
鸿基	HONGAY	1	141	1555
老街	LAO CAI	1	141	1556
锦普港	PORT CAMPHA	1	141	1557
胡志明市	HU ZH MIN	1	141	1558
西贡	SAIGON	1	141	1559
高雄	KAOHSIUNG	1	143	1560
基隆	KEELUNG	1	143	1561
阿尔及尔	ALGIERS	8	201	1562
安纳巴	ANNABA	8	201	1563
阿尔泽	ARZEW	8	201	1564
贝贾亚	BEJAJA	8	201	1565
贝贾亚	BOUGIE	8	201	1566
贝尼萨夫	BENI – SAF	8	201	1567
安纳巴	BONA（ANNABA）	8	201	1568
贝贾亚	BOUGIE（BEJAIA）	8	201	1569
BREIRA	BREIRA	8	201	1570
德利斯	DELLYS	8	201	1571
吉杰利	DJIDJELLI	8	201	1572
穆斯塔加奈	MOSTAGANEM	8	201	1573
奈穆尔	NEMOUYS	8	201	1574
奥兰	ORAN	8	201	1575

港口中文名	港口英文名	航线	国别代码	港口代码
斯基克达	PHILIPPEVILLE	8	201	1576
布赖拉港	PORT BREIRA	8	201	1577
加扎乌埃特	PORT GHAZAOUET	8	201	1578
圭敦港	PORT GUEYDON	8	201	1579
凯拉赫港	PORT KELAH	8	201	1580
塞港	PORT SAY	8	201	1581
斯基克达	SKIKDA	8	201	1582
洛比托	LOBITO	8	202	1583
罗安达	LUANDA	8	202	1584
莫卡梅德斯	MOCAMEDES	8	202	1585
木萨米迪什	MOSSAMEDES	8	202	1586
新里东杜	NOVO REDONDO	8	202	1587
安博因港	PORTO AMBOIM	8	202	1588
亚历山大港	PORTO ALEXANDRE	8	202	1589
科托努	COTONOU	8	203	1590
科托努	KOTONU	8	203	1591
波格诺伏	PORTO NOVO	8	203	1592
杜阿拉	DOUALA	8	206	1593
		76	776	1594
梯科	TIKO	8	206	1595
雅温得	YAOUNDE	8	206	1596
阿雷西费	ARRECIFE	8	207	1597
拉斯帕耳马斯	LAS PALMAS	8	207	1598
拉萨利内塔	LA SALINETA	8	207	1599
圣克鲁斯	TENERIFE	8	207	1600

续 表

港口中文名	港口英文名	航线	国别代码	港口代码
明德卢	MINDELO	8	208	1601
波多格兰德	PORTO GRANDE	8	208	1602
格兰德港	ST. VINCENT CAPE VERD	8	208	1603
ATI	ATI	0	211	1604
昂儒昂岛	ANJOUAN ISLAND	5	212	1605
莫埃利岛	MOHELI ISLAND	5	212	1606
丰博尼	FOMBONI	5	212	1607
木察木杜	MUTSAMUDU	5	212	1608
莫罗尼	MORONI	5	212	1609
黑角	POINTE NOIRE	8	213	1610
奥博克	OBOCK	5	214	1611
塔朱拉	TADJOURA	5	214	1612
阿布泽尼马	ABOU ZENIMA	6	215	1613
阿布泽尼马	ADOU ZENIMA	6	215	1614
亚历山大	ALEXANDRIA	6	215	1615
达米亚特	DAMIETTA	5	215	1616
库赛尔	KOSSEIR	5	215	1617
易卜拉辛姆港	PORT IBRAHIM	5	215	1618
伊斯梅利亚	ISMAILIA	5	215	1619
塞得港	PORT SAID	6	215	1620
萨法贾	SAFAGA	5	215	1621
苏伊士	SUEZ	5	215	1622
苏伊士运河	SUEZ CANAL	5	215	1623
瓦迪－费兰	WADI FEIRAN	5	215	1624
赛卢姆	SALUM	6	215	1625

港口中文名	港口英文名	航线	国别代码	港口代码
圣卡尔洛斯	SAN CARLOS	8	216	1626
圣伊萨贝尔	SANTA ISABEL	8	216	1627
里奥白尼托	RLO BENITO	8	216	1628
阿萨布	ASSAB	5	217	1629
马萨瓦	MASSAWA	5	217	1630
蒂奥	THIO	5	217	1631
让提尔港	PORT GENTIL	8	218	1632
利伯维尔	LIBREVILLE	8	218	1633
马永巴	MAYUMBA	8	218	1634
奥温多	OWENDO	8	218	1635
班珠尔	BANJUI	8	219	1636
阿达	ADDA	8	220	1637
海岸角	CAPE COAST	8	220	1638
温尼亚	WINNEBA	8	220	1639
阿克拉	ACCRA	8	220	1640
塔科腊迪	TAKORADI	8	220	1641
特马	TEMA	8	220	1642
本蒂	BENTY	8	221	1643
科纳克里	CONAKRY	8	221	1644
科纳克里	CONAKRI	8	221	1645
维多利亚	VICTORIA	8	221	1646
比绍	BISSAO	8	222	1647
博拉马	BOLAMA	8	222	1648
布巴克	BUBAQUE	8	222	1649
卡谢乌	CACHEO	8	222	1650

续 表

港口中文名	港口英文名	航线	国别代码	港口代码
阿比让	ABIDJAN	8	223	1651
布埃港	PORT BOUET	8	223	1652
萨散德腊	SASSANDRA	8	223	1653
弗雷斯哥	FRESCO	8	223	1654
大巴萨姆	GRAND BASSAM	8	223	1655
拉穆	LAMU	5	224	1656
马林迪	MALINDI	5	224	1657
蒙巴萨	MOMBASA	5	224	1658
内罗毕	NAIROBI	5	224	1659
布坎南	BUCHANAN	6	225	1660
HARPER C.	HARPER C.	8	225	1661
下布坎南	LOWER BUCHANAN	8	225	1662
马绍尔	MARSHALL	8	225	1663
蒙罗维亚	MONROVIA	8	225	1664
帕尔马斯角	CAPE PALMAS	8	225	1665
班加西	BENGHAII	6	226	1666
卜富加港	MARSA EL BREGA	6	226	1667
托卜鲁克	TOBRUK	6	226	1668
余丁纳	ZUEITINA	6	226	1669
巴尔迪亚	BARDIA	6	226	1670
德尔纳	DERNA	6	226	1671
米苏拉塔	MISURATA	6	226	1672
拉斯拉努夫	RAS LANUF	6	226	1673
的黎波里	TRIPOLI	6	226	1674
马任加	MAJUNGA	5	227	1675

港口中文名	港口英文名	航线	国别代码	港口代码
马南扎里	MANANJARY	5	227	1676
努西贝	NOSSI – BE	5	227	1677
塔那那利佛	TANANARIVE	5	227	1678
图莱亚尔	TOLEARY	5	227	1679
图莱亚尔	TULEAR	5	227	1680
多凡堡	FORT DAUPHIN	5	227	1681
多凡堡	TOLAGNARO	5	227	1682
迪耶里－苏瓦雷斯	DIEGO SUAREI	5	227	1683
迪耶里－苏瓦雷斯	ANTSIRANANA	5	227	1684
利隆圭	LILONGWE	5	228	1685
凯斯	KAYES	5	229	1686
塞古	SEGOU	6	229	1687
锡卡索	SIKASSO	6	229	1688
廷巴克图	TIMBUKTU	6	229	1689
努瓦迪布	NOUADHIBOU	8	230	1690
努瓦克肖特	NOUAKCHOTT	8	230	1691
路易港	PORT LOUIS	5	231	1692
阿加迪尔	AGANA	8	232	1693
克尼特拉	KENITRA	8	232	1694
勒拉柴	LARACHE	8	232	1695
马尔提勒	MARTIL	8	232	1696
伊萨奥伊拉	MOGADOR	8	232	1697
穆哈默迪亚	MOHAMMEDIA	8	232	1698
克尼特拉	PORT LYAUTEY	8	232	1699
RIO MARTIN	RIO MARTIN	8	232	1700

港口中文名	港口英文名	航线	国别代码	港口代码
萨非	SAFI	8	232	1701
丹吉尔	TANJONG MANI	8	232	1702
马尔提勒	TETUAN	8	232	1703
贝拉	BEIRA	5	233	1704
伊尼亚巴内	INHAMBANE	5	233	1705
洛伦索－马贵斯	LOURENCO MARQUES	5	233	1706
马普托	MAPUTO	5	233	1707
杰迪达	MAZAGAN	5	233	1708
莫三鼻给	MOZAMBIQUE	5	233	1709
纳卡拉	NACALA	5	233	1710
阿梅利亚港	PORTO AMELIA	5	233	1711
克里马内	QUELIMANE	5	233	1712
钦德	CHINDE	5	233	1713
奥兰治蒙德	ORANJEMUND	8	234	1714
卢得立次	LUDERITZ	8	234	1715
沃尔维斯港	WALVIS BAY	8	234	1716
鲸港	WALVIS BAY	8	234	1717
温得和克	WINDHOEK	8	234	1718
阿加德兹	AGADEZ	6	235	1719
尼亚美	NIAMEY	6	235	1720
津德尔	ZINDER	6	235	1721
德格马	ABONNEMA	8	236	1722
阿帕帕	APAPA	8	236	1723
德格马	DEGEMA	8	236	1724
IDDO	IDDO	8	236	1725

港口中文名	港口英文名	航线	国别代码	港口代码
科科	KOKO	8	236	1726
拉格斯	LAGOS	8	236	1727
奥克里卡	OKRIKA	8	236	1728
萨佩莱	SAPELE	8	236	1729
华里	WARRI	8	236	1730
博尼	BONNY	8	236	1731
卡拉巴尔	CALABAR	8	236	1732
哈尔科特港	PORT HARCOURT	8	236	1733
圣但尼	ST. DENIS	5	237	1734
普安特德加莱	POINTE DES GALETS	5	237	1735
圣多美	SAO TOME	8	239	1736
丰迪乌涅	FOUNDIOUGNE	8	240	1737
圣路易斯	ST. LOUIS	8	240	1738
达喀尔	DAKAR	8	240	1739
考拉克	KAOLACK	8	240	1740
济甘肖尔	ZIGUINCHOR	8	240	1741
维多利亚港	PORT VICTORIA	8	241	1742
波必尔	PEPEL	8	242	1743
歇尔布罗	SHERBYO	8	242	1744
邦特	BONTHE	8	242	1745
弗里敦	FREETOWN	8	242	1746
柏培拉	BERBERA	5	243	1747
基斯马由	KISMAYU	5	243	1748
摩加迪沙	MAGADISCIO	5	243	1749
马尔卡	MERCA	5	243	1750

港口中文名	港口英文名	航线	国别代码	港口代码
莫格迪绍	MOGADISCIO	5	243	1751
德班	DURBAN	5	244	1752
约翰内斯堡	JOHANNESBURG	8	244	1753
开普敦	COPE TOWN	8	244	1754
东伦敦	EAST LONDON	5	244	1755
伊丽莎白港	PORT ELIZABETH	5	244	1756
诺洛斯港	PORT NOLLOTH	8	244	1757
西蒙斯敦	SIMONSTOWN	8	244	1758
锡兹内罗斯城	VILLA CISNEROS	8	245	1759
萨瓦金	SUAKIN	5	246	1760
苏丹港	PORT SUDAN	5	246	1761
达累斯萨拉姆	DAR – ES – SALAAM	5	247	1762
基尔瓦基文杰	KILWA KIVINJE	5	247	1763
基尔瓦玛索科	KILWA MASOKO	5	247	1764
林迪	LINDI	5	247	1765
姆特瓦拉	MTWARA	5	247	1766
潘加尼	PANGANI	5	247	1767
奔巴岛	PEMBA ISLAND	5	247	1768
坦噶	TANGA	5	247	1769
桑给巴尔	ZABZIBAR	5	247	1770
洛美	LOME	6	248	1771
阿内乔	ANECHO	8	248	1772
小波波	LITTLE POPO	8	248	1773
比塞大	BIZERTA	6	249	1774
加贝斯	GABES	6	249	1775

港口中文名	港口英文名	航线	国别代码	港口代码
拉古莱特	LA GOUIETTE	6	249	1776
拉斯基拉	LA SKHIRRA	6	249	1777
斯法克斯	SFAX	6	249	1778
苏斯	SOUSSE	6	249	1779
苏萨	SUSA	6	249	1780
突尼斯	TUNIS	6	249	1781
巴纳纳	BANANA	8	252	1782
博马	BOMA	8	252	1783
马塔迪	NATADI	8	252	1784
恩多拉	NDOLA	8	253	1785
德尔加达港	PONTA DELGADA	6	299	1786
安特卫普	ANTWERP	6	301	1787
布鲁日	BRUGES	6	301	1788
布鲁塞尔	BRUSSELS	6	301	1789
根特	GHENT	6	301	1790
列日	LIEGE	6	301	1791
尼乌波特	NIEUPORT	6	301	1792
奥斯坦德	OSTEND	6	301	1793
泽不腊赫	ZEEBRUGGE	6	301	1794
奥本罗	AABENRAA	6	302	1795
奥尔堡	AALBORG	6	302	1796
奥尔胡斯	AARHUS	6	302	1797
埃勒斯克平	AEROSKOBING	6	302	1798
阿林格	ALLINGE	6	302	1799
阿斯尼斯	ASNAES	6	302	1800

港口中文名	港口英文名	航线	国别代码	港口代码
阿森斯	ASSENS	6	302	1801
班德霍尔姆	BANDHOLM	6	302	1802
博根塞	BOGENSE	6	302	1803
哥本哈根	COPENHAGEN	6	302	1804
卡隆堡	ESSO OIL PIER	6	302	1805
哈梅哈夫楠	HAMMERHAVEN	6	302	1806
哈斯勒	HASLE	6	302	1807
赫尔辛格	HELSINGOR	6	302	1808
希次哈尔斯	HIRTSHALS	6	302	1809
霍布罗	HOBRO	6	302	1810
霍尔贝克	HOLBAEK	6	302	1811
霍尔森斯	HORSENS	6	302	1812
卡隆堡	KALUNDBORG	6	302	1813
卡雷贝克斯明德	KARREBAEKSMINDE	6	302	1814
凯特米纳	KERTEMINDE	6	302	1815
克拉克斯维克	KLAKKSVIK	6	302	1816
克耶	KOGE	6	302	1817
科尔灵	KOLDING	6	302	1818
科尔塞	KORSOR	6	302	1819
金比	KYNDBY	6	302	1820
累姆维	LEMVIG	6	302	1821
马里耶尔	MARIAGER	6	302	1822
马斯内多韦尔凯特港	MASNEDOWVAERKET HARB	6	302	1823
伏尔丁堡南港	MASNEDSUND	6	302	1824
米德尔法特	MIDDELFART	6	302	1825

港口中文名	港口英文名	航线	国别代码	港口代码
讷斯特弗德	NAESTVED	6	302	1826
纳克斯考	NAKSKOV	6	302	1827
讷克塞	NEXO	6	302	1828
尼堡	NYBORG	6	302	1829
尼克宾	NYKOBING, MORS	6	302	1830
尼克宾	NYKOBING, SJAELLAND	6	302	1831
欧登塞	ODENSE	6	302	1832
恩舍尔兹维克	ORNSKOLDSVIK	6	302	1833
谢累夫斯科尔	ORVIKEN	6	302	1834
朴次茅斯	PORTSMOUTH	6	302	1835
勒讷	RONNE	6	302	1836
ROSBYHAVN	ROSBYHAVN	6	302	1837
吐伯堡	RUBORG HAVN	6	302	1838
鲁德克丙	RUDKOBING	6	302	1839
萨格斯科宾	SAKSKOBING	6	302	1840
斯卡晏	SKAGEN HARBOUR	6	302	1841
斯凯尔斯科尔	SKELSKOR	6	302	1842
斯基沃	SKIVE	6	302	1843
森讷堡	SONDERBORG	6	302	1844
斯代厄	STEGE	6	302	1845
吉尔夫哈文	STIGNAES	6	302	1846
斯特鲁尔	STRUER	6	302	1847
斯图伯克宾	STUBBEKOBING	6	302	1848
斯瓦内克	SVANEKE	6	302	1849
斯文堡	SVENDBORG	6	302	1850

续　表

港口中文名	港口英文名	航线	国别代码	港口代码
提斯特德	THISTED	6	302	1851
托尔斯港	THORSHAVN	6	302	1852
特沃罗伊尔	TVOROYRI	6	302	1853
瓦古尔	VAGUR	6	302	1854
怀勒	VEJLE	6	302	1855
韦斯特马纳	VESTMANHAVN	6	302	1856
伏尔丁堡南港	VORDINGBORG SYDHAVN	6	302	1857
沃斯托克岛	VOSTOK I.	6	302	1858
阿伯丁	ABERDEEN	6	303	1859
阿伯杜尔	ABERDOUR	6	303	1860
阿伯多维	ABERDOVEY	6	303	1861
沃耳德尼岛	ALDERNEY0 I.	6	303	1862
阿尔赫西拉斯	ALGECIRAS	6	303	1863
阿姆卢赫	AMLWCH	6	303	1864
AMNLE	AMNLE	6	303	1865
安德顿德波	ANDERTON DEPOT	6	303	1866
安纳隆	ANNALONG	6	303	1867
安南	ANNAN	6	303	1868
安斯特鲁瑟	ANSTRUTHER	6	303	1869
阿普尔多尔	APPLEDORE	6	303	1870
阿布罗思	ARBROATH	6	303	1871
阿德格拉斯	ARDGLASS	6	303	1872
阿德里希格	ARDRISHAIG	6	303	1873
埃房默斯	AVONMOUTH	6	303	1874
埃尔	AYR	6	303	1875

港口中文名	港口英文名	航线	国别代码	港口代码
BALFAST	BALFAST	6	303	1877
巴金	BARKING	6	303	1878
巴尔默斯	BARMOUTH	6	303	1879
巴恩斯特普尔	BARNSTAPLE	6	303	1880
巴罗	BARROW – IN – FURNESS	6	303	1881
BATSKARSNAS	BATSKARSNAS	6	303	1882
博马里斯	BEAUMARIS	6	303	1883
贝尔波特	BELLPORT	6	303	1884
伯明翰	BERMINGHAM	6	303	1885
特威德河畔伯里克	BERWLCK – UPON – TWEED	6	303	1886
比德福德	BIDEFORD	6	303	1887
伯尔黑德	BIRKENHEAD	6	303	1888
伯明翰	BIRMINGHAM	6	303	1889
布来恩	BLYTH	6	303	1890
波士顿	BOSTON	6	303	1891
博林	BOWLING	6	303	1892
布里奇沃特	BRIDGWATER	6	303	1893
布里德林顿	BRIDLINGTON	6	303	1894
布里德波特	BRIDPORT	6	303	1895
布里斯托尔	BRISTOL	6	303	1896
尼思	BRITON FERRY	6	303	1897
布里克萨姆	BRIXHAM	6	303	1898
布朗巴勒港	BROMBOROUGH DOCK	6	303	1899
BRRAY DOCKS	BRRAY DOCKS	6	303	1900
巴基	BUCKIE	6	303	1901

港口中文名	港口英文名	航线	国别代码	港口代码
布德	BUDE	6	303	1902
伯格黑德	BURGHEAD	6	303	1903
卡那封	CAERNARVON	6	303	1904
喀利多尼亚运河	CALEDONIAN CANAL	6	303	1905
坎普尔敦	CAMPBELTOWN	6	303	1906
加的夫	CARDIFF	6	303	1907
卡恩拉夫	CARNLOUGH	6	303	1908
卡里克费格斯	CARRICKFERGUS	6	303	1909
查理斯顿	CHARLESTOWN	6	303	1910
克来德波特	CLYDE PORT	6	303	1911
科耳切斯特	COLCHESTER	6	303	1912
康纳码头	CONNAH'QUAY	6	303	1913
科尔帕奇－喀里多尼亚	CORPACH – CALEDO – NIAN	6	303	1914
考斯	COWES	6	303	1915
克赖根多兰	CRAIGENDORAN	6	303	1916
克里南运河	CRINAN CANAL	6	303	1917
戴根纳姆	DAGENHAM DOCK	6	303	1918
达特默思	DARTMOUTH	6	303	1919
迪甘韦港	DEGANWY QUAY	6	303	1920
多费尔	DOVER	6	303	1921
道格拉斯	DOUGIAS	6	303	1922
当斯	DOWNS	6	303	1923
达姆夫里斯	DUMFRIES	6	303	1924
当巴尔	DUNBAR	6	303	1925

港口中文名	港口英文名	航线	国别代码	港口代码
丹迪	DUNDEE	6	303	1926
达农	DUNOON	6	303	1927
EDINBURGH	EDINBURGH	6	303	1928
埃克塞特	EXETER	6	303	1929
埃克斯默斯	EXMOUTH	6	303	1930
艾默斯	EYEMOUTH	6	303	1931
法耳默斯	FALMOUTH	6	303	1932
芳纳特	FINNART	6	303	1933
菲什加德	FISHGUARD	6	303	1934
威廉港	FORT WILLIAM	6	303	1935
福恩港	FORTH PORTS	6	303	1936
格拉斯哥	GLASGOW	6	303	1937
大雅茅斯	GREAT YARMONTH	6	303	1938
格里诺克	GREENOCR	6	303	1939
哈特耳普耳	HARTLEPOOL	6	303	1940
哈里季	HARWICH	6	303	1941
海尔	HAYLE	6	303	1942
海舍姆	HEYSHAM	6	303	1943
霍利黑德	HOLYHEAD	6	303	1944
赫尔	HULL	6	303	1945
伊夫腊库姆	ILFRACOMBE	6	303	1946
伊明翰	IMMINGHAM	6	303	1947
因弗果尔登	INVERGORDON	6	303	1948
因沃内斯	INVERNESS	6	303	1949
伊普斯威奇	IPSWICH	6	303	1950

港口中文名	港口英文名	航线	国别代码	港口代码
欧文	IRVINE	6	303	1951
梅希略内斯	ISLE OF GRAIN	6	303	1952
曼岛	ISLE OF MAN	6	303	1953
艾泽耳沃思	ISLEWORTH	6	303	1954
太恩	JARROW483	6	303	1955
圣墨利厄尔	JERSEY	6	303	1956
基尔基尔	KILKEEL	6	303	1957
金斯林	KING'S LYNN	6	303	1958
福思港	KIRKCALDY	6	303	1959
科克沃耳	KIRKWALL	6	303	1960
凯耳	KYLE OF LOCHALSH	6	303	1961
米德尔斯布勒	LACKENBY	6	303	1962
兰卡斯特	LANCASTER	6	303	1963
拉格兹	LARGS	6	303	1964
拉恩	LARNE	6	303	1965

例1：大连某粮油进出口公司从美国进口一批大豆，从纽约直接运抵大连。

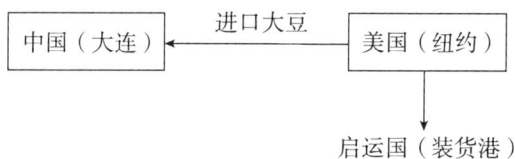

大连某服装进出口公司向日本出口一批服装，从大连直接运抵大阪。

例2：大连某粮油进出口公司从美国进口一批大豆，从纽约装运，经新加坡转船运抵大连。

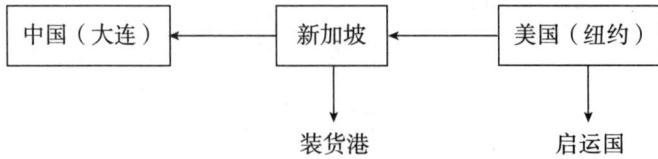

```
┌──────────┐      ┌────────┐      ┌──────────┐
│ 中国（大连） │◄─────│ 新加坡  │◄─────│ 美国（纽约） │
└──────────┘      └────────┘      └──────────┘
                      │                 │
                      ▼                 ▼
                   装货港              启运国
```

大连某服装进出口公司向日本出口一批服装，从大连装运，经香港转船运抵大阪。

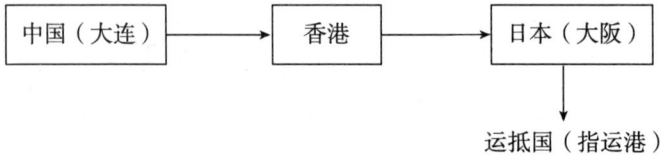

```
┌──────────┐      ┌────────┐      ┌──────────┐
│ 中国（大连） │─────►│  香港  │─────►│ 日本（大阪） │
└──────────┘      └────────┘      └──────────┘
                                        │
                                        ▼
                                  运抵国（指运港）
```

例3：大连某粮油进出口公司与新加坡某公司签约进口一批大豆，从美国纽约装运，经新加坡中转运抵大连。

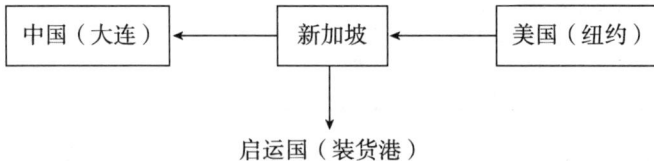

```
┌──────────┐      ┌────────┐      ┌──────────┐
│ 中国（大连） │◄─────│ 新加坡  │◄─────│ 美国（纽约） │
└──────────┘      └────────┘      └──────────┘
                      │
                      ▼
                启运国（装货港）
```

大连某服装进出口公司与香港某公司签约出口一批服装，从大连装运，经香港中转运抵日本大阪。

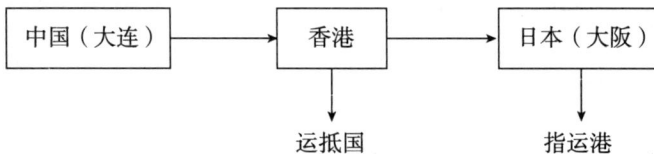

```
┌──────────┐      ┌────────┐      ┌──────────┐
│ 中国（大连） │─────►│  香港  │─────►│ 日本（大阪） │
└──────────┘      └────────┘      └──────────┘
                      │                 │
                      ▼                 ▼
                   运抵国             指运港
```

二十一、境内目的地/境内货源地

境内目的地，填报已知的进口货物在国内的消费、使用地或最终运抵地，其中最终运抵地为最终使用单位所在的地区。最终使用单位难以确定的，填报货物进口时预知的最终收货单位所在地。

境内货源地，填报出口货物在国内的产地或原始发货地。出口货物产地难以确定的，填报最早发运该出口货物的单位所在地。

本栏目按海关规定的《国内地区代码表》，选择填报相应的国内地区名称及代码。

国内地区代码表

代码	名称	代码	名称	代码	名称
11019	东城区	11049	宣武区	11063	北京丰台科技园区
11083	北京海淀科技园区	11109	房山	11123	北京昌平科技园区
11133	北京亦庄科技园区	11159	怀柔	11189	密云
12029	河东区	12049	南开区其他	12072	天津经济技术开发区
12079	塘沽区其他	12109	东丽区	12139	北辰区
12169	静海县	12909	天津其他	13029	唐山
13049	邯郸	13069	保定其他	13099	沧州
13129	武安	14013	太原高新技术产业开发	14039	阳泉
14069	朔州	14099	吕梁	14129	运城
15019	呼和浩特	15039	乌海	15069	满洲里
15099	兴安盟	15129	伊克昭盟	15909	内蒙古其他
21019	沈阳其他	21024	大连大窑湾保税区	21033	鞍山高新技术产业开发
21059	本溪	21089	营口	21119	盘锦
21149	锦西	21179	兴城	21209	开源
22013	长春南湖 - 南岭新技术	22029	吉林其他	22059	通化
22079	珲春	22109	延边	22139	集安
22169	蛟河	23013	哈尔滨高技术开发区	23039	鸡西

代码	名称	代码	名称	代码	名称
23063	大庆高新技术产业开发区	23089	佳木斯	23119	黑河
23149	绥化	23179	同江	23209	密山
31029	南市	31049	徐汇其他	31069	静安
31099	虹口	31119	闵行其他	31159	川沙
31185	上海松江出口加工区	31209	青浦	31224	上海外高桥保税区
31909	上海其他	32023	无锡高新技术产业开发区	32043	常州高新技术产业开发区
32053	苏州高新技术产业开发区	32062	南通经济技术开发区	32079	连云港其他
32109	扬州	32139	仪征	32159	张家港其他
32189	丹阳	32219	淮安	32239	昆山
32269	太仓市	33013	杭州高新技术产业开发区	33022	宁波经济技术开发区
33032	温州经济技术开发区	33059	湖州	33089	衢州
33119	台州	33149	兰溪	33179	江山
33209	慈溪	33239	黄岩	34019	合肥其他
34039	蚌埠	34069	淮北	34099	黄山
34129	滁州	34159	巢湖	34909	安徽其他
35014	福建马尾保税区	35023	厦门火炬高技术产业开发区	35029	厦门其他
35059	泉州	35089	宁德	35119	石狮
36019	南昌其他	36049	九江	36079	赣州
36109	吉安	36909	江西其他	37022	青岛经济技术开发区

代码	名称	代码	名称	代码	名称
37029	青岛其他	37049	枣庄	37065	山东烟台出口加工区
37079	潍坊其他	37103	威海火炬高技术产业开发区	37119	日照
37149	聊城	37179	青州	37209	莱芜
37239	诸城	37269	文登	37299	平度
41019	郑州其他	41039	洛阳其他	41069	鹤壁
41099	濮阳	41129	三门峡	41159	驻马店
41189	义马	41219	禹州	41249	泌阳
42013	武汉东湖新技术开发区	42029	黄石	42059	宜昌
42079	鄂州	42109	孝感	42139	郧阳
42169	老河口	42909	湖北其他	43023	株洲高新技术产业开发区
43049	衡阳	43079	常德	43109	娄底
43139	怀化	43169	湘乡	43199	津市
44013	广州天河高新技术产业开发区	44019	广州其他	44033	深圳科技工业园
44039	深圳其他	44044	珠海保税区	44054	汕头保税区
44069	佛山其他	44089	湛江其他	44133	惠州高新技术产业开发区
44159	汕尾	44189	清远	44209	中山其他
44239	番禺	44909	广东其他	45029	柳州
45049	梧州	45079	百色	45109	凭祥
45139	贵港市	45169	贺州地区	46013	海南国际科技园区
46901	海南其他	50029	涪陵区	50059	江北区
50079	九龙坡区	50099	北碚区	50125	重庆出口加工区

代码	名称	代码	名称	代码	名称
50219	长寿县	50249	铜梁县	50279	壁山县
50309	丰都县	50339	忠县	50369	奉节县
50429	酉阳土家族苗族自治县	50829	合川市	51012	成都经济技术开发区
51019	成都其他	51059	泸州	51079	绵阳其他
51109	内江	51159	南充	51189	阿坝
51229	广汉	51259	峨眉山	52019	贵阳其他
52049	铜仁	52079	安顺	52909	贵州其他
53029	东川	53059	楚雄	53089	文山
53119	大理	53149	丽江	53179	临沧
53209	河口	54029	昌都	54059	那曲
54909	西藏其他	61029	铜川	61043	杨陵农业新技术示范区
61069	汉中	61099	延安	62013	兰州宁卧庄新技术产业开发区
62039	金昌	62069	酒泉	62099	定西
62129	庆阳	62909	甘肃其他	63039	海北
63069	果洛	63909	青海其他	64039	银南
65012	乌鲁木齐经济技术开发区	65029	克拉玛依	65059	阿克苏
65089	和田	65119	阿勒泰	65219	吐鲁番
11029	西城区	11053	北京电子城科技园区	11069	丰台区
11089	海淀区其他	11115	北京天竺出口加工区	11129	昌平
11139	大兴其他	11169	平谷	11909	北京其他

代码	名称	代码	名称	代码	名称
12039	河西区	12059	河北区	12074	天津港保税区
12089	汉沽区	12119	西青区	12149	宁河县
12179	宝坻县	13013	石家庄高新技术产业开发区	13032	秦皇岛经济技术开发区
13059	邢台	13079	张家口	13109	廊坊
13909	河北其他	14019	太原其他	14049	长治
14079	雁北	14109	晋中	14139	古交
15023	包头高新技术产业开发区	15049	赤峰	15079	呼伦贝尔盟
15109	乌兰察布盟	15139	阿拉善盟	21012	沈阳经济技术开发区
21022	大连经济技术开发区	21025	辽宁大连出口加工区	21039	鞍山其他
21069	丹东	21099	阜新	21129	铁岭
21159	瓦房店	21189	铁法	21909	辽宁其他
22019	长春其他	22039	四平	22069	浑江
22089	图们	22119	公主岭	22149	桦甸
22909	吉林其他	23019	哈尔滨其他	23049	鹤岗
23069	大庆其他	23099	七台河	23129	绥芬河
23159	大兴安岭	23189	富锦	23909	黑龙江其他
31039	卢湾	31052	上海经济技术开发区	31079	普陀
31109	杨浦	31129	宝山	31169	南汇
31189	松江	31219	崇明	31225	上海金桥出口加工区南
32013	南京浦口高新技术外向	32029	无锡其他	32049	常州其他

代码	名称	代码	名称	代码	名称
32055	苏州工业园区加工区	32069	南通其他	32089	淮阴
32119	镇江	32149	常熟	32169	江阴
32199	东台	32229	宜兴	32249	启东
32909	江苏其他	33015	浙江杭州出口加工区	33024	宁波北仑港保税区
33039	温州其他	33069	绍兴	33099	舟山
33129	余姚	33159	瑞安	33189	义乌
33219	奉化	33909	浙江其他	34022	芜湖经济技术开发区
34049	淮南	34079	铜陵	34109	阜阳
34139	六安	34169	池州	35012	福州经济技术开发区
35019	福州其他	35024	厦门象屿保税区	35039	莆田
35069	漳州	35099	龙岩	35909	福建其他
36029	景德镇	36059	新余	36089	宜春
36119	抚州	37013	济南高技术产业开发区	37023	青岛高新技术产业开发区
37033	淄博高新技术产业开发区	37059	东营	37069	烟台其他
37089	济宁	37105	山东威海出口加工区	37129	惠民
37159	临沂	37189	龙口	37219	新泰
37249	莱阳	37279	荣成	37909	山东其他
41029	开封	41049	平顶山	41079	新乡
41109	许昌	41139	商丘	41169	南阳
41199	汝州	41229	卫辉	41909	河南其他

代码	名称	代码	名称	代码	名称
42015	湖北武汉出口加工区	42039	十堰	42063	襄樊高新技术产业开发区
42089	荆门	42119	咸宁	42149	鄂西
42179	枣阳	43013	长沙科技开发区	43029	株洲其他
43059	邵阳	43089	大庸	43119	郴州
43149	湘西	43179	来阳	43909	湖南其他
44014	广州保税区	44029	韶关	44034	福田盐田沙头角保税区
44041	珠海特区	44049	珠海其他	44059	汕头其他
44079	江门	44099	茂名	44139	惠州其他
44169	河源	44199	东莞	44219	潮州
44249	揭阳	45013	南宁高新技术产业开发区	45033	桂林高新技术产业开发区
45059	北海	45089	河池	45119	东兴
45149	南宁地区	45909	广西其他	46014	海南海口保税区
46902	海南洋浦经济技术开发区	50039	渝中区	50069	沙坪坝区
50082	重庆经济技术开发区	50109	万盛区	50129	渝北区
50229	綦江县	50259	大足县	50289	梁平县
50319	垫江县	50349	开县	50379	巫山县
50439	彭水苗族土家族自治县	50839	永川市	51013	成都高新技术产业开发区
51039	自贡	51069	德阳	51089	广元
51119	乐山	51169	达县	51199	甘孜
51239	江油	51909	四川其他	52029	六盘山

代码	名称	代码	名称	代码	名称
52059	黔西南	52089	黔东南	53013	昆明高新技术产业开发区
53039	昭通	53069	玉溪	53099	思茅
53129	保山	53159	怒江	53189	畹町
53909	云南其他	54039	山南	54069	阿里
61013	西安新技术产业开发区	61033	宝鸡高新技术产业开发区	61049	咸阳
61079	安康	61109	榆林	62019	兰州其他
62049	白银	62079	张掖	62109	陇南
62139	临夏	63019	西宁	63049	黄南
63079	玉树	64019	银川	64049	固原
65013	乌鲁木齐高新技术产业开发区	65039	博乐	65069	克孜
65099	伊宁	65122	石河子经济技术开发区	65229	哈密
11039	崇文区	11059	朝阳区	11079	石景山
11099	门头沟	11119	顺义	11132	北京经济技术开发区
11149	通县	11179	延庆	12019	和平区
12043	天津新技术产业园区	12069	红桥区	12075	天津出口加工区
12099	大港区	12129	津南区	12159	武清县
12189	蓟县	13019	石家庄其他	13039	秦皇岛其他
13063	保定高新技术产业开发	13089	承德	13119	衡水
14012	山西太原经济技术开发	14029	大同	14059	晋城

续 表

代码	名称	代码	名称	代码	名称
14089	忻州	14119	临汾	14909	山西其他
15029	包头其他	15059	二连	15089	哲里木盟
15119	巴彦淖尔盟	15149	锡林郭勒盟	21013	沈阳南湖科技开发区
21023	大连高新技术产业园区	21029	大连其他	21049	抚顺
21079	锦州	21109	辽阳	21139	朝阳
21169	海城	21199	北票	22012	长春经济技术开发区
22023	吉林高新技术产业开发区	22049	辽源	22075	吉林珲春出口加工区
22099	白城	22129	梅河口	22159	九台
23012	哈尔滨经济技术开发区	23029	齐齐哈尔	23059	双鸭山
23079	伊春	23109	牡丹江	23139	松花江
23169	阿城	23199	铁力	31019	黄浦
31043	上海漕河泾新兴技术开发区	31059	长宁	31089	闸北
31112	上海闵行经济技术开发区	31149	嘉定	31179	奉贤
31199	金山	31222	上海浦东新区	31229	浦东其他
32019	南京其他	32039	徐州	32052	苏州工业园区
32059	苏州其他	32072	连云港经济技术开发区	32099	盐城
32129	泰州	32154	江苏张家港保税区	32179	宿迁
32209	兴化	32235	江苏昆山出口加工区	32259	吴江市

代码	名称	代码	名称	代码	名称
33012	杭州经济技术开发区	33019	杭州其他	33029	宁波其他
33049	嘉兴	33079	金华	33109	丽水
33139	海宁	33169	萧山	33199	东阳
33229	诸暨	34013	合肥科技工业园	34029	芜湖其他
34059	马鞍山	34089	安庆	34119	宿州
34149	宣城	34179	亳州	35013	福州市科技园区
35021	厦门特区	35025	厦门出口加工区	35049	三明
35079	南平	35109	永安	36013	南昌高新技术产业开发区
36039	萍乡	36069	鹰潭	36099	上饶
36129	瑞昌	37019	济南其他	37024	青岛保税区
37039	淄博	37062	烟台经济技术开发区	37073	潍坊高新技术产业开发区
37099	泰安	37109	威海其他	37139	德州
37169	菏泽	37199	曲阜	37229	胶州
37259	滕州	37289	即墨	41013	郑州高技术开发区
41033	洛阳高新技术产业开发区	41059	安阳	41089	焦作
41119	漯河	41149	周口	41179	信阳
41209	济源	41239	辉县	42012	武汉经济技术开发区
42019	武汉其他	42049	沙市	42069	襄樊其他
42099	黄冈	42129	荆州	42159	随州
42189	神农架	43019	长沙其他	43039	湘潭
43069	岳阳	43099	益阳	43129	零陵

代码	名称	代码	名称	代码	名称
43159	醴陵	43189	汨罗	44012	广州经济技术开发区
44015	广东广州出口加工区	44031	深圳特区	44035	广东深圳出口加工区
44043	珠海高新技术产业开发区	44051	汕头特区	44063	佛山高新技术产业开发区
44082	湛江经济技术开发区	44129	肇庆	44149	梅州
44179	阳江	44203	中山火炬高技术产业开发区	44229	顺德
44289	南海	45019	南宁其他	45039	桂林其他
45069	玉林	45099	钦州	45129	防城港市
45159	柳州地区	46011	海口	46021	三亚
50019	万州区	50049	大渡口区	50073	重庆高新技术产业开发区
50089	南岸区	50119	双桥区	50139	巴南区
50239	潼南县	50269	荣昌县	50299	城口县
50329	武隆县	50359	云阳县	50419	秀山土家族苗族自治县
50819	江津市	50849	南川市	51015	四川成都出口加工区
51049	攀枝花	51073	绵阳高新技术产业开发区	51099	遂宁
51149	宜宾	51179	雅安	51209	凉山
51249	都江堰	52013	贵阳高新技术产业开发区	52039	遵义
52069	毕节	52099	黔南	53019	昆明其他

代码	名称	代码	名称	代码	名称
53049	曲靖	53079	红河	53109	西双版纳
53139	德宏	53169	迪庆	53199	瑞丽
54019	拉萨	54049	日喀则	54079	林芝
61019	西安其他	61039	宝鸡其他	61059	渭南
61089	商洛	61909	陕西其他	62029	嘉峪关
62059	天水	62089	武威	62119	平凉
62149	甘南	63029	海东	63059	海南
63089	海西	64029	石嘴山	64909	宁夏其他
65019	乌鲁木齐其他	65049	巴音	65079	喀什
65109	塔城	65129	石河子	65239	昌吉回族自治州

二十二、批准文号

在进出口报关单中，本栏目免予填报。

二十三、成交方式

本栏目应根据进出口货物实际成交价格条款，按海关规定的《成交方式代码表》，选择填报相应的成交方式代码。

无实际进出境的报关单，进口填报 CIF，出口填报 FOB。

成交方式代码表

编号	成交方式	编号	成交方式	编号	成交方式
1	CIF	2	CFR	3	FOB
4	C&I	5	市场价	6	垫仓

二十四、运费

本栏目填报进口货物运抵我国境内输入地点起卸前的运输费用，出口货物运至我国境内输出地点装载后的运输费用。进口货物成交价格包含前述运输费用或者出口货物成交价格不包含前述运输费用的，本栏目免于填报。

运费可按运费单价、总价或运费率三种方式之一填报，注明运费标记（运费标记"1"表示运费率，"2"表示每吨货物的运费单价，"3"表示运费总价），并按海关规定的《货币代码表》，选择填报相应的币种代码。

运保费合并计算的，填报在本栏目。

货币代码表

货币代码	货币符号	货币名称
110	HKD	港币
116	JPY	日本元
121	MOP	澳门元
129	PHP	菲律宾比索
132	SGD	新加坡元
136	THB	泰国铢
142	CNY	人民币
300	EUR	欧元
302	DKK	丹麦克朗
303	GBP	英镑
326	NOK	挪威克朗
330	SEK	瑞典克朗
331	CHF	瑞士法郎
501	CAD	加拿大元
502	USD	美元
601	AUD	澳大利亚元
609	NZD	新西兰元

二十五、保费

本栏目填报进口货物运抵我国境内输入地点起卸前的保险费用，出口货物运至我国境内输出地点装载后的保险费用。进口货物成交价格包含前述保险费用或者出口货物成交价格不包含前述保险费用的，本栏目免于填报。

保费可按保险费总价或保险费率两种方式之一填报，注明保险费标记（保险费标记"1"表示保险费率，"3"表示保险费总价），并按海关规定的《货币代码表》，选择填报相应的币种代码。

运保费合并计算的，本栏目免予填报。

二十六、杂费

本栏目填报成交价格以外的、按照《中华人民共和国进出口关税条例》相关规定应计入完税价格或应从完税价格中扣除的费用。可按杂费总价或杂费率两种方式之一填报，注明杂费标记（杂费标记"1"表示杂费率，"3"表示杂费总价），并按海关规定的《货币代码表》，选择填报相应的币种代码。

应计入完税价格的杂费，填报为正值或正率，应从完税价格中扣除的杂费，填报为负值或负率。

二十七、件数

本栏目填报有外包装的进出口货物的实际件数。

在特殊情况下，填报要求如下：

（一）舱单件数为集装箱的，填报集装箱个数。

（二）舱单件数为托盘的，填报托盘数。

本栏目不得填报为零，散装、裸装货物填报为"1"。

二十八、包装种类

本栏目应根据进出口货物的实际外包装种类，按海关规定的《包装种类代码表》，选择填报相应的包装种类。

包装种类代码表

包装方式代码	包装方式名称	包装方式代码	包装方式名称
1	木箱	2	纸箱
3	桶装	4	散装
5	托盘	6	包
7	其他		

二十九、毛重（公斤）

本栏目填报进出口货物及其包装材料的重量之和，计量单位为千克，不足 1 千克的填报为"1"。

三十、净重（公斤）

本栏目填报进出口货物的毛重减去外包装材料后的重量，即货物本身的实际重量，计量单位为千克，不足 1 千克的填报为"1"。

三十一、集装箱号

本栏目填报装载进出口货物（包括拼箱货物）集装箱的箱体信息。一个集装箱填一条记录，分别填报集装箱号（在集装箱箱体上标示的全球唯一编号）、集装箱的规格和集装箱的自重。非集装箱货物填报为"0"。非实际进出境货物采用集装箱运输的，本栏目免于填报。

三十二、随附单证

本栏目根据海关规定的《监管证件代码表》，选择填报除本规范第十八条规定的许可证件以外的其他进出口许可证件或监管证件代码及编号。

本栏目分为随附单证代码和随附单证编号两栏，其中代码栏应按海关规定的《监管证件名称代码表》，选择填报相应证件代码；编号栏应填报证件编号。

（一）加工贸易内销征税报关单，随附单证代码栏填写"c"，随附单证编号栏填写海关审核通过的内销征税联系单号。

（二）含预归类商品报关单，随附单证代码项下填写"r"，随附单证编号项下填写××关预归类书××号。

（三）优惠贸易协定项下进出口货物

"Y"为原产地证书代码。优惠贸易协定代码选择"01"、"02"、"03"、"04"、"05"、"06"、"07"、"08"、"09"填报：

"01"为"亚太贸易协定"项下的进口货物；

"02"为"中国－东盟自贸区"项下的进口货物；

"03"为"内地与香港紧密经贸关系安排"（香港 CEPA）项下的进口货物；

"04"为"内地与澳门紧密经贸关系安排"（澳门 CEPA）项下的进口

货物；

"05" 为 "对非洲特惠待遇" 项下的进口货物；

"06" 为 "台湾农产品零关税措施" 项下的进口货物；

"07" 为 "中巴自贸区" 项下的进口货物；

"08" 为 "中智自贸区" 项下的进口货物；

"09" 为 "对也门等国特惠待遇" 项下的进口货物。

具体填报要求如下：

1. 实行原产地证书联网管理的，随附单证代码栏填写 "Y"，随附单证编号栏的 " < > " 内填写优惠贸易协定代码。例如香港 CEPA 项下进口商品，应填报为："Y" 和 " < 03 > "。一票进口货物中如涉及多份原产地证书或含有非原产地证书商品，应分单填报。

2. 未实行原产地证书联网管理的，随附单证代码栏填写 "Y"，随附单证编号栏 " < > " 内填写优惠贸易协定代码 + "：" + 需证商品序号。例如《亚太贸易协定》项下进口报关单中第 1 到第 3 项和第 5 项为优惠贸易协定项下商品，应填报为：" <01：1 - 3，5 > "。

优惠贸易协定项下出口货物，本栏目填报原产地证书代码和编号。

监管证件名称代码表

代码	证件名称	代码	证件名称
1	进口许可证	2	进口许可证（轿车用）
4	出口许可证	5	定向出口商品许可证
6	旧机电产品禁止进口	7	自动进口许可证或重要工业品证明
8	禁止出口商品	9	禁止进口商品
A	入境货物通关单	B	出境货物通关单
C	入境货物通关单（民用商品验证）	D	出/入境货物通关单（毛坯钻石用）
F	濒危物种进出口允许证	G	被动出口配额证
I	精神药物进（出）口准许证	J	金产品出口证或人总行进口批件
N	机电产品进口许可证	O	自动进口许可证（新旧机电产品）
P	进口废物批准证书	Q	进口药品通关单

续　表

代码	证件名称	代码	证件名称
S	进出口农药登记证明	T	银行调运外币现钞进出境许可证
U	白银进口准许证	W	麻醉药品进出口准许证
X	有毒化学品环境管理放行通知单	Z	进口音像制品批准单或节目提取单
a	请审核预核签章	r	预归类标志
s	适用 ITA 税率商品用途认定证明	t	关税配额证明
u	进口许可证（加工贸易，保税）	y	出口许可证（边境小额贸易）

三十三、用途/生产厂家

进口货物本栏目填报用途，应根据进口货物的实际用途，按海关规定的《用途代码表》，选择填报相应的用途代码。

出口货物本栏目填报其境内生产企业。

用途代码表

编号	用途	编号	用途	编号	用途
1	外贸自营内销	2	特区内销	3	其他内销
4	企业自用	5	加工返销	6	借用
7	收保证金	8	免费提供	9	作价提供
10	货样，广告品	11	其他	13	以产顶进

三十四、标记唛码及备注

本栏目填报要求如下：

（一）标记唛码中除图形以外的文字、数字。

（二）受外商投资企业委托代理其进口投资设备、物品的进出口企业名称。

（三）与本报关单有关联关系的，同时在业务管理规范方面又要求填报的备案号，填报在电子数据报关单中"关联备案"栏。

加工贸易结转货物及凭《征免税证明》转内销货物，其对应的备案号应填报在"关联备案"栏。

减免税货物结转进口（转入），报关单"关联备案"栏应填写本次减免税货物结转所申请的《减免税进口货物结转联系函》的编号。

减免税货物结转出口（转出），报关单"关联备案"栏应填写与其相对应的进口（转入）报关单"备案号"栏中《征免税证明》的编号。

（四）与本报关单有关联关系的，同时在业务管理规范方面又要求填报的报关单号，填报在电子数据报关单中"关联报关单"栏。

加工贸易结转类的报关单，应先办理进口报关，并将进口报关单号填入出口报关单的"关联报关单"栏。

办理进口货物直接退运手续的，除另有规定外，应当先填写出口报关单，再填写进口报关单，并将出口报关单号填入进口报关单的"关联报关单"栏。

减免税货物结转出口（转出），应先办理进口报关，并将进口（转入）报关单号填入出口（转出）报关单的"关联报关单"栏。

（五）办理进口货物直接退运手续的，本栏目填报《准予直接退运决定书》或者《责令直接退运通知书》编号。

（六）申报时其他必须说明的事项，填报在本栏目中。

三十五、项号

本栏目分两行填报及打印。第一行填报报关单中的商品顺序编号；第二行专用于加工贸易、减免税等已备案、审批的货物，填报和打印该项货物在《加工贸易手册》或《征免税证明》等备案、审批单证中的顺序编号。

优惠贸易协定项下实行原产地证书联网管理的报关单，第一行填报报关单中的商品顺序编号，第二行填报该项商品对应的原产地证书上的商品项号。

加工贸易项下进出口货物的报关单，第一行填报报关单中的商品顺序编号，第二行填报该项商品在《加工贸易手册》中的商品项号，用于核销对应项号下的料件或成品数量。其中第二行特殊情况填报要求如下：

（一）深加工结转货物，分别按照《加工贸易手册》中的进口料件项号和出口成品项号填报。

（二）料件结转货物（包括料件、制成品和半成品折料），出口报关单按照转出《加工贸易手册》中进口料件的项号填报；进口报关单按照转进《加工贸易手册》中进口料件的项号填报。

（三）料件复出货物（包括料件、边角料、来料加工半成品折料），出口报关单按照《加工贸易手册》中进口料件的项号填报；如边角料对应一个以上料件项号时，填报主要料件项号。料件退换货物（包括料件、不包括半成品），进出口报关单按照《加工贸易手册》中进口料件的项号填报。

（四）成品退换货物，退运进境报关单和复运出境报关单按照《加工贸易手册》原出口成品的项号填报。

（五）加工贸易料件转内销货物（以及按料件办理进口手续的转内销制成品、半成品、残次品）应填制进口报关单，填报《加工贸易手册》进口料件的项号；加工贸易边角料、副产品内销，填报《加工贸易手册》中对应的进口料件项号。如边角料或副产品对应一个以上料件项号时，填报主要料件项号。

（六）加工贸易成品凭《征免税证明》转为减免税货物进口的，应先办理进口报关手续。进口报关单填报《征免税证明》中的项号，出口报关单填报《加工贸易手册》原出口成品项号，进出口报关单货物数量应一致。

（七）加工贸易料件放弃或成品放弃，本栏目应填报《加工贸易手册》中的进口料件或出口成品项号。半成品放弃的应按单耗折回料件，以料件放弃申报，本栏目填报《加工贸易手册》中对应的进口料件项号。

（八）加工贸易副产品退运出口、结转出口或放弃，本栏目应填报《加工贸易手册》中新增的变更副产品的出口项号。

（九）经海关批准实行加工贸易联网监管的企业，按海关联网监管要求，企业需申报报关清单的，应在向海关申报进出口（包括形式进出口）报关单前，向海关申报"清单"。一份报关清单对应一份报关单，报关单上的商品由报关清单归并而得。加工贸易电子账册报关单中项号、品名、规格等栏目的填制规范，比照《加工贸易手册》。

例1：某企业一般贸易进口一批男女羽绒短上衣。

项号	
01	（第一行：报关单中的商品排列序号） （第二行：空位）
02	（第一行：报关单中的商品排列序号） （第二行：空位）

例2：某企业加工贸易出口一批男女羽绒短上衣，男女羽绒短上衣分列《加工贸易手册》5、6位。

项号	
01 05	（第一行：报关单中的商品排列序号） （第二行：加工贸易手册中的商品排列序号）
02 06	（第一行：报关单中的商品排列序号） （第二行：加工贸易手册中的商品排列序号）

三十六、商品编号

本栏目应填报由《中华人民共和国进出口税则》确定的进出口货物的税则号列和《中华人民共和国海关统计商品目录》确定的商品编码，以及符合海关监管要求的由附加编号组成的 10 位商品编号。

三十七、商品名称、规格型号

本栏目分两行填报及打印。第一行填报进出口货物规范的中文商品名称，第二行填报规格型号。

具体填报要求如下：

（一）商品名称及规格型号应据实填报，并与进出口货物收发货人或受委托的报关企业所提交的合同、发票等相关单证相符。

（二）商品名称应当规范，规格型号应当足够详细，以能满足海关归类、审价及许可证件管理要求为准，可参照《中华人民共和国海关进出口商品规范申报目录》中对商品名称、规格型号的要求进行填报。

（三）加工贸易等已备案的货物，填报的内容必须与备案登记中同项号下货物的商品名称一致。

（四）对需要海关签发《货物进口证明书》的车辆，商品名称栏应填报"车辆品牌＋排气量（注明cc）＋车型（如越野车、小轿车等）"。进口汽车底盘不填报排气量。车辆品牌应按照《进口机动车辆制造厂名称和车辆品牌中英文对照表》中"签注名称"一栏的要求填报。规格型号栏可填报"汽油型"等。

（五）由同一运输工具同时运抵同一口岸并且属于同一收货人、使用同一提单的多种进口货物，按照商品归类规则应当归入同一商品编号的，应当将有关商品一并归入该商品编号。商品名称填报一并归类后的商品名称；规格型号填报一并归类后商品的规格型号。

（六）加工贸易边角料和副产品内销，边角料复出口，本栏目填报其报验状态的名称和规格型号。

（七）进口货物收货人以一般贸易方式申报进口属于《需要详细列名申报的汽车零部件清单》（海关总署 2006 年第 64 号公告）范围内的汽车生产件的，应按以下要求填报：

1. 商品名称填报进口汽车零部件的详细中文商品名称和品牌，中文商品名称与品牌之间用"/"相隔，必要时加注英文商业名称；进口的成套散件或者毛坯件应在品牌后加注"成套散件"、"毛坯"等字样，并与品牌之间用"/"相隔。

2. 规格型号填报汽车零部件的完整编号。在零部件编号前应当加注"S"字样，并与零部件编号之间用"/"相隔，零部件编号之后应当依次加注该零部件适用的汽车品牌和车型。

汽车零部件属于可以适用于多种汽车车型的通用零部件的，零部件编号后应当加注"TY"字样，并用"/"与零部件编号相隔。

与进口汽车零部件规格型号相关的其他需要申报的要素，或者海关规定的其他需要申报的要素，如"功率"、"排气量"等，应当在车型或"TY"之后填报，并用"/"与之相隔。

汽车零部件报验状态是成套散件的，应当在"标记唛码及备注"栏内填报该成套散件装配后的最终完整品的零部件编号。

（八）进口货物收货人以一般贸易方式申报进口属于《需要详细列名申报的汽车零部件清单》（海关总署 2006 年第 64 号公告）范围内的汽车维修件的，填报规格型号时，应当在零部件编号前加注"W"，并与零部件编号之间用"/"相隔；进口维修件的品牌与该零部件适用的整车厂牌不一致的，应当在零部件编号前加注"WF"，并与零部件编号之间用"/"相隔。其余申报要求同上条执行。

三十八、数量及单位

本栏目分三行填报及打印。

（一）第一行应按进出口货物的法定第一计量单位填报数量及单位，法定计量单位以《中华人民共和国海关统计商品目录》中的计量单位为准。

（二）凡列明有法定第二计量单位的，应在第二行按照法定第二计量单位填报数量及单位。无法定第二计量单位的，本栏目第二行为空。

（三）成交计量单位及数量应填报并打印在第三行。

（四）法定计量单位为"千克"的数量填报，在特殊情况下，填报要求如下：

1. 装入可重复使用的包装容器的货物，应按货物扣除包装容器后的重量填报，如罐装同位素、罐装氧气及类似品等。

2. 使用不可分割包装材料和包装容器的货物，按货物的净重填报（即包括内层直接包装的净重重量），如采用供零售包装的罐头、化妆品、药品及类似品等。

3. 按照商业惯例以公量重计价的商品，应按公量重填报，如未脱脂羊毛、羊毛条等。

4. 采用以毛重作为净重计价的货物，可按毛重填报，如粮食、饲料等大宗散装货物。

5. 采用零售包装的酒类、饮料，按照液体部分的重量填报。

（五）成套设备、减免税货物如需分批进口，货物实际进口时，应按照实际报验状态确定数量。

（六）根据《商品名称及编码协调制度》归类规则，零部件按整机或成品归类的，法定计量单位是非重量的，应按报验状态申报法定数量。

（七）具有完整品或制成品基本特征的不完整品、未制成品，根据《商品名称及编码协调制度》归类规则应按完整品归类的，按照构成完整品的实际数量填报。

（八）加工贸易等已备案的货物，成交计量单位必须与《加工贸易手册》中同项号下货物的计量单位一致，加工贸易边角料和副产品内销、边角料复出口，本栏目填报其报验状态的计量单位。

（九）优惠贸易协定项下进出口商品的成交计量单位必须与原产地证书上对应商品的计量单位一致。

（十）法定计量单位为立方米的气体货物，应折算成标准状况（即摄氏零度及1个标准大气压）下的体积进行填报。

例如：某企业进口全棉男式内裤10000打。（计量单位为：件/千克）

商品名称、规格型号	数量及单位	
全棉男式内裤	120000 件	（第一行：法定第一计量单位）
100% Cotton Woven	1000 千克	（第二行：海关列明第二计量单位）
	10000 打	（第三行：成交计量单位）

三十九、原产国（地区）/最终目的国（地区）

原产国（地区）应依据《中华人民共和国进出口货物原产地条例》、《中

华人民共和国海关关于执行〈非优惠原产地规则中实质性改变标准〉的规定》
以及海关总署关于各项优惠贸易协定原产地管理规章规定的原产地确定标准
填报。同一批进口货物的原产地不同的，应分别填报原产国（地区）。进口货
物原产国（地区）无法确定的，填报"国别不详"（代码701）。

　　最终目的国（地区）填报已知的出口货物的最终实际消费、使用或进一
步加工制造国家（地区）。不经过第三国（地区）转运的直接运输货物，以
运抵国（地区）为最终目的国（地区）；经过第三国（地区）转运的货物，以
最后运往国（地区）为最终目的国（地区）。同一批出口货物的最终目的国
（地区）不同的，应分别填报最终目的国（地区）。出口货物不能确定最终目的
国（地区）时，以尽可能预知的最后运往国（地区）为最终目的国（地区）。

　　本栏目应按海关规定的《国别（地区）代码表》，选择填报相应的国家
（地区）名称及代码。

四十、单价

　　本栏目填报同一项号下进出口货物实际成交的商品单位价格。无实际成
交价格的，本栏目填报单位货值。

四十一、总价

　　本栏目填报同一项号下进出口货物实际成交的商品总价格。无实际成交
价格的，本栏目填报货值。

四十二、币制

　　本栏目应按海关规定的《货币代码表》，选择相应的货币名称或代码填
报，如《货币代码表》中无实际成交币种，需将实际成交货币按申报日外汇
折算率折算成《货币代码表》列明的货币填报。

四十三、征免

　　本栏目应按照海关核发的《征免税证明》或有关政策规定，对报关单所
列每项商品，选择海关规定的《征减免税方式代码表》中相应的征减免税方
式填报。

　　加工贸易货物报关单，应根据《加工贸易手册》中备案的征免规定填报；
《加工贸易手册》中备案的征免规定为"保金"或"保函"的，应填报"全免"。

征减免税方式代码表

代码	方式	代码	方式	代码	方式
1	照章征税	2	折半征税	3	全免
4	特案	5	征免性质	6	保证金
7	保函	8	折半补税	9	全额退税

四十四、税费征收情况

本栏目供海关批注进（出）口货物税费征收及减免情况。

四十五、录入员

本栏目用于记录预录入操作人员的姓名。

四十六、录入单位

本栏目用于记录预录入单位名称。

四十七、填制日期

本栏目填报申报单位填制报关单的日期。本栏目为 8 位数字，顺序为年（4 位）、月（2 位）、日（2 位）。

四十八、海关审单批注及放行日期（签章）

本栏目供海关作业时签注。

【本章小结】

按照海关的规定和要求正确填制报关单，是海关对报关单位和报关员的基本要求，因此本章重点是要求学生掌握进出口货物报关单各栏目的填制规范。规范地填制报关单，应准确理解各栏名称的含义，熟悉发票、装箱单、提运单据的格式结构及各栏目的具体内容，弄清填制时所需要的信息来源。同时，需注意备案号、贸易方式、征免性质、用途、征免之间存在的必然联系。

【思考练习】

1. 简答报关单的种类。

2. 报关单填制的一般要求有哪些。

3. 简答进口报关单中经营单位栏目的填报规则。

4. 简答进口报关单中启运国和装货港栏目的填报规则。

5. 简答出口报关单中运抵国和指运港栏目的填报规则。

6. 简答进口报关单中运费栏目的填报规则。

7. 简答出口报关单中保险费栏目的填报规则。

8. 简答进口报关单中项号栏目的填报规则。

9. 简答进口报关单中备注栏目的填报规则。

10. 简答进口报关单中数量及单位栏目的填报规则。

【报关单填制】

1. 天津医疗设备有限公司（1207219038）委托天津力达科技有限公司（1207260623）进口一批医疗设备，货物从日本出发，途经神户运抵天津。运输货物的轮船于 2013 年 3 月 2 日申报进境，次日委托天津联合报关行向新港海关申报。

Commercial Invoice

<table>
<tr>
<td colspan="2">1. Exporter
HYODA HIGH – TECHNOLOGIES CORP</td>
<td colspan="2">4. Invoice Date and No.
   083008E</td>
</tr>
<tr>
<td colspan="2" rowspan="2"></td>
<td>5. Contract No.
2004CAMS – GH098</td>
<td>6. L/C No.
LC34265</td>
</tr>
<tr>
<td colspan="2"></td>
</tr>
<tr>
<td colspan="2">2. Importer
TIANJIN LIDA TECHNOLOGIES CO.
TIANJIN, CHINA</td>
<td colspan="2">7. Country/region of origin
JAPAN</td>
</tr>
<tr>
<td colspan="2"></td>
<td colspan="2">8. Trade mode</td>
</tr>
<tr>
<td colspan="2">3. Transport details
From YOKOHAMA, JAPAN
To TIANJIN, CHINA</td>
<td colspan="2">9. Terms of delivery and payment
Sailing on or about: Feb. 18, 2013
Terms of payment: L/C AT SIGHT</td>
</tr>
<tr>
<td>10.
Shipping marks;
Container No.
2013CAMS –
GH098
TIANJIN
C/NO. 1
MADE IN JAPAN

SNBU2146760
(20') 2000KG</td>
<td>11. Number and kind of packages; Commodity No. ;
Commodity description

HITACHI BIOCHEMISTRY ANALYZER 生化分析仪
MODEL: 7020</td>
<td>12. Quantity

1 SET</td>
<td>13. Unit Price

CIF TIANJIN
USD
35, 500. 00</td>
<td>14. Amount

USD 35, 500. 00</td>
</tr>
<tr>
<td colspan="5">HS CODE: 90278090
计量单位: 台/千克</td>
</tr>
<tr>
<td colspan="5">15. Total amount (in figure and words)
USD 35, 500. 00</td>
</tr>
<tr>
<td colspan="2"></td>
<td colspan="3">16. Exporter stamp and signature
HYODA HIGH – TECHNOLOGIES CORP</td>
</tr>
</table>

1. Shipper Insert Name, Address and Phone		B/L No. T503077601	
HYODA HIGH – TECHNOLOGIES CORP. TOKYO JAPAN			
2. Consignee Insert Name, Address and Phone			
TO ORDER			
3. Notify Party Insert Name, Address and Phone　（It is agreed that no responsibility shall attsch to the Carrier or his agents for failure to notify）		NISSIN CORP. BILL OF LADING	
TIANJIN LIDA TECHNOLOGIES CO. TIANJIN, CHINA			

4. Combined Transport ∗		5. Combined Transport ∗	
Pre-carriage by		Place of Receipt	YOKOHAMA, JAPAN
6. Ocean Vessel Voy. No.		7. Port of Loading	
CHENG FENG 06081E		YOKOHAMA, JAPAN	
8. Port of Discharge		9. Combined Transport ∗	
TIANJIN, CHINA		Place of Delivery	TIANJIN, CHINA

Marks & Nos. Container/Seal No.	No. of Containers or Packages	Description of Goods （If Dangerous Goods, See Clause 20）	Gross Weight Kgs	Measurement
2013CAMS – GH098 TIANJIN C/NO. 1 MADE IN JAPAN	1 container （1 wooden case）	HITACHI BIOCHEMISTRY ANALYZER 生化分析仪 MODEL：7020 L/C NO. LC100174/04 CONTRACT NO. 2013CAMS – GH098 INVOICE NO. 083008E FREIGHT PREPAID	320	2. 248
		Description of Contents for Shipper's Use Only （Not part of This B/L Contract）		

10. Total Number of containers and/or packages （in words） ONE CONTAINER ONLY.

Subject　to　Clause 7 Limitation					
11. Freight & Charges	Revenue Tons	Rate	Per	Prepaid	Collect
Declared Value Charge					

Ex. Rate：	Prepaid at		Payable at		Place and date of issue
	Total Prepaid		No. of Original B (s) /L		Signed for the Carrier, COSCO CONTAINER LINES

LADEN ON BOARD THE VESSEL

DATE			BY	

中华人民共和国海关进口货物报关单

预录入编号：   海关编号：********

进口口岸	备案号	进口日期	申报日期	
经营单位	运输方式	运输工具名称	提运单号	
收货单位	贸易方式	征免性质	征税比例	
许可证号	起运国（地区）	装货港	境内目的地	
批准文号	成交方式	运费	保费	杂费
合同协议号	件数	包装种类	毛重（公斤）	净重（公斤）
集装箱号	随附单证		用途	

标记唛码及备注

项号	商品编号	商品名称 规格型号	数量及单位	原产国（地区）	单价	总价	币制	征免

税费征收情况		
录入员　录入单位 ××××	兹声明以上申报无讹并承担 法律责任	海关审单批注及放行日期 （签章） 审单　　　审价
报关员　单位地址 ××××××××　邮编　电话　填制日期		征税　　　　统计
		查验　　　　放行

2. 上海明辉眼镜公司（3102910309）委托上海金晶国际贸易公司（3101910505）进口一批镜框材料，装载该货物的运输工具于 2013 年 8 月 12 日申报进境，次日由上海亚东报关公司向上海海关申报。

Commercial Invoice

1. Exporter NISSEY COMPANY LTD. 108 – 2 Tadokoro – cho. Sabae city. Fukui pref. 9160003 Japan	4. Invoice Date and No.	
	5. Contract No. BT – 040201	6. L/C No. T/T
2. Importer MINGHUI GLASSES （SHANGHAI） CO. LTD. ZHONGSHAN ROAD NO. 1 SHANGHAI CJOMA	7. Country/region of origin JAPAN	
	8. Trade mode	
3. Transport details From：KOBE JAPAN To：SHANGHAI, CHINA Per：DONGFENG V. 0404W	9. Terms of delivery and payment Terms of payment：T/T	

10. Shipping marks； Container No. BT – 040201 MINGHUI SHANGHAI MADE IN JAPAN	11. Number and kind of packages；Commodity No.；Commodity description sheet 钛材 0. 5t×6. 9×1mm	12. Quantity 301. 2kg	13. Unit Price CFR SHANGAHI 4, 892	14. Amount JPY 1, 473, 470

HS CODE：90039020
计量单位：千克
I：3‰

15. Total amount （in figure and words）
JPY 1，473，470

16. Exporter stamp and signature
HYODA HIGH – TECHNOLOGIES CORP

1. Shipper Insert Name, Address and Phone		B/L No. SSKG18068	
NISSEY COMPANY LTD. KOBE JAPAN			
2. Consignee Insert Name, Address and Phone			
MINGHUIGLASSES (SHANGHAI) CO. LTD. ZHONGSHAN ROAD NO. 1 SHANGHAI FAX: 0086 – 20 – 62834560			
3. Notify Party Insert Name, Address and Phone (It is agreed that no responsibility shall attsch to the Carrier or his agents for failure to notify)		**CHINA NATIONAL FOREIGN TRADE TRANSPORTATION CORP.** **BILL OF LADING**	

4. Combined Transport *		5. Combined Transport *	
Pre-carriage by		Place of Receipt	KOBE JAPAN
6. Ocean Vessel Voy. No.		7. Port of Loading	
Ocean vessel: DONG-FENG voyage: 0404W		KOBE JAPAN	
8. Port of Discharge		9. Combined Transport *	
SHANGHAI, CHINA		Place of Delivery	SHANGHAI, CHINA

Marks & Nos. Container / Seal No.	No. of Containers or Packages	Description of Goods (If Dangerous Goods, See Clause 20)	Gross Weight Kgs	Measurement
BT – 040201 MINGHUI SHANGHAI MADE IN JAPAN	50CTNS	RAW MATERIAL FOR OP-TI CAC PARTS SHEET 钛材 0.5t×6.9×1 mm	301.2	
		Description of Contents for Shipper's Use Only (Not part of This B/L Contract)		

10. Total Number of containers and/or packages (in words) FIFTY CARTONS ONLY.

Subject to Clause 7 Limitation					
11. Freight & Charges	Revenue Tons	Rate	Per	Prepaid	Collect
RECARDINGTRAN-SHIPMENT INFOR-MATION PLEASE CONTACT					
Declared Value Charge					

Ex. Rate:	Prepaid at		Payable at	Place and date of issue	
	Total Prepaid		No. of Original B (s) /L	Signed for the Carrier, COSCO CONTAINER LINES	
			Bs/L THREE (3)		

LADEN ON BOARD THE VESSEL

DATE		BY	

中华人民共和国海关进口货物报关单

预录入编号：　　　　　　　　　　　　　　　　　海关编号：********

进口口岸	备案号	进口日期	申报日期	
经营单位	运输方式	运输工具名称	提运单号	
收货单位	贸易方式	征免性质	征税比例	
许可证号	起运国（地区）	装货港	境内目的地	
批准文号	成交方式	运费	保费	杂费
合同协议号	件数	包装种类	毛重（公斤）	净重（公斤）
集装箱号	随附单证		用途	

标记唛码及备注

项号　商品编号　商品名称　数量及单位　原产国（地区）　单价　总价　币制　征免 规格型号								

税费征收情况

录入员　录入单位 ×××	兹声明以上申报无讹并承担 法律责任	海关审单批注及放行日期 （签章） 审单　　　审价	
报关员　　单位地址 ×××××××　邮编　电话　填制日期	申报单位（签章）	征税　　　统计	
		查验　　　放行	

3. 大连碧海服装有限公司（2115910026）出口男女背心，2013 年 10 月 18 日向大连海关申报，2013 年 10 月 19 日装运出口。

Commercial Invoice

1. Exporter DALIAN BIHAI GARMENT CO.	4. Contract No. 998213	5. L/C No. LC8756965
	6. Country/region of origin CHINA	
2. Importer M/S WAN DONG PAPEL CO. , LTD. 560 – 7, YANCH – GV, KOBE, JAPAN	7. Invoice Date and No.	
	8. Trade mode	
3. Transport details From DALIAN, CHINA To KOBE, JAPAN Vessel: PAIE V. 82E	9. Terms of delivery and payment Payment: L/C	

10. Shipping marks; Container No. BIHAI 998213 KOBE NO. 1 – 160 BEAU9882047 (20') 2000KG	11. Number and kind of packages; Commodity No. ; Commodity description LADIES VEST 100% COTTON MEN'S VEST 100% COTTON	12. Quantity 2820 PCS 3200 PCS	13. Unit Price FOB DALIAN @ USD 10 – @ USD 12 –	14. Amount USD 28200 USD 38400
该公司在合同项下出口男女背心，分列手册（编号：B08002310120 第 3、4 项） PACKED IN 160 CTNS				
15. Total amount（in figure and words） DOLLARS SIXTY – SIX THOUSAND SIX HUNDRED ONLY.				
生产、发货单位均与经营单位一致	16. Exporter stamp and signature DALIAN BIHAI GARMENT CO.			

Packing List

1. Exporter DALIAN BIHAI GARMENT CO.	3. Packing List date
2. Importer M/S WAN DONG PAPEL CO. , LTD. 560 - 7 , YANCH - GV, KOBE, JAPAN	4. Contract No. 998213
	5. Invoice No. and Date

6. Shipping marks; Container No.	7. Number and kind of packages; Commodity name	8. kg Gross weight	9. CBM Cube
BIHAI 998213 KOBE NO. 1 - 160 1 × 20 CONTAINER NO. BEAU 9882047 2000KG	LADIES VEST　　2820 PCS （C：100%） MEN'S VEST （C：100%）　　3200 PCS TOTAL：160 CTNS (6020PCS)	500 KGS 700KGS	

Port of Loading：DALIAN, CHINA
Carrier：PAIE/82E
Final Destination：KOBE, JAPAN
B/L NO. RNS060627
计量单位：件/千克
COUNTRY OF ORIGIN：CHINA

	10. 出口商签章 Exporter stamp and signature - DALIAN BIHAI GARMENT CO.

中华人民共和国海关出口货物报关单

预录入编号：   海关编号：*********

出口口岸	备案号	出口日期	申报日期	
经营单位	运输方式	运输工具名称	提运单号	
发货单位	贸易方式	征免性质	结汇方式	
许可证号	运抵国（地区）	指运港	境内货源地	
批准文号	成交方式	运费	保费	杂费
合同协议号	件数	包装种类	毛重（公斤）	净重（公斤）
集装箱号	随附单证		生产厂家	

标记唛码及备注

项号 商品编码 商品名称 数量及单位 最终目的国（地区） 单价 总价 币制 征免 规格型号								

税费征收情况

录入员 录入单位 ××××	兹声明以上申报无讹并承担 法律责任	海关审单批注及放行日期 （签章） 审单 审价	
报关员 单位地址 申报单位（签章） ××××××× 邮编 电话 填制日期		征税 统计	
		查验 放行	

4. 厦门中宏集团有限公司（3502132072）出口棉涤衬衫、棉涤内裤，2013 年 4 月 17 日向宁波海关申报，2013 年 4 月 19 日装运出口。

Commercial Invoice

<table>
<tr><td colspan="2" rowspan="2">1. Exporter
厦门中宏集团有限公司（3502132072）

XIAMEN ZHONGHONG GROUP. CORP.

HUBING EAST ROAD XIAMEN CHINA</td><td>4. Contract
No. DR99A80</td><td colspan="2">5. L/C No.
LC28312</td></tr>
<tr><td colspan="3">6. Country/region of origin</td></tr>
<tr><td colspan="2" rowspan="2">2. Importer
JYW. CO. LTD.
ROMA, ITALY</td><td colspan="3">7. Invoice Date and No.
BAW990812</td></tr>
<tr><td colspan="3">8. Trade mode</td></tr>
<tr><td colspan="2">3. Transport details

From NINGBO, CHINA
To ROMA. ITALY
Carrier: QIANJIN
Voyage No. 213E</td><td colspan="3">9. Terms of delivery and payment
Payment: L/C</td></tr>
<tr><td>10.
Shipping marks;
Container No.
VAR
ROMA. ITALY
C/N. 1 - 228</td><td>11. Number and kind of packages; Commodity No.; Commodity description

20% POLYSTER80% COTTON
SHIRTS STYLE NO. -01
棉涤衬衫（列对口手册第 3 项）
30% POLYSTER70% COTTON
PANTY, STYLE NO. -22
棉涤内裤（列对口手册第 5 项）
800CTNS</td><td>12. Quantity

10000PCS

12000PCS</td><td>13. Unit Price

EUR2. 00/PC

EUR0. 50/PC</td><td>14. Amount

EUR20000

EUR6000</td></tr>
<tr><td colspan="5">手册号：C22307400193
计量单位：件/千克　　FOB NINGBO EUR26000
B/L NO. HOAF 75001</td></tr>
<tr><td colspan="5">15. Total amount (in figure and words)
SAY EUROPEAN DOLLARS TWENTY SIX THOUSAND ONLY</td></tr>
<tr><td colspan="2">生产、发货单位均与经营单位一致</td><td colspan="3">16. Exporter stamp and signature
DALIAN BIHAI GARMENT CO.</td></tr>
</table>

Packing List

1. Exporter XIAMEN ZHONGHONG GROUP. CORP. HUBING EAST ROAD XIAMEN CHINA	3. Packing List date		
2. Importer JYW. CO. LTD. ROMA, ITALY	4. Contract No. DR99A80		
	5. Invoice No. and Date BAW990812		
6. Shipping marks; Container No. VAR ROMA. ITALY C/N. 1 – 228 2 × 20 CONTAINERNO. MSWU157504 2000KG, MSXU156710 2000KG	7. Number and kind of packages; Commodity name 20% POLYSTER80% COTTON SHIRTS STYLE NO. – 01 30% POLYSTER70% COTTON PANTY, STYLE NO. – 22	8. kg Gross weight 120. 5 KGS 250 KGS	9. CBM Cube
Name of Vessel: QIANJIN Voyage No. 213E From NINGBO To ROMA. ITALY Net Weigh: 349 KGS			
	10. 出口商签章 Exporter stamp and signature XIAMEN ZHONGHONG GROUP. CORP		

中华人民共和国海关出口货物报关单

预录入编号：　　　　　　　　　　　　　　海关编号：**********

出口口岸	备案号		出口日期	申报日期	
经营单位	运输方式		运输工具名称	提运单号	
发货单位	贸易方式		征免性质	结汇方式	
许可证号	运抵国（地区）		指运港	境内货源地	
批准文号	成交方式		运费	保费	杂费
合同协议号	件数		包装种类	毛重（公斤）	净重（公斤）
集装箱号	随附单证			生产厂家	
标记唛码及备注					

项号　商品编码　商品名称　数量及单位　最终目的国（地区）　单价　总价　币制　征免 　　　　　　　　规格型号

税费征收情况		
录入员　录入单位 ××××	兹声明以上申报无讹并承担 法律责任	海关审单批注及放行日期 （签章） 审单　　　审价
报关员　单位地址　申报单位（签章） ×××××××　邮编　电话　填制日期		征税　　　统计
		查验　　　放行

第六部分　我国主要贸易伙伴的海关及报关制度

第八章　我国主要贸易伙伴的海关及报关制度

【本章提要】各国海关的规定不同，他们的通关手续、报关条件也不尽一致，这对我国商人在进出口报关时造成了一定的障碍。因此，知晓我国主要贸易伙伴的报关制度，将有利于我国商人在货物出口前制妥符合进口国规定的有关单证，为货物顺利出关及在进口国顺利通关创造良好条件。欧盟、美国和日本是我国最大的贸易伙伴，因此，本章主要介绍了美国、欧盟和日本的进出口货物报关制度情况，使报关人员能够对我国主要贸易伙伴美国、欧盟和日本的进出口货物通关要求有一定了解。

【典型案例导入】深圳一家美容仪器公司通过一位朋友的介绍，于2012年8月份与美国的一家贸易公司达成一笔2000台美容仪器的出口交易。双方签订合同时，美方并没有告知该深圳公司，美容仪器出口美国要进行FDA注册和认证。由于该公司美容仪器以前没有出口过美国，所以相关业务人员对此并不知晓，结果在美国清关时美国海关要求中方供货商提供FDA认证，而该公司根本就没有这个认证。这样的话，该深圳公司面临两种选择，一种是出口的 2000 台美容仪器被退回或销毁，如果退回货物或者销毁的话，这个损失到底该由谁承担？且退回会产生退回费用，另外在中国还会产生进口关税，如果从香港代理出运的话，退到香港，香港到大陆也有进口税金，销毁的话一无所有。另一种是该公司申请 FDA 注册认证，但是时间较长，到时仓租等费用比货值还高。无奈之下，该公司只得将该批美容仪器退回。

第一节　美国的海关及报关制度

一、美国海关与进出口管理制度

（一）海关与关税制度

美国海关分为两个部分，即海关边境保护局（U. S. Customs and Border Protection，简称 CBP）与移民海关执法局（U. S. Immigration and Customs Enforcement，简称 ICE），分别负责边境执法与案件调查，于 2003 年 3 月 1 日成立，隶属于国土安全部。CBP 的成立，使美国历史上首次实现了由一个机构统一管理进入美国口岸的人员与货物。ICE 拥有约 3 万名工作人员，是联邦政府中最大的调查机构之一。该局是国土安全部下辖的主要调查机构，被赋予了多项职责：截断恐怖融资、反洗钱、打击非法武器买卖、打击移民诈骗和贩卖人口、拘留并驱逐外来犯罪分子和其他美国认为应当驱逐的外国人。另外，该局还监督国内移民和海关法律的实施，对约 9000 项联邦设施实施保护。

美国关税制度采用的是根据海关合作理事会《协调商品名称及编码制度》制定的《美国关税协调表》。大多数美国关税税率为从价税，但某些进口产品，主要是农产品，需缴纳从量税。另外，也有些产品需按复合税率缴纳关税。对于包括糖在内的一些产品还受到关税配额的限制。关税协调表中的关税分两栏列出，一栏包括最惠国待遇税率（美国称其为正常贸易关系待遇税率）及特别优惠税率，另一栏列出不享受最惠国待遇税率的国家应适用的税率。

美国对所有 WTO 成员方给予最惠国税率待遇（古巴除外）。根据 WTO 的统计，2009 年美国简单平均最惠国使用关税税率为 3.5%，农产品的简单平均最惠国使用关税税率为 4.7%，非农产品为 3.3%。

除了基本的最惠国税率以外，某些国家还根据与美国签署的互惠性自由贸易协定，享受更优惠的关税安排。另外，大部分发展中国家和最不发达国家可根据美国单方面设立的关税优惠方案，享受特别优惠关税。

（二）主要进出口管理制度

1. 主要进口管理制度

美国主要依靠关税来对进口产品及其规模进行管理和调节，但对相对敏感的进口产品，如农产品，美国还采用关税配额的方式。在纺织品贸易方面，2005 年 1 月 1 日，美国已如期取消纺织品配额限制。在政府采购方面，未被WTO《政府采购协定》所涵盖的部分，由《1933 年购买美国货法》来约束。其次，出于环保、国家安全、支付平衡等原因，国会通过诸多国内立法，授权行政部门采取配额管理、禁止进口、收取进口附加费等方式对进口实行限制。此类法律包括《1972 年海洋哺乳动物保护法》（动物保护）、《1962 年贸易拓展法》第 232 条款（国家安全）、《1974 年贸易法》第 122 条（支付平衡）等。最后，在美国的商业实践中还存在着大量的产品标准，它们在一定程度上也起到了限制进口的作用。

2. 主要出口管理制度

（1）出口控制。出于保护国家安全、推进美国对外政策，限制生化武器及导弹技术扩散，以及确保一些短缺物资在国内的充足供应等目的，美国政府对部分产品实行出口控制。美国国务院、商务部和财政部等机构负责根据《武器出口控制法》、《1979 年出口管理法》、《出口管制条例》和《1954 年原子能法》等法律规定，实施出口控制。其中，美国商务部产业安全局负责军民两用物资、技术和服务的出口管制，有关军事用途的产品、服务和相关技术数据的出口则由美国国务院管辖，而美国财政部外国资产控制办公室负责确定经济制裁计划中涉及的禁运国家和禁运交易。

2009 年 8 月，美国总统组织一个委员会，对美国出口控制制度进行审查。根据审查结果，并且为了配合之前出台的出口振兴计划，美国总统于 2010 年8 月宣布，将从管制对象、方式、具体实施和管理四个方面对现行出口控制体制进行全面改革。该改革将基于单一出口管制清单、单一许可证签发机构、单一执法协调机构和单一信息技术系统四个原则，重建出口管制制度。

（2）出口促进。美国的出口促进主要表现在出口融资、对外贸易区的免税待遇、出口退税、对外国销售公司的部分境外收入免征所得税以及贸易调整援助计划等方面。

①出口融资。美国进出口银行是美国的官方出口信贷机构。该银行通过一系列贷款、担保和保险计划，向出口商和海外购买商提供融资。这一机构

是 1934 年由时任总统富兰克林·罗斯福总统创建的，银行 85% 的交易直接用于帮助小型企业，2012 年将其贷款能力提高 400 亿美元至 1400 亿美元。迄今为止，它支持了超过 4000 亿美元的美国出口，主要的出口目的地是发展中市场。

②对外贸易区。对外贸易区根据《1934 年对外贸易区法》设立，对进入对外贸易区的外国货物和国产货物免征关税、仓储税或消费税。对外贸易区分一般贸易区和单独贸易区。

③退税。《1930 年关税法》第 313 条创立了退税制度。在该退税体制之下，对进口货物或原材料所收取的关税或其他税费应在其出口时获得退税。

④贸易调整援助。贸易调整援助（Trade Adjustment Assistant，TAA）是美国贸易法授予行政当局的六项贸易救济措施之一，所依据的法律是《1974 年贸易法》经《2002 年贸易法》A 部修订后的内容。根据《2002 年贸易法》，目前美国的贸易调整援助涵盖三部分，即《工人贸易调整援助计划》、《企业贸易调整援助计划》和《农民贸易调整援助计划》。TAA 计划中，《工人贸易调整援助计划》所占比重最大，并一直是整个 TAA 计划的核心。

二、美国进口报关制度

（一）进口报关前的手续

美国《海关法》中，"进口"是指装载进口货物的船只到达美国进口港后，将货物卸下船。报关单证通常由货物放行地海关归档。为办理正式报关手续，进口商必须取得一个进口商身份证明号码。这个身份证明号码必须标在有关进口报关单证上。根据美国海关条例，要求其进口商在其第一次正式办理进口申报手续的同时，申请填写在海关表格 5106 上的一个进口商身份证明号码。

在要求进口商提交即时放行进口申报单以代替进口申报证和即时放行进口申报的情况下，进口商应当在货物运达之前向海关提交这些单证以备其进行初步审查。在这种程序下，要求进口商在货物到达并提交正式即时放行进口申报单证后在缴纳预计应付的税款。

自 2002 年颁布了安全措施以来，美国进口手续发生了重大变化。新的规定要求运往美国的货物在启程前应向美国当局传输有关的电子信息；美国已与一些外国海港达成协议以审查运往美国的集装箱所载货物。另外，《2002 年生物反恐法》要求大多数食品制造和处理企业进行注册，并且所有前往美国的运送食品船只应提前通知美国食品及药物管理局。

（二）进口报关所需单证及要求

1. 海关表格 3461（立即交货的申请与特准）

该表格原来是用于美国联邦法典第 19 卷中规定的立即交货程序的。在某些条件下，海关也接受海关表格 7533（进口货物清单）作为申报单证。

2. 商业发票

如在货物必须申报进口单尚无法取得商业发票时，可将估价的作为发票。

3. 包装清单（装箱单）

商业发票上附一份包装清单，以便美国当局能够对卸装的货物进行详细审查。

4. 任何其他可能需用以特定商品进口资格的单证

5. 办理报关手续授权证明

通常进口商或报关行在提交货物所有权证明后即有权办理报关手续。进口报关也可以由提单中所列明的收货人，或由已经收货人正式签字的提单持有人办理。如果之中提单与订单在一起，则是由已经发货人正式背书的提单持有人办理。由承运人签发的证明办理进口报关手续的个人或公司，即货物所有人的证明文件是取得正式进口报关权的通常途径。另外，提交进口报关单证之日，即货物进口申报之日，应以该日税率计算进口商的应付税款。这一点在税率可能发生变动的情况下极为重要。

（三）进口货物的查验与放行

1. 货物查验放行

海关一般查验具有代表性的进口商品以确定：

（1）进口货物是否属于必须由原产国标记或其他特别标记的货物，并查验其是否符合要求；

（2）装运的货物是否有违禁货物；

（3）货物是否在发票中已正确清楚地列名；

（4）货物是否存在超过或少于发票上所列数量的问题；

（5）货物的应税情况。

2. 即时放行进口规定

货物放行后 10 个工作日内，进口商必须向海关提交即时放行进口申报单证。具体如下：

（1）以交还进口商的进口申报单证（在发票上注有海关查验记录）；

（2）海关表格 7501（用于供消费货物的进口）；

（3）海关表格 5010（进口记录）；

（4）海关表格 5515（特殊海关发票）；

（5）征税、统计报告所需的其他单证。

（四）海关对港口卸货和运输的规定

一个承运人进入美国，其本身不具有卸下货物或者旅客的权利，如海关不签发允许卸下的许可证，货物或者旅客就不能落地。另外，在大多数情况下，在一个港口范围内的货物或者商品的运输应由海关许可的车队或者船队承担。

（五）结税

结税是指对一批进口货物应付或应退税款的最后计算或确定。通过进口的清算而体现海关对进口商做出的决定是最终的、结论性的。在美国海关的自动化处理系统（FMES）管理之下，账户日报表即时向进口商的发布结税通知。对于没有加入该系统的进口商，将在进口港海关用布告宣布正式的结税通知，尽管如此，海关也要用邮寄的方式将结税通知送交进口商。结税通知可有效地让进口商注意到任何与货物原先进口是税率不同的归类或估价。如果结税所用税率高于原先规定的税率，海关将立即向进口商开出额外应付税款的账单。另外，根据美国联邦法典规定的授权，海关关长可为改正事实方面的错误、笔误或不足以构成法律解释错误的任何其他疏忽进行再结税。

第二节　欧盟的海关及报关制度

一、欧盟海关与进出口管理制度

（一）海关管理与关税制度

欧盟为世界上最大的经济体，经过六次扩大，欧盟现有 27 个成员国，人口近 5 亿，总部位于比利时首都布鲁塞尔。欧洲委员会设有海关委员，同时，设有税务与海关同盟总司，主管海关事务。欧盟海关是一个海关联合体，它的联合范围除了取消内部关税和数量限制，实行统一的对外共同关税和贸易管理制度外，还取消了各成员国之间的内部海关限制，统一海关立法。在一定意义上将各成员国的海关变成一个统一的海关，各成员国海关只是统一海关的一个关区或关境中的一个组成部分。这样，海关联合体中各成员之间的货物贸易不受任何海关管理，第三国货物进入该海关联合体关境时，在任何一国海关通关后，可以在全关境内自由流通。

2007 年欧盟海关共处理 1.83 亿份报关单，平均每秒 5.5 份，每年查验

15.45 亿吨海运货物和 11.7 万吨空运货物。欧盟 27 个成员国海关实施同一《海关法典》。根据《海关法典》和《欧共体第 2454/93 号条例》，自 2007 年 1 月 1 日起，欧盟所有成员国进出口货物，必须使用"欧盟统一报关单"进行报关。自 2009 年 7 月 1 日起，必须全面实行电子报关。欧盟各成员国海关当局主要负责监管共同体国际贸易，促进公平、开放的贸易环境，促进内部市场的共同贸易政策以及可对贸易造成影响的共同政策的实施，促进供应链的整体安全。

随着欧盟关于《现代海关法典》的条例的生效，欧盟于 2008 年 4 月 1 日通过文件，决定起草一份关税同盟的发展战略，目的在于完成以《现代海关法典》和无纸通关为开端的改革进程，使海关工作方法更加现代化，加强人员能力建设，有效、高效地对资源进行重新配置。欧盟共同的海关规则已超越关税同盟，共同关税的推行延伸到贸易政策的所有方面，如优惠贸易、卫生与环境、共同工业和渔业政策、利用非关税措施和共同的外部关系政策措施保护欧盟经济利益等。

根据 WTO 统计，2009 年欧盟海关税则共有 9706 条八位税则号，90& 的税则号征收从价税，6.5% 征收从量税，2.7% 征收混合税，0.8% 征收可变关税。目前，欧盟的平均关税水平维持在 4.2%，非农产品的简单平均关税税率为 4.0%。2009 年欧盟简单平均关税税率为 5.3%，其中农产品简单平均关税税率为 13.5%，非农产品为 4.0%。

（二）主要进出口管理制度

1. 主要进口管理制度

欧盟的进口管理制度主要涉及共同进口原则、针对某些第三国实施的共同进口原则、配额管理的共同体程序、普惠制以及其他进口管理措施等方面。

（1）共同进口原则。1994 年，欧盟颁布《关于对进口实施共同原则的第（EC）3285/94 号理事会规则》，规范来自第三国除纺织品以外其他产品的进口。

（2）针对某些第三国实施的共同进口原则。1994 年，欧盟颁布《关于对某些第三国实施共同进口原则的第（EC）519/94 号理事会规则》，规范包括中国在内的 17 个贸易国家除纺织品以外的进口，并规定了欧盟采取必要监管和保障措施的执行程序。

（3）配额管理的共同体程序。1994 欧盟颁布《关于建立配额管理的共同体程序的第（EC）520/94 号理事会规则》及其实施条例的第（EC）738/94 号欧委会规则，成为欧盟实行统一进口配额管理制度的法律依据，内容包括相关进口配额分配办法、进口许可证的管理原则以及管理中的行政决定程序等。新成员加盟之日起，各国原有的进口配额管理、进口许可证制度同时终止。

①进口配额分配。欧盟将进口商分为传统进口商和新进口商。进口配额主要按照以下 3 种方式分配：优先考虑传统进口商；按申请先后次序分配，先来先领；按比例分配。以上 3 种分配方法由欧盟视具体情况选用。如以上方法均不适用，欧盟还可以按规定程序采取特殊的管理措施。

②进口许可证。为实施贸易监督，管理贸易数量，欧盟建立了许可证制度，并与配额结合运用。目前实施许可证的商品包括：来自其他 WTO 成员的部分农产品，如谷物、大米、牛肉、羊肉、牛奶及其制品、糖、加工水果和蔬菜、香蕉、植物油、种子、葡萄酒等。

（4）普惠制。欧盟普惠制方案每三年调整一次，2010 年 5 月 26 日，欧盟委员会发布提案，提出由于立法时间长，新的普惠制安排无法于 2011 年底出台，因此将现行普惠制方案延长到 2013 年 12 月 31 日。现行的普惠制方案包括三种普惠制类型：一般普惠制安排、"加惠"普惠制安排和"除武器外所有商品"普惠制的安排。

2. 主要出口管理制度

《关于实施共同出口原则的第（EEC）2603/1969 号规则》和《关于文化产品出口的第（EEC）3911/1992 号规则》，是欧盟实施出口贸易管理的法律依据。欧盟仅对少数产品实施出口管理措施。

对部分涉及核扩散和大规模杀伤性武器等领域的产品和技术，欧盟实行出口许可制度和最终用户监督制度。近年来，欧盟关于军民两用品出口管制的规定出现较大变化。根据 2000 年 6 月 22 日公布的《关于建立两用产品及技术出口控制体系的第（EC）1334/2000 号规则》，欧盟加强了对软件、技术等无形产品和对以电子媒体、传真和电话等"非人工方式"进行传输、转让等出口行为的控制。同时，出口审批从产品本身延伸到产品零备件供应、维修服务及各种形式的技术服务。该规则仍将中国列为欧盟武器禁运国之一，凡涉及军事用途的向中国出口产品均受到严格控制，基本上禁止出口。

二、欧盟进口报关制度

（一）进口通关程序

进口通关程序在海关法中包括货物自运进关境起至完成所有海关手续并交纳各种税费后海关将货物放行之后的全部过程，一般进口通关程序可分为以下几个阶段：

1. 货物运至海关阶段

这个阶段又称为"进关"阶段，报关人一般办理预报关手续。对海关来说，就是从货物运输人手中接管货物手续，它不同于货物真正运到海关现场。

2. 准备阶段

它是指货物预报关以后至向海关正式报关以前的阶段，在这个阶段，报关人填写报关单，搜集有关报关单证。报关人必须熟悉申请办理海关程序的性质以及货物的名称、用途、发运方式、原产地、来源地、运输方式、数量、包装方式、成交价格、报关地点等事项，其中对货物的税则分类、原产地、海关估价和数量是海关监管和征税必不可少的要件。

3. 正式报关阶段

正式报关阶段是通关程序中最核心的阶段，它从报关人向海关递交报关单开始，由海关接受并审查（并决定对货物是否查验），即征税款后发出放行货物的通知后即结束。报关人除履行各项报关义务外，还必须遵守法律对报关时间和报关地点的规定。

（1）报关时间方面。欧盟的海关法中规定："正式报关应自货物运至海关或其他海关指定或批准地点后立即进行。"在欧盟的统一海关法典中，对时间限制并没有确切天数的限制，但各成员国海关在执行中一般都具体规定一个限制。

（2）报关地点方面。报关地点是指报关人向哪个海关办理具体的报关手续。原则上，报关人可以根据需要，自由选择货物的入境地点，并向入境地点所属海关正式履行报关手续。但是某些特定的货物规定必须在专门的海关报关。这是因为，在欧盟的海关制度中，不是所有的海关都能办理所有货物的通关手续，有些货物的监管需要一批专业人员，或者有些监管制度需要相当一级的海关当局才能批准。

4. 放行阶段

通关程序是以海关放行货物为终结的，一切货物在经过上述三个阶段后，未出现不合法情况，并以清偿各项海关债以后就可以得到海关的放行许可。货物放行并不意味着海关对货物的监管结束，事实上，进口人的义务并没有因海关放行货物而被解除。对按保税制度处理的货物，海关将按照保税制度的规定对货物继续监管。即使是办理自由进出口的货物，进口人也要遵守海关法关于保存进口记录的义务。因为欧盟规定对货物的进口记录，包括有关单证需保存 3 年，在 3 年期限内，海关有权追征漏征的税款或追究违法货物的法律责任。

海关放行货物的许可发出后，报关人应立即提取货物，超过规定期限的，海关将对货物行使处理权。

（二）报关单证的填制

1. 报关单形式

如欲从海关当局获得处理或使用货物的许可，须向海关提交"欧盟统一报关单"（Single Administrative Document，简称 SAD，进口、出口和过境通用，在英国又称海关 C88 表）。根据《欧共体海关法典》和《欧共体第 2454/93 号条例》，在欧盟所有成员国中，均应使用"欧盟统一报关单"进行报关，"欧盟统一报关单"一式八联。

（1）电子申报："欧盟统一报关单"99% 以电子方式提交海关。如进口商或其代理人的计算机系统与海关通关系统兼容，进口商或其代理人获得海关批准后可以直接向海关通关系统（英国海关系统名称是 Customs Handling of Import and Export Freight，简称 CHIEF）录入通关所需信息，之后海关通关系统会自动生成电子报关单。海关批准进口后，将向进口商或其代理人签发《进口入境许可书》。

（2）纸质申报：在个别情况下，企业可在指定海关办公区域递交纸质报关单。海关将会把报关单信息录入通关系统。海关批准进口后，将直接在报关单上盖章，颁发进口入境许可。

2. 申报和受理时限

进口商或其代理人可在货物运抵口岸之前提前 4 天申报（但海关只有在货物运抵后才会接受申报），或在货物运抵口岸后 14 天内申报。

企业申报后，海关批准企业可以对货物进行处理或使用的手续一般应在以下期限内完成：

（1）运输工具进境申报提交之日起 45 天之内（海运货物）；

（2）运输工具进境申报提交之日起 20 天之内（非海运货物）。

3. 报关单申报项目

报关单申报项目应包括实施征收关税，各项规章手续或监管措施所必需的一切内容，主要有：

（1）报关人的姓名及地址。

（2）运输方式，海运进口的，应列明船名及船长的姓名，还要注明载货清单号码。

（3）原产地及来源地，实际收货人的姓名、职业及地址，收货人是多人时，应一一列名。

（4）货包的件数、品质及编号。

（5）货物名称。

（6）货物的重量、长度、面积、体积和件数。

（7）货值，用数字及全称字母表明。货值应随附与正本具有同等效力的发票予以证明。

（8）与金融结算规定有关的内容。要求申报货值的各项成分及与银行有关的内容。

4. 报关单随附单证

报关单随附单证有些是为了证明和放行所必需的，有些是为了支持申报内容所必需的。根据海关法，报关单应随附下列单证：供货商发票、合同、提单、运单、装货单、装箱清单、保险证明、银行汇票，必要时还应提交重量证书、配额证明、原产地证（或者，出口国发票上或其他商业文件上的原产地声明）、ATR 货物流通证书（仅针对土耳其零关税货物）、商品检验证书、动植物检疫证书、食品卫生检验证书、临时进口证书、特定减免税所需证明、批文、进口货物许可证等。

第三节　日本的海关及报关制度

一、日本海关与进出口管理制度

（一）海关与关税制度

日本海关总部为"日本海关及关税局"，为财务省的下属机构，其职能主要包括：对进出口货物、船舶、飞机、旅客进行管理和征收关税；对部分进出口贸易进行审批；管理保税区和编制、公布有关贸易统计。日本银行是日本的中央银行，负责处理有关外汇业务的报告、审查、审批等，编制、公布有关金融统计。

日本关税法律体系主要由《关税法》、《关税定率法》、《关税暂定措施法》等构成。《关税法》规定了关税的征收、进出口货物通关以及相关的船舶进出港手续、保税制度等。《关税定率法》详细规定了关税税率及计税价格的确定方法、关税的减免或退还、反倾销关税等特殊关税制度、禁止进口产品等。在其后所附的关税税率表中，根据世界海关组织（WCO）的《产品名称及编码协调制度》（HS 条约），将所有进口货物分为 21 部 97 类 7200 多个税号（2004 年）。《关税暂定措施法》作为《关税定率法》的补充，对一些暂时性的关税税率、关税减免及退税、普惠关税进行了规定。

日本的关税税率分为三类：固定税率、协定税率和优惠税率。固定税率依据《关税法》和《关税临时措施法》制定。协定税率根据双边或多边协议制订。优惠税率适用于日本自行指定的优惠商品、优惠国家和地区。2009 年，日本最惠国简单平均税率为 4.9%，其中农产品最惠国关税简单平均税率为 5.6%，非农产品最惠国关税简单平均税率为 2.5%。但是，日本仍对部分产品征收过高的关税或实施一些不合理的关税措施。日本的农产品、水产品关税普遍高于工业品。约 80% 的农产品、水产品需要征税，其中相当多的大宗产品税率超过 15%，日本农产品平均关税水平为 16.1%，远高于工业品 3.8% 的平均关税水平。日本对部分产品依加工深度设定了逐步升高的关税。但部分产品的原材料和半成品或制成品的税率差过大，有的甚至高达 30% ~40%。

日本从价、从量税并用（选择税或复合税）的情况大量存在，增加了关税计征的复杂性，另外，日本实施的从量税如果换算成从价税，往往税率较高，尤其是在农产品领域表现更为明显。

（二）主要进出口管理制度

1. 进口管理制度

日本实施进口管理的主要机构是经济产业省和海关。进口管理制度的法律依据主要有《关税法》、《外汇及外国贸易法》、《进出口贸易法》、《进口贸易管理令》。根据日本的有关法律规定，进口货物大体分两类，即自由进口品和非自由进口品。

自由进口品是指既不需要进口审批也不需要提交进口报告书，通关时也不必提交发票的进口货物。这类进口货物包括无偿救济品、无偿样品、指定宣传品、不用于销售的货物、外交官用品、入境随身携带品、职业用品、搬家行李、临时卸货物品等。

非自由进口品是指由日本《进口贸易管理令》所规定的必须进行审批的进口货物，这类进口货物包括进口配额产品、自特定原产地或装运地进口的特定产品、须经主管大臣事前确认才能进口的产品和须向海关提交特定文件的产品等。但《进口公告》第 3 号又规定，对于该公告涉及的产品，如已获得经济产业大臣确认或已向海关提交原产地证书的，则不需进口审批即可获得进口许可。非自由进口品中的进口配额产品包括部分水产品、麻醉药品、核燃料物质、火药、武器等 73 种非自由化产品，以及《华盛顿公约》附录 I 中规定的动植物及其派生物，《蒙特利尔议定书》中规定的破坏臭氧层的物质等。经济产业大臣授权指定外汇银行对进口配额产品的进口进行审批。

非自由进口品中自特定原产地或装运地进口的特定产品主要包括：未签署《国际限制捕鲸条约》的国家为原产地或装运地的鲸及其制品；中国、朝鲜及中国台湾省为原产地或装运地的鲑鱼、鳟鱼及其制品；由外国渔船捕获的、并在海上转驳的海生哺乳动物、鱼贝类、海藻等及其制品；中国及韩国为原产地或装运地的捻丝；以中国、日本本国、韩国及中国台湾省为原产地，且在中国、韩国或中国台湾省以外地区装运的丝织品（除精梳丝织品及混纺丝织品外）；以中国为原产地，在中国以外地区装运的特殊丝织品；以中国及日本本国为原产地的丝织品（除精梳丝织品及混纺丝织品外）制成的膝毯、亚麻床单、亚麻桌布、窗帘等。此类产品的进口许可由经济产业省审批。

非自由进口品中须经主管大臣事前确认方能进口的产品，主要包括某些特定医药品、纺织品、水产品及珍稀野生动物等。

2. 出口管理

日本实施出口管理的主要机构是经济产业省和海关。出口管理制度的法律依据主要有《关税法》、《外汇及外国贸易法》、《进出口贸易法》、《出口贸易管理令》。日本不仅是《瓦森纳协定》的成员国，同时也加入了所有的国际出口管理体系，包括核供应国集团、澳大利亚集团、导弹技术控制制度，对相关国际条约所规定的货物实施审查、许可等出口管理措施。

（1）安全保障出口管制。其对象是武器和被认为有可能转为军用的高科技用品，这两类货物或技术的出口必须获得经济产业大臣许可。纳入安全保障出口管制的货物或技术由《外汇及外国贸易法》及相关政令、省令等作具体规定。一般而言，被列入管制名单的武器，尤其是大规模杀伤性武器、核能相关物品、化学及生物武器相关物品、导弹相关物品、常规武器等的出口必须获得经济产业大臣许可。安全保障出口管制具体由经济产业省贸易管理部负责实施。

（2）对联合国决定予以经济制裁的国家实施的出口限制。

（3）技术提供限制。对于由日本居住者向非日本居住者提供的、与特定种类货物的设计、制造或使用有关的技术时，须经事前出口审批。

二、日本进出口报关制度

（一）进口货物报关制度

日本《关税法》规定货物不论以何种运载工具运抵日本港口或航空港，一般均卸存于海关指定的保税区或保税货棚，等候海关办理查验、纳税、放行手续。海关对货物存储的时间进行限制，超过期限还存放的外国货物，海关将课监管金。

进口货物一般由注册的报关行代表进口商向海关申报，日本 90% 以上的进口申报手续已实现信息化。根据日本《海关法》第六十八条的规定，进口申报时需提交以下单证和文件：

—进口（征收关税）报关单（海关 C - 5020 表格），一式三份；

—发票

—海运提单或空运单

—原产地证书（适用 WTO 税率时提供）

—普惠制原产地证书（表 A）（适用优惠税率时提供）

—装箱清单、运费清单、保险凭证等（必要时提供）

—《海关法》以外的其他法律法规要求提供的许可证、证书等（进口限制类货物时提供）

—关于关税和特别消费税减免税的详细说明（适用减免税时提供）

—关税缴纳凭证（货物需要课征关税时提供）

原则上，上述需额外提供的单证和文件，海关仅在其对确定是否给予入境许可具有重要参考意义时方要求提供。限制类物品必须提供进口许可文件。

(二) 过境和复出口货物报关手续

日本系"陆路进口报关手册暂行公约"的签字国，对所有凭手册从公约缔约国运入日本或经日本运往其他缔约国的集装箱，均按公约规定办理。外国货物如从日本复运出口，均须经海关批准，并向海关呈交出口报关单和商业发票。对进口时给予免税待遇的展览品、专业用工具、私人汽车等，为了免纳进口税，在出口时必须向海关交验原来的免税进口单据。

暂准免税进口用于装配的零件，如与进口记录查对核实无误，并保持原样，海关准予复出口。经通产省和大藏省批准，并采取防止运入国内市场的措施，货物可以免税运往保税区，进行加工后复出口。

【**本章小结**】美国、欧盟、日本是我国最为主要的贸易伙伴，然而不同的国家、地区的报关制度及进出口管理制度又是不尽相同的，这为我国的进出商在同这些贸易伙伴进行交易时带来了一定的麻烦。因此，知晓我国主要贸易伙伴的报关制度，将有利于我国商人在货物出口前制妥符合进口国规定的有关单证，为货物顺利出关及在进口国顺利通关创造良好条件。本章在分析了美国、欧盟与日本的进出口管理制度的基础上研究了其进出口货物的报关制度，为相关人员了解美国、欧盟、日本的报关制度提供了便利条件。

【思考练习】

1. 美国海关 2003 年 3 月 1 日前后有何区别，并带来了哪些影响？

2. 在美国口岸进行进口报关时需要提交哪些单证？

3. 美国海关与其他国家的海关有何区别？

4. 在欧盟海关办理进口报关时需要经过哪些程序？

5. 欧盟海关与其他国家的海关有何区别？

6. 在使用"欧盟统一报关单"进行报关时需要注意哪些问题？

7. 在日本口岸进行进口报关时需要注意哪些问题？

8. 日本海关与其他国家的海关有何区别？

9. 对比分析美国、欧盟、日本海关报关制度的不同点？

10. 试分析美国、欧盟、日本海关报关制度的不同点给我国的对外贸易带来哪些影响？

【案例分析】

1. 2011 年深圳一家外贸公司与美国纽约一家外贸公司达成一笔散货销售合同，当货物在海上还没有到达纽约港时，突然美国客人要我方供货商提供 ISF 10＋2 信息中的船东提单号。而我外贸公司并没有该项信息，也不知道 ISF10＋2 的相关规定。经过多方配合，事情最后得到了妥善的解决，然而，由于不懂 ISF10＋2 新规，还是给该公司带来了不小的损失。请问美国客人要求我方提供 ISF 10＋2 信息中的船东提单号的要求是否合理？

2. 2009 年 8 月，欧盟对《欧盟有机农业规定》91/2092/EC 中有机食品添加剂法规部分进行了重要修订，所涉及的添加剂种类包括色素、饲料、酵母和酶，上述四类添加剂涉及我国目前食品添加剂市场上流通的部分常见品种。因此一旦这些产品出口欧盟不符合相关规定，就将遭遇通关困境，后果非常严重。欧盟是浙江省出口食品的重要市场，而色素、酵母、酶等添加剂在我国普遍应用于蔬菜、鸡蛋、海鲜等食品的生产。新规对出口欧盟的食品类产品市场份额产生极大影响。试分析浙江省面临此种情况应该如何应对？

3. 2012 年 4 月，日本纤维产业联盟正式公布了不使用特定偶氮染料行业自律标准，要求日本进口的纺织服装产品须提供特定偶氮染料检测报告、不使用特定偶氮染料承诺书以及染色工厂详细资料。据介绍，在服装纺织产品使用的染料中，作为部分染料中间体的芳香胺物质若与皮肤接触则有致癌作用，因此，含有这种物质的数百种特定偶氮染料被欧盟、美国等许多国家或地区陆续列入禁止使用的行列。在日本正式发布的行业自律标准中，要求服装纺织产品涉及的 22 种特定偶氮染料含量不得超过 30mg/kg，旨在与国际纺织品标准接轨。2012 年 3 月，福建泉州华美服装公司与日本一家商社签订一笔 2200 套西服套装的销售合同，在此之前该公司和日本交易往来不多，因此对于日本纺织市场并没有及时关注动态。2012 年 6 月，华美服装公司按照合同规定按时交货，但是货到日本海关却无法通关，理由是该公司销售的服装含有特定偶氮染料，禁止进口。不得已，2200 套西服套装只得运回，运费损失及其他费用损失惨重。请问我方公司在该笔交易中损失惨重的最主要原因是什么？给我们带来哪些启示？

《报关实务教程》综合训练

一、单项选择题

1. 下列关于报关企业和进出口货物收发货人报关范围的表述，正确的是（　　）。

A. 两者均可在关境内各海关报关

B. 两者均只能在注册地海关辖区内各海关报关

C. 报关企业可以在关境内各海关报关；进出口货物收发货人只能在注册地海关辖区内各海关报关

D. 报关企业只能在注册地海关辖区内各海关报关；进出口货物收发货人可以在关境内各海关报关

2. 下列关于报关企业和进出口货物收发货人报关行为规则的表述，正确的是（　　）。

A. 进出口货物收发货人在海关办理注册登记后，可以在中华人民共和国境内各口岸或者海关监管业务集中的地点代理其他单位报关

B. 进出口货物收发货人依法取得注册登记许可后，可以在直属海关关区各口岸或者海关监管业务集中的地点办理本单位的报关业务

C. 报关企业如需要在注册登记许可区域以外从事报关服务的，应当按规定向注册地直属海关备案

D. 报关企业如需要在注册登记许可区域内从事报关服务的，应当依法在关区各口岸设立分支机构，并且在开展报关服务前，按规定向注册地直属海关备案

3. 出口监管仓库可以存放（　　）。

A. 进口货物　　　　　　　　B. 进出口货物

C. 出口货物　　　　　　　　D. 加工贸易进口货物

4. 下列不属于海关监管对象的是（　　）。

A. 进出境运输工具　　　　　B. 进出境货物

C. 进出境物品 　　　　　　　　 D. 进出境人员

5. 根据我国缉私体制，不具有查缉走私权力的单位是（　　　）。

A. 海关　　　 B. 公安部门　　　 C. 税务部门　　　　 D. 检察部门

6. 实行"非一批一证"管理的出口许可证，其使用次数最多不超过（　　　）。

A. 3 次　　　　　 B. 6 次　　　　　　 C. 5 次　　　　　　 D. 12 次

7. 下列关于进口废物管理的表述，错误的是（　　　）。

A. 废物进口许可证实行"一批一证"管理

B. 存入保税仓库的废物必须取得有效废物进口许可证

C. 对未列入《限制进口类可用做原料的废物目录》的废物一律不得进口

D. 向海关申报允许进口的废物，应主动向海关提交废物进口许可证，入境货物通关单及其他有关单据

8. 下列列入自动进口许可管理货物目录的货物，可免交自动进口许可证的是（　　　）。

A. 参加 F1 上海站比赛进口后须复出口的赛车

B. 加工贸易项下进口并复出口的成品油

C. 外商投资企业作为投资进口的旧机电产品

D. 每批次价值超过 5000 元人民币的进口货样广告品

9. 一份报关单所申报的货物，应分项填报是（　　　）。

A. 商品编码不同　　　　　　　 B. 计量单位不同

C. 原产国不同　　　　　　　　 D. 币制不同

10. 关于报关单的修改和撤销，以下表述正确的是（　　　）。

A. 海关发现进出口货物报关单需要进行修改或者撤销的，海关可以直接进行修改或撤销

B. 海关发现进出口货物报关单需要进行修改或者撤销的，收发货人或其代理人应当提交进出口货物报关单修改/撤销申请表

C. 收发货人或其代理人要求修改或者撤销报关单的，应当提交进出口货物报关单修改/撤销确认书

D. 因修改或者撤销进出口货物报关单导致需要变更、补办进出口许可证件的，进出口货物收发货人或者其代理人应当向海关提交相应有进出口许可证件

11. 保税加工货物内销，海关按规定免征缓税利息的是（　　　）。

A. 副产品　　　　　　　　　　 B. 残次品

C. 边角料　　　　　　　　　　 D. 不可抗力受灾保税货物

12. 天津某加工贸易经营企业（B 类管理企业）进口 12590 美元的涤纶长丝，委托河北廊坊某加工企业（A 类管理企业）加工袜子后返销出口。该异地加工贸易的银行保证金台账应当（　　）。

A. 由经营企业到所在地银行设台账，半实转

B. 由加工企业到所在地银行设台账，空转

C. 由经营企业到加工企业所在地银行设台账，半实转

D. 由加工企业到经营企业所在地银行设台账，空转

13. 北京某外资企业从美国购进大型机器成套设备，分三批运输进口，其中两批从天津进口，另一批从青岛进口。该企业在向海关申请办理该套设备的减免税手续时，下列做法正确的是（　　）。

A. 向北京海关分别申领两份征免税证明

B. 向北京海关分别申领三份征免税证明

C. 向天津海关申领一份征免税证明，向青岛海关申领一份征免税证明

D. 向天津海关申领两份征免税证明，向青岛海关申领一份征免税证明

14. 从境外启运，在我国境内设立海关的地点换装运输工具，不通过境内陆路运输，继续运往境外的货物是（　　）。

A. 通运货物　　B. 转口货物　　　C. 过境货物　　　　D. 转运货物

15. 根据《中华人民共和国进出口关税条例》的规定，下列表述正确的是（　　）。

A. 适用最惠国税率的进口货物有暂定税率的，应当适用最惠国税率

B. 适用协定税率有进口货物有暂定税率的，应当从低适用税率

C. 适用特惠税率的进口货物有暂定税率的，应当从高适用税率

D. 适用普通税率的进口货物有暂定税率的，应当适用暂定税率

16. 某家企业从法国进口一台模具加工机床，发票分别列明：设备价款 CIF 上海 USD600000，机器进口后的安装调试费为 USD20000，卖方佣金 USD2000，与设备配套使用的操作系统使用费 USD80000。该批货物经海关审定的成交价格应为（　　）。

A. USD702000　B. USD68200　　　C. USD680000　　　D. USD662000

17. 某公司从香港购买一批日本产富士彩色胶卷 8000 卷（宽度 35mm，长度 2m 之内），成交价格为 CIF 上海 HKD12/卷。设外汇折算价为 1 港元 = 1.2 元人民币，以上规格胶卷 0.05 平方米/卷。该批商品的最惠国税率为 30 元人民币/平方米，计算应征进口关税税额为（　　）。

A. 115200 元　　B. 34560 元　　　C. 16800 元　　　　D. 12000 元

18. 海关于 2006 年 4 月 17 日（星期一）填发海关专用缴款书。为避免产

生滞纳金，纳税义务人最迟应缴纳税款的日期是（　　）。

　　A. 4 月 30 日　　B. 5 月 2 日　　　　C. 5 月 8 日　　　　　　D. 5 月 9 日

　　19. 对于买卖双方之间存在的特殊关系是否影响进口货物的成交价格，承担举证责任的是（　　）。

　　A. 行业协会　　B. 卖方　　　　　C. 纳税义务人　　　D. 海关

　　20. 下列关于商品重量的表述错误的是（　　）。

　　A. 毛重是商品本身的重量加其包装材料的重量

　　B. 皮重是指商品内外包装材料的重量

　　C. 净重是指商品本身的实际重量

　　D. 公量是指用科学方法除去商品中的水分后再加上标准水分所得出的重量

　　21. 下列选项在对外贸易交易中被称为"折扣"的是（　　）。

　　A. Allowance　　B. Insurance　　　C. Commission　　D. Freight

　　22. 《2000 年国际贸易术语解释通则》将全部贸易术语分为四组，其中，属于"到达术语"的一组是（　　）。

　　A. E　　　　　B. F　　　　　　C. C　　　　　　D. D

　　23. 下列进出口货物不列入海关统计的是（　　）。

　　A. 退运货物　　　　　　　　B. 租赁期 1 年及以上的租赁进出口货物

　　C. 保税区进出境货物　　　　D. 一般贸易方式进出口货物

　　24. 下列情形适用缴纳风险担保金的是（　　）。

　　A. 申请延期缴纳税款的

　　B. 进境修理和出境加工的

　　C. 加工贸易企业实施联网监管的

　　D. 涉及知识产权保护的

　　25. 知识产权权利人接到海关发现知识产权侵权嫌疑货物的书面通知，请求海关扣留侵权嫌疑货物的，经海关同意提供总担保的，总担保金额不得低于人民币（　　）。

　　A. 10 万元　　B. 15 万元　　　C. 20 万元　　　　　D. 50 万元

二、多项选择题

　　1. 目前，列入我国《禁止出口货物目录》的商品有（　　）。

　　A. 麝香　　　B. 麻黄草　　　C. 木炭　　　　D. 硅砂

　　2. 下列属于海关在监督管理活动中应当行使行政处罚权的有（　　）。

　　A. 未按规定在纸制报关单上加盖报关专用章的

B. 向海关申报进口货物品名不实的

C. 加工贸易企业遗失加工贸易登记手册的

D. 报关员与他人通谋走私、构成走私罪的

3. 海关依法可以注销企业注册登记许可的情况有（　　　）。

A. 注册登记许可有效期届满的

B. 被工商行政管理部门吊销营业执照的

C. 提供虚假资料，骗取注册登记许可的

D. 报关企业依法终止的

4. 根据《中华人民共和国海关法》规定，下列属于海关基本任务的有（　　　）。

A. 监管　　　B. 征税　　　　C. 查缉走私　　　　D. 编制海关统计

5. 在海关注册登记的某进出口公司自行进口货物，可以（　　　）。

A. 由企业自身的报关员办理报关手续

B. 委托其他进出口公司办理报关手续

C. 委托国际货运代理公司办理报关手续

D. 委托报关行办理报关手续

6. 纺织品出口临时管理的适用范围及报关规范是（　　　）。

A. 列入输往欧盟、美国纺织品目录的，经营者在出口之前，应到当地发证机构办理相应的纺织品临时出口许可证

B. 对出口至欧盟、美国以外其他国家（地区）的纺织品，无须申领纺织品临时出口许可证

C. 出口服装样品，每批数量超过 150 件的，可免领纺织品临时出口许可证

D. 纺织品临时出口许可证有效期为 6 个月，逾期作废

7. 下列对两用物项和技术进口许可管理表述正确的是（　　　）。

A. 两用物项和技术进出口前，进出口经营者应当向发证机关申领两用物项和技术进出口许可证，凭以向海关办理进出口报关手续

B. 两用物项和技术进口许可证实行"非一批一证"制和"一证一关"制

C. 两用物项和技术出口许可证实行"一批一证"和"一证一关"制

D. 两用物项和技术进出口许可证有效期一般不超过 1 年，跨年度使用时，在有效期内只能使用到次年 3 月 31 日

8. 关于申报期限，以下表述正确的是（　　　）。

A. 进口货物的申报期限为自装载货物的运输工具进境之日起 14 日内

B. 出口货物的申报期限为货物运抵海关监管区后、装货前 24 小时

C. 经海关批准准予集中申报的进口货物，自装载货物的运输工具申报进境之日起一个月内办理申报手续

D. 经电缆、管道或其他特殊方式进出境的货物，进出口货物收发货人或其代理人应当按照海关的规定定期申报

9. 关于申报地点，以下表述正确的是（　　　）。

A. 进口货物应当在进境地海关申报

B. 出口货物应当在出境地海关申报

C. 保税货物转为一般进口时应当在货物原进境地海关申报

D. 经收货人申请，海关同意，进口货物可以在设有海关的指运地申报

10. 海关可以对已查验货物进行复验，以下属于海关可以复验的情形是（　　　）。

A. 经初次查验未能查明货物的真实属性，需要对已查验货物的某种性状做进一步确认的

B. 货物涉嫌走私违规，需要重新查验的

C. 进出口货物收发货人对海关查验结论有异议，提出复验要求并经海关同意的

D. 海关查验后，检验检疫部门提出复验要求的

11. 采用电子化手册管理的加工贸易企业向海关申请将剩余料件结转至另一个加工贸易合同生产出口时，如不收取保证金、银行保函或采取其他相应的税收保全措施，应符合下列条件（　　　）。

A. 同一经营单位　　　　　　　B. 同一加工厂

C. 同样进口料件　　　　　　　D. 同一加工贸易方式

12. 下列关于加工贸易企业联网监管的表述，正确的是（　　　）。

A. 联网监管目前采用电子账册和电子手册两种方式进行管理

B. 电子账册分为经营范围电子账册和便捷通关电子账册

C. 电子手册管理以企业整体加工贸易业务为单元实施监管

D. 联网企业的加工贸易业务无须由商务主管部门审批

13. 下列关于海关专用监管场所或特殊监管区域保税物流货物存放时间的表述，正确的是（　　　）。

A. 保税仓库存放保税物流货物的时间是 1 年，可以申请延长，延长期最长 1 年

B. 出口监管仓库存放保税物流货物的时间是 1 年，可以申请延长，延长期限最长 1 年

C. 保税物流中心存放保税物流货物的时间是 2 年，可以申请延长，延长

期最长 1 年

D. 保税物流园区存放保税物流货物的时间是 1 年，可以申请延长，延长期最长 1 年

14. 出料加工货物按规定期限复进口，海关审定完税价格时，其价格因素包括（　　）。

A. 原出口料件成本价　　　　　B. 境外加工费

C. 境外加工的材料费　　　　　D. 复运进境的运输及其相关费用、保险费

15. 下列货品进出口时，包装物与所装物品应分别归类的是（　　）。

A. 40 升专用钢瓶装液化氮气　　B. 25 公斤桶（塑料桶）装涂料

C. 纸箱包装的彩色电视机　　　　D. 分别进口的照相机和照相机套

16. 进口环节消费税以从价定率方法计算的，其计税组成价格应当包括（　　）。

A. 关税完税价格　　　　　　　B. 进口关税税额

C. 进口环节增值税税额　　　　D. 进口环节消费税税额

17. 在海关审定完税价格时，纳税义务人应履行的义务包括（　　）。

A. 如实提供单证及其他相关资料

B. 如实申报货物买卖中发生的、有关规定所列的价格调整项目

C. 提供根据客观量化标准对须分摊计算的价格调整项目进行分摊的依据

D. 为先行提取货物，依法向海关提供担保

18. 关于税率适用原则，下列表述正确的是（　　）。

A. 进口货物应当适用纳税义务人申报该货物进口之日起实施的税率

B. 进口货物到达前，经海关核准先行申报的，应当适用装载该货物的运输工具申报进境之日实施的税率

C. 进口转关运输货物，应当适用指运地海关接受该货物申报进口之日实施的税率

D. 保税货物经批准不复运出境的，应当适用海关接受纳税义务人再次填写报关单申报办理纳税及有关手续之日实施的税率

19. 下列不符合优惠原产地认定标准中"完全获得标准"的有（　　）。

A. 由该国（地区）船只在公海捕捞的水产品

B. 由该国（地区）在公海开采的矿产品

C. 该国（地区）利用由他国（地区）加工制造过程中产生的废料加工所得的产品

D. 在该国（地区）领土出生和饲养的活动物

20. 对于已缴纳进出口关税的货物，纳税义务人在规定期限内可以申请退

还关税的有（　　）。

A. 因规格原因原状退货复运进境，并已重新缴纳因出口而退还的国内环节有关税收的

B. 因销售渠道不畅原状退货退运进境，并已重新缴纳因出口而退还的国内环节有关税收的

C. 因品质原因原状退货复运出境的

D. 因故未装运出口申报退关的

21. 下列选项中，属于汇付方式的有（　　）。

A. D/P　　　　　B. M/T　　　　　C. T/T　　　　　D. D/D

22. 某企业申报进境的保税加工料件，经海关批准，在放行前全部退运出境，企业在填制出口货物报关单时，"贸易方式"栏填报错误的有（　　）。

A. 来料料件退换　　　　　B. 进料料件退换

C. 直接退运　　　　　　　D. 退运货物

23. 海关稽查的对象也称为被稽查人，包括（　　）。

A. 经营保税物流的企业　　B. 使用减免税货物的企业

C. 报关企业　　　　　　　D. 报关员

24. 下列行为中，以走私的共同当事人论处的是（　　）。

A. 与走私人通谋为走私人提供海关单证

B. 与走私人通谋为走私人提供邮寄方便

C. 直接向走私人收购走私货物

D. 与走私人通谋为走私人提供贷款

25. 下列情形中，可以向海关申请行政复议的有（　　）。

A. 对海关做出的限制人身自由的行政强制措施不服的

B. 认为海关违法收取滞报金的

C. 对海关税则归类有异议的

D. 对海关关于该企业的分类不服的

三、判断题

（　　）1. 报关企业、进出口收发货人应对其所属的报关员的报关行为承担相应的法律责任。

（　　）2. 根据《中华人民共和国海关法》的规定，中华人民共和国海关是属于立法机关。

（　　）3. 进出口货物的报关是指进出口货物收发货人或其代理人在货物进出口时，采用电子数据报关单和纸质报关单形式向海关申报的行为。

（　　）4. 我国报关企业目前大都采取直接代理形式代理报关，即接受委托人（进出口货物收发货人）的委托，以报关企业自身的名义向海关办理进出口报关手续。

（　　）5. 海关对进出境运输工具的检查不受海关监管区域的限制。

（　　）6. 目前，我国对属于世界濒危物种管理范畴的犀牛角和虎骨仍列入禁止进出口的商品范围。

（　　）7. 列入 2006 年《进口许可证管理货物目录》的有监控化学品、易制毒化学品和消耗臭氧层物质 3 类。

（　　）8. 进出境货物的海关现场放行就是结关。

（　　）9. 一般进出口货物也称为一般贸易货物，是指在进出境环节缴纳了应征的进出口税费并办结了所有必要的海关手续，海关放行后不再进行监管，可以直接进入生产和流通领域的进出口货物。

（　　）10. 海关对按照货物实际价格审定的完税价格一次性征收税款的租赁货物现场放行后，不再对其进行监管。

（　　）11. 加工贸易经营企业申请内销的剩余料件，如果金额占该加工贸易合同项下实际进口料件总额 5% 以内（含 5%）且总值在人民币 1 万元以下（含 1 万元），商务主管部门免予审批，属于进口许可证件管理范围的，企业免交许可证件。

（　　）12. 暂准进出境货物在海关申报进出境时，暂不缴纳进出口税费，但收发货人须向海关提供担保。

（　　）13. 出料加工货物未按海关允许期限复运进境的，海关按照一般进出口货物办理。

（　　）14. 来料加工保税进口料件不得串换。

（　　）15. 海关在审定货物的完税价格时，如买卖双方在经营上有相互联系，一方是另一方的独家代理、经销或受让人的，应当视为有特殊关系。

（　　）16. 出口货物自出口之日起 3 年内，因品质或者规格原因原状复运进境的，不征收进口关税。

（　　）17. 海关审定的进口货物的成交价格，是指卖方向中华人民共和国境内销售该货物时买方变进口该货物向卖方实付、应付的价格总额，包括直接交付的价格和间接支付的价款。

（　　）18. 海关发现多征税款的，应当立即通知纳税义务人办理退还手续，纳税义务人应当自海关发出通知之日起 3 月内办理有关退税手续。

（　　）19. 已征税放行的散装进出口货物发现短卸、短装的，如果该货物的发货人、承运人或者保险公司已对短卸、短装部分退还或者赔偿相应货款的，纳税义务人可以向海关申请退还进口或者出口短卸、短装部分的相应税款。

（　　）20. 在信用证支付方式下，银行根据买方的申请，以买方的名义向卖方开出保证付款的信用证，只要卖方提交符合信用证要求的单据，银行地就保证付款。

（　　）21. 报关单填制中"CIF"、"CFR"、"FOB"等成交方式，是中国海关规定的《成交方式代码表》中所指定的成交方式，与《2000年国际贸易术语解释通则》中的贸易术语的内涵一致。

（　　）22. 在国际贸易实务的有关单证中，英语"VIA"后面跟的名词表示中转地，而"IN TRANSIT TO"后面跟的名词则表示目的地。

（　　）23. 海关对当事人依法应当申报的项目有疑问的，可以向当事人提出查询。如果查询的内容涉及商业秘密，当事人可以拒绝答复。

（　　）24. 在特殊情况下，经海关关长批准，海关可以不经事先通知径行稽查，但径行稽查时仍应制发稽查通知书。

（　　）25. 在海关行政处罚案件中，应当事人要求举行听证的，听证的费用应当由当事人承担。

四、综合实务题

（一）广州天泰化工产品有限公司系新加坡新泰化工产品集团公司投资的一家外商独资企业。2009年3月，天泰公司与新泰公司签约进口××型号的聚乙烯（法定检验，自动进口许可管理）200吨，每吨为CIF广州新风港990美元。装载该货物的运输工具于2012年6月11日（星期一）申报进境，该公司于2012年7月6日向海关办理该批货物的进口报关手续。

根据上述案例，解答下列问题：

1. 该企业向海关办理申报手续时应提交下列哪些单证？（　　）

A. 进口货物报关单　　　　　　B. 提单、发票

C. 自动进口许可证　　　　　　D. 入境货物通关单

2. 按照货物申报的规定，该批货物滞报的时间为（　　）。

（A）8天　　　（B）9天　　　（C）10天　　　（D）11天

3. 海关在确定该批进口货物的完税价格时，对申报价格提出质疑。根据案例提供的材料，海关提出价格质疑的理由应该是（　　）。

A. 卖方对买方处置或者使用该进口货物予以了限制

B. 该批进口货物的价格受到了使该货物成交价格无法确定的条件或者因素的影响

C. 买卖双方存在特殊关系，且影响到成交价格的达成

D. 卖方可能直接或间接从买方获得转售、处置或者使用该进口货物而产生的部分收益

4. 天泰公司在规定的时间内向海关提供相关证据资料后，海关接受了该批进口货物的成交价格。相关证据资料可以是（　　）。

A. 证明该成交价格与卖方当月出售给境内其他普通买方的相同或类似进口货物的成交价格相近的材料

B. 证明该成交价格与卖方当月出售给境外其他普通买方的相同或类似进口货物的成交价格相近的材料

C. 证明该成交价格与按倒扣价格法计算的相同或者类似进口货物的价格相近的材料

D. 证明该成交价格与按计算价格法计算的相同或者类似进口货物的价格相近的材料

5. 设海关在 6 月 11 日使用的计征汇率为 1 美元 = 6.5 元人民币，7 月 6 日使用的计征汇率为 1 美元 = 6.45 元人民币，该批进口货物的关税税率为 10%。该批进口货物的关税税额应为：

（A）128700 元人民币　　　　　（B）127710 元人民币

（C）703 元人民币　　　　　　　（D）19800 美元

（二）天津华新食品有限公司（120724××××）为一家主营粮油加工的企业。为了进一步适应企业发展的需要，企业利用自有资金委托天津外贸有限公司（120721××××）从国外进口一套先进的环保型生产设备，生产设备进口前，向天津海关申领了"进出口货物征免税证明"。该企业加工贸易业务规模扩大，对加工生产流程进行了管理信息化整合，并准备向海关申请加工贸易联网监管。

1. 根据题中给定条件判断，该"进出口货物征免税证明"签注的征免性质为（　　）。

A. 鼓励项目　B. 科教用品　　　C. 自有资金　　　　D. 外资企业

2. 生产设备进口时，其报关单贸易方式栏应填报为（　　）。

A. 一般贸易　　　　　　　　B. 合资合作设备

C. 外贸设备物品　　　　　　D. 加工贸易设备

3. 华新公司向海关申请加工贸易联网监管的基本手续为（　　）。

A. 向商务主管部门申请联网企业加工贸易经营范围审批

B. 向主管海关申请电子账册管理模式的联网监管审批

C. 向商务主管部门申请联网企业的加工贸易合同审批

D. 向所在地主管申请建立电子账册

4. 经批准海关对华新公司实施加工贸易企业联网监管后，其加工贸易货物进出境报关（　　）。

A. 无须对加工贸易合同进行逐票审批

B. 对进出口保税货物的总价值（数量）按照企业生产能力进行周转量控制，取消对进出口保税货物备案数量的控制

C. 实行银行保证金台账制度

D. 无须填制报关单向海关报关

5. 经批准海关对华新公司实施加工贸易企业联网监管后，其加工贸易货物报核（　　）。

A. 实行滚动核销的方式，即对电子账册按时间进行核销

B. 以 180 天为一个报核周期，首次应在电子账册建立之日起 180 天后的 30 天内完成；以后报核期限，从上次报核之日起 180 天后的 30 天内完成

C. 海关进行盘库核对后，发现如果企业实际库存量多于电子底账核算结果的，按实际库存调整电子底账的当期结余数量

D. 海关进行盘库核对后，发现如果企业实际库存量少于电子底账核算结果的，一律按走私行为处理，移交给缉私部门处理

五、商品归类题

1. "日立" 牌彩色等离子电视机（显示屏幕 74 厘米）

2. 装有高压水泵，并配有水炮、云梯等装置的救火车

3. 全棉的漂白平纹机织物，250 克/平方米

4. "鳄鱼" 牌牛皮公文包

5. 晒干的莲子，500 克袋装

6. "美丽" 牌柠檬香型亮光液，600 毫升压力罐装，使用时喷于家具表面

7. 电子眼压记录仪，通过记录眼动脉压、眼静脉压的变化，对眼睛进行诊断

8. 早孕自测卡，纸质，涂有检测试剂，通过与尿液接触后的颜色变化来初步判断是否怀孕

9. 安放在公共场所的饮料自动售货机（装有制冷装置）

10. 红霉素胶囊

11. 冷藏的中华绒螯蟹

12. "女儿红" 牌米酒（酒精浓度 15%），用 2 升的陶罐盛装

13. 由漂白的棉线与黄色的人造棉线织成的平纹机织物，300 克/平方米，棉和人造棉含量各为 50%

14. 绿豆汤罐头，由绿豆煮熟并加糖制成，含固形物质

15. "龙井"绿茶，150 克　塑料袋装

16. 线性低密度聚乙烯粒子

17. "天天"牌盒装面巾纸，250 张/盒，规格 19 厘米×20 厘米

18. 用作局部麻醉的普鲁卡因针剂

19. 美味鸭舌，一种风味小吃，真空包装，15 克/包

20. 海绵橡胶制粉拍，用于化妆时施敷香粉

六、填制报关单

资料 1：

ABC 广州有限公司位于广州经济技术开发区，海关注册编号为 440124 ××××，所申报商品位列 B52084400153 号登记手册备案料件第 13 项，法定计量单位为公斤，货物于 2012 年 7 月 16 日运抵口岸，当日向黄埔海关新港办（关区代码为 5202）办理进口申报手续。保险费率为 0.27%。入境货物通关单编号为 442100104064457。

资料 2:

Invoice

Exporter ABC（HONGKONG）LTD. ROOM X X X, SHATINGALLERIA MEISTREET, FOTAN, N. T, HONGKONG	Invoice Date and No. 12/07/07 BL04060643	
	Contract No. ABC – 1001	L/C No.
Importer ABC（GUANGZHOU）CO, LTD NO. × × FENGHUAROAD, GUANG- ZHOU, CHINA	Country/region of origin KOREA	
	Trade mode CFR HUANGPU	
Transport details VESSEL AND VOAGE：穗德航 30/4 Y0708 SHIPMENT FROM KUNSAN, KOREA TO HUANGPU CHINA VIA HONGKONG	Terms of delivery and payment	

Shipping marks; Container No. N/M；1×20' CONTAINER TEXU2263978 TAREWGT 2280KG	Number and kind of packages; Commodity No.；Commodity de- scription	Quantity	Unit Price	Amount
	16ROLLS H. S：48101300. 10 "HI – QBRAND" ART PAPER 039 – 44 韩松铜版纸	16314KG	0. 8040	US $ 13116. 45

Total amount（in figure and words）
US DOLLARS THIRTEEN THOUSAND ONE HUNDRUND AND SIXTEEN POINT FORTY
FIVE ONLY

	exporter stamp and signature ABC（HONGKONG）LTD.

资料 3：

Packing List

Exporter ABC （HONGKONG） LTD. ROOM ×××, SHATINGALLERIA MEISTREET, FOTAN, N. T, HONGKONG	Packing List date 12/07/07
Importer ABC （GUANGZHOU） CO, LTD NO. ××FENGHUAROAD, GUANGZHOU, CHINA	Contract No. ABC – 1001
	Invoice No. and Date 12/07/07 BL04060643

Shipping marks； Container No. N/M	Number and kind of packages； Commodity name "HI – QBRAND" ART PAPER 039 – 44 韩松铜版纸 16ROLLS	Gross weight 16362kg	Cube

1 × 20'CONTAINER TEXU2263978 TAREWGT 2280KG

	Exporter stamp and signature ABC （HONGKONG） LTD.

中华人民共和国海关进口货物报关单

预录入编号：   海关编号：********

进口口岸	备案号	进口日期	申报日期	
经营单位	运输方式	运输工具名称	提运单号	
收货单位	贸易方式	征免性质	征税比例	
许可证号	起运国（地区）	装货港	境内目的地	
批准文号	成交方式	运费	保费	杂费
合同协议号	件数	包装种类	毛重（公斤）	净重（公斤）
集装箱号	随附单证		用途	

标记唛码及备注

项号 商品编号 商品名称 数量及单位 原产国（地区） 单价 总价 币制 征免 规格型号

税费征收情况

录入员 录入单位 ×××	兹声明以上申报无讹并承担 法律责任	海关审单批注及放行日期 （签章） 审单 审价
报关员 单位地址 申报单位（签章） ×××××××× 邮编 电话 填制日期		征税 统计
		查验 放行

参 考 答 案

一、单项选择题

1. D	2. D	3. B	4. D	5. D
6. D	7. A	8. A	9. D	10. D
11. C	12. C	13. B	14. D	15. B
16. B	17. D	18. C	19. C	20. B
21. A	22. D	23. A	24. C	25. C

二、多项选择题

1. ABCD	2. BC	3. ABCD	4. ABC	5. ACD
6. ABD	7. ABCD	8. ACD	9. ABD	10. ABC
11. ABCD	12. AB	13. AC	14. BCD	15. AD
16. ABD	17. ABC	18. ABCD	19. BC	20. ACD
21. BCD	22. ABD	23. ABC	24. ABD	25. ABCD

三、判断题

1. 对	2. 错	3. 错	4. 错	5. 对
6. 对	7. 错	8. 错	9. 错	10. 错
11. 错	12. 对	13. 对	14. 对	15. 对
16. 错	17. 对	18. 错	19. 错	20. 错
21. 错	22. 对	23. 错	24. 对	25. 错

四、综合实务题

（一）

1. ABCD	2. D	3. C	4. ACD	5. B

（二）

1. C	2. A	3. ABD	4. ABC	5. ABC

五、商品归类题

1. 85281248   2. 87053010   3. 52092100   4. 42021190   5. 12129994

6. 34052000   7. 90185000   8. 38220010   9. 84762100   10. 30042090

11. 03062491   12. 22060000   13. 55164300   14. 20055110   15. 09021090

16. 39019020   17. 48182000   18. 30049090   19. 16023991   20. 96162000

六、填制报关单

1. 进口口岸

答案：浦新港办 5202（提示：从资料 1 中的"当日向黄埔海关新港办（关区代码 5202）"得出。）

2. 备案号

答案：B52084400153（提示：由资料 1 中"所列商品位列 B52084400153 号登记手册第 13 项"可以得出。）

3. 进口日期

答案：2012/7/16（提示：由资料 1 中"货物于 2012 年 7 月 16 日运抵口岸"得出。）

4. 申报日期

答案：免填

5. 经营单位

答案：ABC（广州）有限公司 440124×××（提示：由资料 1.2 中的 CONSIGNEE 得出。）

6. 运输方式

答案：水路运输（提示：从资料 3 中的"vessel"可以得出。）

7. 运输工具的名称

答案：穗德航 30/4Y0708E（提示：从资料 3 中"VESSEL AND VOYAGE NO."可以得出。）

8. 提运单号

答案：SG40746（提示：从资料 3 中"B/L NO."可以得出。）

9. 收货单位

答案：ABC（广州）有限公司 440124×××（提示：由资料 2 中的 CON-SIGNEE 可以得出。）

10. 贸易方式

答案：来料加工（提示：由备案号 B520884400153 前的第一个字母 B 得出。）

11. 征免性质

答案：来料加工（提示：由报关单填制规范和贸易方式、征免性质、用途以及征免逻辑关系对照表 3 – 3 可以得出。）

12. 征税比例

答案：空（提示：征税比例免填。）

13. 许可证号

答案：空（提示：资料中未给出进出口许可证编号，所以为空。）

14. 起运国

答案：中国香港（提示：由资料 2、3 中的"VIA"可以判断出在香港发生了中转，而且通过资料 2 中的"shipper"可以判断出开发票的是香港客商，所以在香港还发生了商业性交易，因此启运国（地区）变为中国香港）

15. 装运港

答案：香港（提示：从资料 2 中的 via HONGKONG 说明货物在香港发生中转，则香港为装运港可以得出。）

16. 境内目的地

答案：广州经济技术开发区（提示：从资料 1 中的"ABC（广州）有限公司位于广州经济技术开发区"可以得出。）

17. 批准文号

答案：空（提示：免于填报。）

18. 成交方式

答案：CFR（提示：根据资料 2 中的单价栏下所对应得内容可以得出。）

19. 运费

答案：空（提示：使用 CFR 术语，买方不负责运费，所以本栏目为空。）

20. 保费

答案：0.27（提示：由资料 1 中的"保险费率为 0.27%"得出。）

21. 杂费

答案：空（提示：本案例没有给出。）

22. 合同协议号

答案：ABC – 001（提示：由资料 2 中的 CONTRACT NO. 可以得出。）

23. 件数

答案：16（提示：由资料 2、3 中的"QUANTITY"中显示的内容可以得出。）

24. 包装种类

答案：卷（提示：由资料 2、3 中的"16ROLLS"可以得出。）

25. 毛重

答案：16362（提示：从资料 3 中的"GW"（GROSS WEIGHT）可以得出。）

26. 净重

答案：16314（提示：从资料 3 中的"NET WEIGHT"得出。）

27. 集装箱号

答案：TEXU2263978/20/2280（提示：由资料 3 中的 CONTAINER NO. 可以得出。）

28. 随附单据

答案：A：442100104064457（提示：由于资料 1 中得出。）

29. 用途

答案：加工返销。（提示：由贸易方式、征免性质、用途以及征免逻辑关系对照表 3 – 3 可以得出）

30. 标记唛码及备注

答案：N/M（提示：由资料中的"MARKS"栏下所提示的内容可以得出。）

31. 项号

答案：01

　　　13

（提示：一般贸易，而且资料中没有特殊的提示，所以项号为 01。）

32. 商品编码

答案：48101300. 10（提示：由资料 1 可以得出。）

33. 商品名称、规格型号

答案：韩松铜版纸

"HI – QBRAND" ART PAPER 039 – 44

（提示：由资料 2 中的"DESCRIPTION"项下的内容可以得出。）

34. 数量及单位

答案：16314 公斤（提示：由资料 2 中的"QUANTITY"项下的内容可以得出。）

35. 原产国

答案：韩国（提示：由资料 2 中的"FROM TO"可以得出。）

36. 单价

答案：0.8040（提示：由资料 2 中可以得出"UNIT PRICE"所显示的内容可以得出。）

37. 总价

答案 13116.45（提示：由资料 2 中的"AMOUNT"栏所对应的内容可以得出。）

38. 币制

答案：美元（提示：从资料 1 中单价总价栏可以得出。）

39. 征免

答案：全免（提示：由贸易方式、征免性质、用途以及征免逻辑关系对照表 3 – 3 可以得出。）

《报关实务教程》教学大纲

一、英文名课程名称：The Practice of Declaration

二、建议学时：48 学时

三、适用对象：经贸类相关专业

四、选修课程：国际贸易地理、国际贸易概论、国际贸易实务

五、课程性质、目的与任务

本课程是经贸类专业的一门核心课程。通过教学，学生能掌握报关业务所需的基本知识，以 H2000 电子报关系统的报关程序为重点，达到规范地填写进出口报关单、快速地进行商品归类、准确地计算进出口税费、正确地处理进出口货物的报关手续，进而不断提高在报关业务中的动手能力、理解能力和动态思维能力。

六、教学内容

第一章 报 关 概 述

【教学目的和要求】

通过教学，学生能掌握报关的范围及分类，掌握报关单位的分类及行为规范、法律责任，掌握报关员的职责、权利与义务、行为规范、法律责任。

【教学重点与难点】

重点：报关的分类、报关单位的分类及行为规范、报关员的权利与义务及行为规范

难点：自理报关行为与代理报关行为，报关单位和报关员的行为规范

【教学要点】

第一节 报 关

一、报关的概念

二、报关的内容

三、报关的分类

第二节 报关单位

一、报关单位的概念

二、报关单位的类型

三、报关单位的行为规则

四、报关单位的海关法律责任

第三节 报关员

一、报关员的概念

二、报关员备案

三、报关员水平测试考试

第二章 海关与报关管理制度

【教学目的和要求】

通过教学，学生能了解海关的管理体制与机构设置，熟悉报关与海关管理的关系，重点掌握海关的任务与权力；掌握报关单位的注册登记制度和分类管理制度；熟悉报关员的注册登记与考核管理制度。

【教学重点与难点】

重点：海关的任务与权力、报关单位的注册登记制度和分类管理制度、报关员的注册登记与考核管理制度

难点：对海关权力的理解、报关单位的注册登记制度和分类管理制度

【教学要点】

第一节 海关介绍

一、海关的起源

二、海关的性质

三、海关的任务

四、海关的权力

五、海关的管理体制与组织机构

第二节 报关单位的管理制度

一、报关注册登记制度

二、海关对报关单位的分类管理制度

第三章 基本报关制度

【教学目的和要求】

着重介绍一般进出口货物、保税货物、减免税货物、暂准进出境货物的通关制度，通过教学，学生能熟悉各类进出口货物的含义，掌握各类进出口

货物报关的基本要求及基本程序。

【教学重点与难点】

重点：四类基本货物的通关制度

难点：保税货物的报关制度

【教学要点】

第一节 一般进出口货物的报关制度

　　一、一般进出口货物概述

　　二、一般进出口货物报关程序

第二节 保税加工货物的报关制度

　　一、保税加工货物概述

　　二、电子化手册管理下的保税加工货物报关制度

　　三、电子账册管理下的保税加工货物报关程序

　　四、出口加工区

第三节 保税物流货物的报关制度

　　一、保税物流的经营形式

　　二、保税物流货物的管理

　　三、保税仓库货物的报关程序

　　四、保税区

第四节 减免税货物的报关制度

　　一、关税减免概述

　　二、减免税货物的管理

　　三、减免税货物的报关程序

第五节 暂准进出境货物的报关制度

　　一、暂准进出境货物概述

　　二、暂准进出境货物报关程序

第四章　特殊报关制度

【教学目的和要求】

　　着重介绍几类特殊货物的通关制度，通过教学，学生能熟悉转关货物、过境、转运、通运货物、租赁货物、无代价抵偿货物、出料加工货物、溢卸、误卸、放弃、超期未报货物、退运货物、退关货物等几类特殊货物报关的基本要求及基本程序。

【教学重点与难点】

　　重点：转关货物报关、过境、转运、通运货物

难点：转关货物报关

【教学要点】

    一、转关货物

    二、过境、转运、通运货物

    三、租赁货物

    四、无代价抵偿货物

    五、出料加工货物

    六、溢卸货物和误卸货物

    七、放弃货物、超期未报货物

    八、退运货物

    九、退关货物

第五章　进出口商品归类

【教学目的和要求】

着重介绍商品归类的总则，通过教学，学生能重点掌握商品归类的六个规则。

【教学重点与难点】

重点：规则一至六

难点：规则一至六

【教学要点】

第一节　《商品名称及编码协调制度》

    一、《商品名称及编码协调制度》

    二、《商品名称及编码协调制度》的主要优关

    三、商品编码表及编码结构

    四、注释

第二节　《协调制度》归类总则

    一、规则一

    二、规则二

    三、规则三

    四、规则四

    五、规则五

    六、规则六

第六章　进出口税费的计征

【教学目的和要求】

着重介绍进出口税费的计算，通过教学，学生可重点掌握进出口关税、进出境增值税、消费税的计算，熟悉税费的缴纳期限及滞纳金的计算。

【教学重点与难点】

重点：进出口关税的计算

难点：进出境环节消费税的计算

【教学要点】

第一节　进口关税的计征

　　一、进口关税的概述

　　二、进口货物完税价格的审定

　　三、进口关税率的适用

　　四、进口关税的计算

第二节　出口关税的计征

　　一、出口关税的概述

　　二、出口货物完税价格的审定

　　三、出口关税的计算

第三节　进出口环节税的计征

　　一、消费税

　　二、增值税

第四节　其他税费的计征

　　一、滞报金

　　二、滞纳金

第七章　进出口货物报关单的填制

【教学目的和要求】

着重介绍了报关单的填制，通过教学，学生能掌握报关单的类别，掌握进出口货物报关单各栏目的填制规范及相关栏目间的逻辑关系，掌握根据原始单据填制进出口货物报关单的方法。

【教学重点与难点】

重点：报关单的填制

难点：经营单位、贸易方式、征免性质、起运国（地区）/运抵国（地

区）、装货港/指运港

【教学要点】

第一节　进出口报关单的概述

　　一、报关单的种类

　　二、报关单填制的一般要求

第二节　进出口报关单的填制规范

　　一、预录入编号

　　二、海关编号

　　三、进口口岸/出口口岸

　　四、备案号

　　五、合同协议号

　　六、进口日期/出口日期

　　七、申报日期

　　八、经营单位

　　九、收货单位/发货单位

　　十、申报单位

　　十一、运输方式

　　十二、运输工具名称

　　十三、航次号

　　十四、提运单号

　　十五、贸易方式（监管试）

　　十六、征免性质

　　十七、征税比例/结汇方式

　　十八、许可证号

　　十九、起运国（地区）/运抵国
　　　　　（地区）

　　二十、装货港/指运港

　　二十一、境内目的地/境内货
　　　　　　源地

　　二十二、批准文号

　　二十三、成交方式

　　二十四、运费

　　二十五、保费

　　二十六、杂费

　　二十七、件数

　　二十八、包装种类

　　二十九、毛重（公斤）

　　三十、净重（公斤）

　　三十一、集装箱号

　　三十二、随附单据

　　三十三、用途/生产厂家

　　三十四、标记唛码及备注

　　三十五、项号

　　三十六、商品编号

　　三十七、商品名称、规格型号

　　三十八、数量及单位

　　三十九、原产国（地区）/最终
　　　　　　目的国（地区）

　　四十、单价

　　四十一、总价

　　四十二、币制

　　四十三、征免

　　四十四、税费征收情况

　　四十五、录入员

　　四十六、录入单位

　　四十七、填制日期

　　四十八、海关审单批注及放行日
　　　　　　期（签章）

第八章　我国主要贸易伙伴的海关及报关制度

【教学目的和要求】

着重介绍美国、欧盟、日本的海关及报关制度，通过教学，学生能了解美国、欧盟、日本的海关及报关制度。

【教学重点与难点】

重点：美国、欧盟、日本的报关制度

难点：美国、欧盟、日本的报关制度

【教学要点】

第一节　美国的海关及报关制度

　　一、美国海关与进出口管理制度

　　二、美国进口报关制度

第二节　欧盟的海关及报关制度

　　一、欧盟海关与进出口管理制度

　　二、欧盟进口报关制度

第三节　日本的海关及报关制度

　　一、日本海关与进出口管理制度

　　二、日本进出口报关制度

七、建议课程学时分配

章	内　容	参考学时
一	报关概述	4
二	海关与报关管理制度	4
三	基本报关制度	14
四	特殊报关制度	4
五	进出口商品归类	2
六	进出口税费的计征	6
七	进出口货物报关单的填制	12
八	我国主要贸易伙伴的海关及报关制度	2

《报关实务教程》模拟试题

题 号	一	二	三	四	五	总分
得 分						
阅卷教师						

一、单项选择题（20 * 1′ = 20′）

请在下列各题的答案选项中选出一个正确答案，并将答案写在答题纸上，多选、不选、错选均不得分。

1. 某航空公司以租赁方式从美国进口一架价值 USD1800000 的小型飞机，租期 1 年，年租金为 USD60000，此情况经海关审查属实。在这种情况下，海关审定该飞机的完税价格为（　　）

　　A. USD1800000　　　B. USD1740000　　　C. USD1860000　　　D. USD60000

2. 我国政府已经部分加入了《ATA 公约》和《货物暂准进口公约》，目前 ATA 单证册在我国仅适用于部分货物，按照现行的规定下列不属于 ATA 单证册适用范围的货物是（　　）

　　A. 昆明世界园艺博览会上的进口展览品

　　B. 广州商品交易会上的暂准进口货物

　　C. 美国政府代表团访华人员随身携带的物品

　　D. 财富论坛年会暂准进口的陈列品

3. 暂准进口的施工机械、工程车辆、安装用仪器应在规定期限内复运出境，超过规定期限，应从（　　）时间开始按月征收进口关税和进口环节税。

　　A. 第 6 个月　　　B. 第 8 个月　　　C. 第 7 个月　　　D. 第 12 个月

4. 进口货物的收货人自运输工具申报进境之日起超过（　　）未向海关申报的，其进口货物由海关提取依法变卖处理。

　　A. 一个月　　　B. 三个月　　　C. 六个月　　　D. 九个月

5. 海关接受申报后，未经海关同意，报关单证及其内容（　　）

　　A. 不得修改或者撤销　　　　　　B. 只能修改，不能撤销

C. 不能修改，只能撤销　　　　　D. 可以修改和撤销

6. 根据《中华人民共和国海关稽查条例》，从事对外贸易的企业保管报关单证的期限是（　　）

A. 自进出口货物申报之日起 3 年

B. 自进出口货物放行之日起 3 年

C. 企业可自行规定，但是销毁报关单证后必须向海关报告

D. 企业可自行规定，并且销毁报关单证后无须向海关报告

7. 以下关于海关工作人员回避问题的判断，不正确的是（　　）

A. 被稽查企业的会计是稽查组成员小杨的大学同学，小杨必须回避

B. 调查局局长在调查处理一起案件时，发现其子参与了违法行为的实施，该局长应当回避

C. 调查局审理处处长的配偶是涉嫌走私公司的会计，该审理处长应当回避

D. 调查局审理处处长的女儿是涉嫌走私公司的经理，该审理处长应当回避

8. 以下表述，正确的是（　　）

A. 海关及其工作人员的行政执法活动接受监察机关的监督，所以海关的财政收支由监察机关负责监督

B. 海关招收工作人员应当公开考试，这是法定的

C. 业务量小、工作人员少的海关，可以由一人同时负责审单岗位和查验岗位

D. 业务量大、工作人员少的海关，可以由一人同时负责审单岗位和查验岗位

9. 报关企业是指已完成（　　）手续，取得办理进出口货物报关资格的境内法人。

A. 工商注册登记　　　　　　　　B. 税务登记

C. 企业主管部门批准　　　　　　D. 海关报关注册登记

10. 报关企业、报关人员非法代理他人报关或者超出其业务范围进行报关活动的，由海关责令改正，处以罚款，暂停其执业。情节严重的应（　　）

A. 依法追究刑事责任　　　　　　B. 取消报关从业资格

C. 依法予以取缔　　　　　　　　D. 永远不得从事报关业务

11. 进出口货物收发货人是必须在（　　）完成报关注册登记手续方可取得办理报关资格。

A. 海关总署　　　B. 直属海关　　　C. 隶属海关　　　D. 所在地海关

12. 下列单位中，海关一般不予核发注册登记证书，仅出具临时报关单位注册登记证明的是（　　）。

A. 圆通报关行　　　　　　　　　B. UPS 国际快递公司

C. 中国国际贸易进出口公司　　　D. 清华大学

13. 某隶属海关在对辖区内一起涉嫌走私案件的调查过程中，经上级海关关长批准，于 2012 年 4 月 15 日 18 时对走私犯罪嫌疑人王某予以扣留，如无特殊情况该海关应在何时前对王某解除扣留？（　　）

A. 2012 年 4 月 17 日 18 时前　　　B. 2012 年 4 月 16 日 18 时前

C. 2012 年 4 月 19 日 18 时前　　　D. 2012 年 4 月 18 日 18 时前

14. 大连某中日合资企业委托辽宁省机械设备进出口公司与日本三菱重工签约进口工程机械，并委托大连外运公司代理报关，在填制进口报关单时，"经营单位"一项应为（　　）。

A. 该中日合资企业　　　　　　　B. 辽宁省机械设备进出口公司

C. 日本三菱重工　　　　　　　　D. 大连外运公司

15. 某批进口货物，自载运货物的运输工具申报进境之日起，已超过三个月，收货人或其代理人仍未向海关申报。这种情况海关应采取下列选项中的（　　）方式处理

A. 将货物没收，全部变价上缴国库

B. 将货物扣留，待收货人或其代理人报关时罚款处理

C. 将货物提取变卖，价款扣除各项费税后，余款保存一年，经收货人申请可以发还，逾期无人申请的上缴国库

D. 将货物扣留，待收货人或其代理人报关时，除按日征收滞报金外，加处罚款

16. 根据海关规定，成立专业报关企业应由（　　）部门批准。

A. 国家经贸委　　B. 外经贸部　　　C. 所在地海关　　　D. 海关总署

17. 某公司进口涤纶样品一包，海关审定其完税价格为人民币 1400 元。涤纶的关税税率为 15%，经计算海关应征收的关税税额为（　　）

A. 150 元　　　　B. 160 元　　　　C. 210 元　　　　D. 300 元

18. 如果出口货物的销售价格中包含了出口关税，则出口货物完税价格的计算公式为：（　　）

A. FOB（中国境内口岸）/（1 + 出口关税税率）

B. FOB（中国境内口岸）/（1 − 出口关税税率）

C. CIF（中国境内口岸）/（1 + 出口关税税率）

D. CIF（中国境内口岸）/（1 − 出口关税税率）

19. 郑州某企业使用进口料件加工的成品,在郑州海关办理出口手续,经天津海关复核放行后装船运往美国。此项加工成品复出口业务,除了按规定办理出口手续外,还需要办理( )手续。

A. 境内转关运输手续   B. 货物过境手续

C. 出口转关运输手续   D. 货物登记备案手续

20. A 类报关企业代理 B 类进出口货物收发货人开展报关业务时,海关对其实施( )

A. A 类管理   B. B 类管理

C. C 类管理   D. A 类、B 类均可

二、判断题（10 * 1′ = 10′）

根据报关业务规定,请对下列各题做出判断,"√"表示正确,"×"表示不正确,并将答案写在答题纸上,答错、不答均不得分。

( ) 1. 一艘来自英国的大型货轮,装有大量货物,到达大连港后,由船的所有人 MIKE 负责到大连海关对船只报关,因为货物是由船长 PETER 负责运输而来,所以由 PETER 对货物报关。

( ) 2. 某运输公司从德国某租赁公司租入了期限为 2 个月的集装箱 2 个,作为其短期经营的运输包装工具,该集装箱通关时,应按照租借集装箱的有关规则,可以保证函为担保免税通关。

( ) 3. A 企业是保税区内加工企业（属 A 类企业）,按规定其加工所需进口原料,进口报关时实行保证金台账制度的"空转"。

( ) 4. 2012 年 11 月,大连海关对张某的走私行为进行调查取证时,经大连海关关长的批准,到青岛的张某个人公司及住处进行了检查。

( ) 5. 大连汽车配件公司从日本进口一批汽车零部件,自行签订进口合同后,把该批零件的报关业务交由大连汽车贸易集团报关部代理报关。

( ) 6. 一般进口通关制度要求企业"一般情况下要对限制性进口货物提供许可证放行,但特殊情况下,无证也可放行"。

( ) 7. 大连某服装厂与韩国某纺织公司进行了服装与布匹的交换贸易,因为服装与布匹的交换同时进行且价值等值,进（布）与出（服）相抵,所以可适用暂时进口通关制度。

( ) 8. 瑞典某机电品零部件加工厂将一批零部件转至大连某装配厂,2 个月装配期满,机电品返运回该厂,业务中该厂无偿提供润滑剂,该笔装配业务及润滑剂进口都适用保税进口通关制度。

( ) 9. A 企业将一批货物（从日本购进）存放于大连保税区,半月

后，出售给英国一企业，该货物进口时要报关，出口时可免税。

（   ）10. 大连某企业从国外购进一批教学用具，无偿捐赠给当地一乡村小学，因其进口业务是为捐赠而不是销售获利，所以进口报关时可免税入关。

三、综合业务题（10 * 2′ = 20′）

请在下列各题目的答案选项中选出正确答案，并将答案写在答题纸上，多选、少选、错选、不选均不得分。

（一）大连会展中心进口展览一批法国价值150万美元石膏雕塑展品100件，展期为一个月，2013年7月8日办理了该批展品的通关手续，展览结束后，80件展品运回法国，大连会展中心留购18件展品，2件展品损毁。

根据上述案例，选择回答下列问题：

1. 展览结束后，18件大连会展中心留购的展品（   ）。

A. 折半   B. 免税   C. 保税   D. 纳税

2. 关于该批展品进口的查验可以（   ）。

A. 现场查验   B. 出境环节查验   C. 进境环节查验   D. 无须查验

3. 展览结束后，80件运回法国的展品（   ）。

A. 纳税   B. 免税   C. 保税   D. 折半

4. 该批展品进口报关时，（   ）。

A. 必须以 ATA 单证担保

B. 可以 ATA 单证担保，无须填写报关单申报

C. 可以保证金担保，并填写报关单申报

D. 可以 ATA 单证担保，并填写报关单申报

5. 展览结束后，2件损毁的展品应（   ）。

A. 保税   B. 免税   C. 纳税   D. 折半

（二）大连新世纪进出口有限公司（2102250×××，A类管理企业）凭"C"字头备案号的登记手册向大连机场海关申报进口已鞣未缝制张兰狐皮1000张及辅料一批，以履行蓝狐皮大衣的出口合同。货物进口后，交由大连伟达服饰有限公司（2102930×××，B类管理企业）加工，合同执行期间，因加工企业生产规模有限，经与境外订货商协商后更改出口合同，故兰狐皮耗用数量减为600张。经批准，剩余的400张兰狐皮中的300张结转至另一加工贸易合同项下；100张售予沈阳华亿服装有限公司（2101940×××，C类管理企业）用以生产内销产品。

根据上述案例，选择回答下列问题：

6. 100 张兰狐皮转为内销，须符合下列规定（   ）。

A. 应经海关批准

B. 应由沈阳华亿服装有限公司办理内销料件的进口报关手续

C. 应由沈阳华亿服装有限公司缴纳内销料件的进口进口税费

D. 如属进口许可证件管理的，应按规定向海关补交进口许可证件

7. 根据加工贸易银行保证金台账制度的规定，1000 张进口兰狐皮应（   ）。

A. 不设台账，亦无须缴付保证金

B. 设台账，按进口料件应征税款的 50% 缴付保证金

C. 设台账，按进口料件应征税款全额缴付保证金

D. 设台账，但无须缴付保证金

8. 在加工过程中产生的边角料，企业可以按照下列方式处理（   ）。

A. 放弃交海关处理   B. 内销，缴纳进口税

C. 退运报关   D. 经海关批准后销毁

9. 上述报关活动中涉及的各家企业，属于报关活动相关人的是（   ）。

A. 大连新世纪进出口有限公司

B. 大连伟达服饰有限公司

C. 沈阳华亿服装有限公司

D. 大连伟达服饰有限公司和大连新世纪进出口有限公司

10. 300 张兰狐皮结转至另一加工贸易合同项下后，税费征收的形式为（   ）。

A. 照章   B. 保税   C. 免税   D. 折半

四、计算题（2 * 5′ = 10′）

1. 某出口货物成交价格为 CIF 利物浦 80000 美元，另外运费为总价 700 美元，保险费率为 0.3%，汇率为 1 美元 = 6.1124 人民币，关税税率为 5%。计算出口关税税额。

2. 大连某贸易公司从德国进口 2000 箱饮料，申报价格为 CIF 大连 USD10/箱，经海关审查属实。该饮料的关税税率为 4.0%，消费税税率为 20%，增值税税率为 17%，外汇牌价为 1 美元 = 6.1124 元人民币。计算增值税税额。

五、报关单填制（1 * 40′ = 40′）

请根据所提供的原始单据，按照报关单填制规范的要求，在答题纸的报

关单对应栏目中做出正确的答案。

资料1：

华达利家具（中国）有限公司（3223940094）从国外购进一批牛皮，加工制造成皮沙发出口。加工成沙发后（属于法定检验检疫）于2012年4月18日出口，生产、发货单位与经营单位相同，手册号C23257402884，该货列手册第5项，运费5%，外汇核销单号码：29/1837117；法定计量单位：个。由上海宝丰联报关有限公司向上海吴淞海关（2202）申报。出境货物通关单编号为：310300104195876。

资料 2：

Invoice

Exporter HUADALI FURNITURE LTD. NO. ×× SONGBINROAD, SHANGHAI, CHINA	Invoice Date and No. 2012/04/16 HK0316	
	Contract No. KS97028	L/C No. LC320801005
Importer LAAUSER DESIGN PTE LTD 639 ZHONGHUAN ROAD MANSION JHJ12 – 508 HONGKONG	Country/region of origin CHINA	
	Trade mode CPT HONGKONG	
Transport details Shipper：DANU BHUM VOY：S009 From SHANGHAI to LONDON via HONGKONG B/L NO. LU92412316 2ND VESSEL：GOLDEN BRIDGE V. 10W	Terms of delivery and payment	

Shipping marks；Container No. N/M	Number and kind of packages；Commodity No.；Commodity description 260PCS LEATHER FURNITURE 皮沙发 HS CODE：94016100	Quantity 260PCS	Unit Price USD 300/PC	Amount USD 78000

CONT NO.
OOLU5083793（1 * 40）TARE WEIGHT 5189
OOLU5216324（1 * 40）TARE WEIGHT 5028
OOLU5069060（1 * 40）TARE WEIGHT 5276

Total amount（in figure and words）
US DOLLARS SEVENTY – EIGHT THOUSAND ONLY

Exporter stamp and signature
HUADALI FURNITURE LTD.

资料 3：

Packing List

Exporter HUADALI FURNITURE LTD. NO. × × SONGBINROAD, SHANGHAI, CHINA	Packing List date 2012/04/18
Importer LAAUSER DESIGN PTE LTD 639 ZHONGHUAN ROAD MANSION JHJ12 – 508 HONGKONG	Contract No. KS97028
	Invoice No. and Date HK0316 2012/04/16

Shipping marks； Container No. N/M	Number and kind of packages； Commodity name 260PCS LEATHER FURNI- TURE 皮沙发	Gross weight 9620KGS	Cube

CONT NO.
OOLU5083793/287353 （1 * 40） （ITEM1 – 85 PACKED INTO THIS CONTAINER）
OOLU5216324/287487 （1 * 40） （ITEM86 – 170 PACKED INTO THIS CONTAINER）
OOLU5069060/287495 （1 * 40） （ITEM171 – 260 PACKED INTO THIS CONTAINER）
N. W：9620KGS

Exporter stamp and signature
HUADALI FURNITURE LTD.

中华人民共和国海关出口货物报关单

预录入编号： 海关编号：*************

出口口岸	备案号		出口日期	申报日期	
经营单位	运输方式		运输工具名称	提运单号	
发货单位	贸易方式		征免性质	结汇方式	
许可证号	运抵国（地区）		指运港	境内货源地	
批准文号	成交方式		运费	保费	杂费
合同协议号	件数		包装种类	毛重（公斤）	净重（公斤）
集装箱号	随附单证			生产厂家	

标记唛码及备注

项号 商品编码 商品名称 数量及单位 最终目的国（地区） 单价 总价 币制 征免 规格型号

税费征收情况

录入员 录入单位 ×××	兹声明以上申报无讹并承担法律责任	海关审单批注及放行日期（签章） 审单 审价
报关员 单位地址 申报单位（签章） ×××××××× 邮编 电话 填制日期		征税 统计
		查验 放行

附录

常用报关单证

附单一：进口报关单

中华人民共和国海关进口货物报关单

预录入编号：   海关编号：********

进口口岸	备案号	进口日期	申报日期	
经营单位	运输方式	运输工具名称	提运单号	
收货单位	贸易方式	征免性质	征税比例	
许可证号	起运国（地区）	装货港	境内目的地	
批准文号	成交方式	运费	保费	杂费
合同协议号	件数	包装种类	毛重（公斤）	净重（公斤）
集装箱号	随附单证		用途	

标记唛码及备注

项号 商品编号 商品名称 数量及单位 原产国（地区） 单价 总价 币制 征免								
规格型号								

税费征收情况

录入员　录入单位 ××××	兹声明以上申报无讹并承担 法律责任	海关审单批注及放行日期 （签章） 审单　　审价
报关员　单位地址　　申报单位（签章） ××××××××　邮编　电话　填制日期		征税　　统计 查验　　放行

附单二：出口报关单

中华人民共和国海关出口货物报关单

预录入编号：　　　　　　　　　　　　　　　　　海关编号：*************

出口口岸	备案号	出口日期	申报日期	
经营单位	运输方式	运输工具名称	提运单号	
发货单位	贸易方式	征免性质	结汇方式	
许可证号	运抵国（地区）	指运港	境内货源地	
批准文号	成交方式	运费	保费	杂费
合同协议号	件数	包装种类	毛重（公斤）	净重（公斤）
集装箱号	随附单证		生产厂家	

标记唛码及备注

项号　商品编码　商品名称　数量及单位　最终目的国（地区）　单价　总价　币制　征免
规格型号

税费征收情况

录入员　录入单位 ×××	兹声明以上申报无讹并承担 法律责任	海关审单批注及放行日期 （签章） 审单　　　　审价
报关员　单位地址　　申报单位（签章） ××××××××　邮编　电话　填制日期		征税　　　　　统计
		查验　　　　　放行

附单三：商业发票

Commercial Invoice

1. 出口商 Exporter	4. 发票日期和发票号 Invoice Date and No.		
	5. 合同号 Contract No.	6. 信用证号 L/C No.	
2. 进口商 Importer	7. 原产地国 Country/region of origin		
	8. 贸易方式 Trade mode		
3. 运输事项 Transport details	9. 交货和付款条件 Terms of delivery and payment		
10. 运输标志和集装箱号码 Shipping marks; Container No.	11. 包装类型及件数；商品编码；商品描述 Number and kind of packages; Commodity No. ; Commodity description	12. 数量 Quantity	13. 单价 Unit Price	14. 金额 Amount

自由处置区
Free disposal

15. 总值（用数字和文字表示）Total amount（in figure and words）

自由处置区 Free disposal	16. 出口商签章 Exporter stamp and signature

附单四：装箱单

Packing List

1. 出口商 Exporter	3. 装箱单日期 Packing List date
2. 进口商 Importer	4. 合同号 Contract No.
	5. 发票号和日期 Invoice No. and Date

6. 运输标志和集装箱号码 Shipping marks; Container No.	7. 包装类型及件数；商品名称 Number and kind of packages; Commodity name	8. 毛重 kg Gross weight	9. 体积 CBM Cube

自由处置区
Free disposal

10. 出口商签章
Exporter stamp and signature

附单五：提单

1. Shipper Insert Name, Address and Phone

B/L No.

中远集装箱运输有限公司
COSCO CONTAINER LINES

TLX: 33057 COSCO CN
FAX: +86 (021) 6545 8984

2. Consignee Insert Name, Address and Phone

ORIGINAL

Port-to-Port or Combined Transport

3. Notify Party Insert Name, Address and Phone
　(It is agreed that no responsibility shall attsch to the
Carrier or his agents for failure to notify)

BILL OF LADING

RECEIVED in external apparent good order and condition ex-
cept as other – Wise noted. The total number of packages or u-
nites stuffed in the container, The description of the goods and
the weights shown in this Bill of Lading are Furnished by the
Merchants, and which the carrier has no reasonable means Of
checking and is not a part of this Bill of Lading contract. The
carrier has Issued the number of Bills of Lading stated below,
all of this tenor and date, One of the original Bills of Lading
must be surrendered and endorsed or sig – Ned against the de-
livery of the shipment and whereupon any other original Bills of
Lading shall be void. The Merchants agree to be bound by the
terms And conditions of this Bill of Lading as if each had per-
sonally signed this Bill of Lading.

4. Combined Transport * Pre – carriage by	5. Combined Transport * Place of Receipt
6. Ocean Vessel Voy. No.	7. Port of Loading
8. Port of Discharge	9. Combined Transport * Place of Delivery

SEE clause 4 on the back of this Bill of Lading (Terms contin-
ued on the back Hereof, please read carefully).

　* Applicable Only When Document Used as a Combined
Transport Bill of Lading.

Marks & Nos. Container / Seal No.	No. of Containers or Packages	Description of Goods (If Dangerous Goods, See Clause 20)	Gross Weight Kgs	Measurement
		Description of Contents for Shipper's Use Only (Not part of This B/L Contract)		

10. Total Number of containers and/or packages (in words)
Subject to Clause 7 Limitation

11. Freight & Charges Declared Value Charge	Revenue Tons	Rate	Per	Prepaid	Collect
Ex. Rate:	Prepaid at	Payable at		Place and date of issue	
	Total Prepaid	No. of Original B (s) /L		Signed for the Carrier, COSCO CONTAIN-ER LINES	

LADEN ON BOARD THE VESSEL
DATE   BY

附单六：合同

SALES CONFIRMATION

卖方
Seller:

NO.:
DATE:
SIGNED IN:

买方
Buyer:

经买卖双方同意成交下列商品，订立条款如下：

This contract is made by and agreed between the BUYER and SELLER, in accordance with the terms and conditions stipulated below.

唛头 Marks and Numbers	名称及规格 Description of goods	数量 Quantity	单价 Unit Price	金额 Amount

总值 TOTAL:

Transshipment（转运）:

☐　Allowed（允许）　　☐　not allowed（不允许）

Partial shipments（分批装运）:

☐　Allowed（允许）　　☐　not allowed（不允许）

Shipment date（装运期）:

Insurance（保险）:

由 ____ 按发票金额110%投保 ____ 险，另加保 ____ 险至 ____ 为止。

to be covered by the ____ FOR 110% of the invoice value covering ____ additional ____ from ____ to ____ .

Terms of payment（付款条件）:

☐　买方不迟于 _____ 年 ____ 月 ___ 日前将100%的货款用即期汇票/电汇送抵卖方

The buyers shall pay 100% of the sales proceeds through sight（demand）draft/by T/T remittance to the sellers not later than ____ .

☐　买方须于 _____ 年 ____ 月 ___ 日前通过 _____ 银行开出以卖方为受益人的不可撤销 ____ 天期信用证，并注明在上述装运日期后 _____ 天内在中国议付有效，信用证须注明合同编号。

The buyers shall issue an irrevocable L/C at _____ sight through _____ in favor of the sellers prior to _____ indicating L/C shall be valid in China through negotiation within _____ day after the shipment effected, the L/C must mention the Contract Number.

□ 付款交单：买方应对卖方开具的以买方为付款人的见票后_____天付款跟单汇票，付款时交单。

Documents against payment：（D/P）

The buyers shall duly make the payment against documentary draft made out to the buyers at _____ sight by the sellers.

□ 承兑交单：买方应对卖方开具的以买方为付款人的见票后_____天承兑跟单汇票，承兑交单。

Documents against acceptance：（D/A）

The buyers shall duly accept the documentary draft made out to the buyers at _____ days by the sellers.

Documents required（单据）：

卖方应将下列单据提交银行议付/托收。

The sellers shall present the following documents required for negotiation/collection to the banks.

□ 整套正本清洁提单。

Full set of clean on Board Ocean Bills of Lading.

□ 商业发票一式_____份。

Signed commercial invoice in _____ copies.

□ 装箱单或重量单一式_____份。

Packing list/weight memo in _____ copies.

□ 由_____签发的质量与数量证明书一式_____份。

Certificate of quantity and quality in _____ copies issued by _____.

□ 保险单一式_____份。

Insurance policy in _____ copies.

□ 由_____签发的产地证一式_____份。

Certificate of Origin in _____ copies issued by _____.

Shipping advice（装运通知）：

一旦装运完毕，卖方应即电告买方合同号、商品号、已装载数量、发票总金额、毛重、运输工具名称及启运日期等。

The sellers shall immediately, upon the completion of the loading of the goods, advise the buyers of the Contract No, names of commodity, loaded quantity, invoice values, gross weight, names of vessel and shipment date by TLX/FAX.

Inspection and Claims（检验与索赔）：

1. 卖方在发货前由_____检验机构对货物的品质、规格和数量进行检验，并出具检验证明书。

The buyers shall have the qualities, specifications, quantities of the goods carefully inspected by the _____Inspection Authority, which shall issue Inspection Certificate before shipment.

2. 货物到达目的口岸后，买方可委托当地的商品检验机构对货物进行复检。如果发现货物有损坏、残缺或规格、数量与合同规定不符，买方须于货到目的口岸的_____天内凭

_____检验机构出具的检验证明书向卖方索赔。

The buyers have right to have the goods inspected by the local commodity inspection authority after the arrival of the goods at the port of destination if the goods are found damaged/short/their specifications and quantities not in compliance with that specified in the contract, the buyers shall lodge claims against the sellers based on the Inspection Certificate issued by the Commodity _____

_____Inspection Authority within _____days after the goods arrival at the destination.

3. 如买方提出索赔，凡属品质异议须于货到目的口岸之起_____天内提出；凡属数量异议须于货到目的口岸之日起_____天内提出。对所有货物所提任何异议应由保险公司、运输公司或邮递机构负责的，卖方不负任何责任。

The claims, if any regarding to the quality of the goods, shall be lodged within _____days after arrival of the goods at the destination, if any regarding to the quantities of the goods, shall be lodged within _____days after arrival of the goods at the destination. The sellers shall not take any responsibility if any claims concerning the shipping goods is up to the responsibility of Insurance Company/Transportation Company/Post Office.

Force Majeure（人力不可抗拒）：

如因人力不可抗拒的原因造成本合同全部或部分不能履约，卖方概不负责但卖方应将上述发生的情况及时通知买方。

The sellers shall not hold any responsibility for partial or total non – performance of this contract due to Force Majeure. But the sellers advise the buyers on time of such occurrence.

Disputes settlement（争议之解决方式）：

凡因执行本合约或有关本合约所发生的一切争执，双方应协商解决。如果协商不能得到解决，应提交仲裁。仲裁地点在被告方所在国内，或者在双方同意的第三国。仲裁裁决是终局的，对双方都有约束力，仲裁费用由败诉方承担。

All disputes in connection with this contract of the execution thereof shall be amicably settled through negotiation. In case no amicable settlement can be reached between the two parties, the case under dispute shall be submitted to arbitration, which shall be held in the country where the defendant resides, or in third country agreed by both parties. The decision of the arbitration shall be accepted as final and binding upon both parties. The Arbitration Fees shall be borne by the losing party.

Law application（法律适用）：

本合同之签订地，或发生争议时货物所在地在中华人民共和国境内或被诉人为中国法人的，适用中华人民共和国法律，除此规定外，适用《联合国国际货物销售公约》。

It will be governed by the law of the People's Republic of China under the circumstances that the contract is signed or the goods while the disputes arising are in the People's Republic of China or the defendant is Chinese legal person, otherwise it is governed by Untied Nations Convention on Contract for the International Sale of Goods.

本合同使用的价格术语系根据国际商会《INCOTERMS 1990》。

The terms in the contract based on INCOTERMS 1990 of the International Chamber of Commerce.

Versions（文字）：

本合同中、英两种文字具有同等法律效力，在文字解释上，若有异议，以中文解释为准。

This contract is made out in both Chinese and English of which version is equally effective. Conflicts between these two languages arising therefrom, if any, shall be subject to Chinese version.

本合同共_____份，自双方代表签字（盖章）之日起生效。

This contract is in copies, effective since being singed/sealed by both parties.

    The Buyer   The Seller

附单七：原产地证明

ORIGINAL

1. Exporter	Certificate No.
	CERTIFICATE OF ORIGIN
2. Consignee	**OF**
	THE PEOPLE'S REPUBLIC OF CHINA

3. Means of transport and route	5. For certifying authority use only
4. Country / region of destination	

6. Marks and numbers	7. Number and kind of packages; description of goods	8. H. S. Code	9. Quantity	10. Number and date of invoices

11. Declaration by the exporter	12. Certification
The undersigned hereby declares that the above details and statements are correct, that all the goods were produced in China and that they comply with the Rules of Origin of the People's Republic of China.	It is hereby certified that the declaration by the exporter is correct.
-------------------------------------	-------------------------------------
Place and date, signature and stamp of authorized signatory	Place and date, signature and stamp of certifying authority

附单八：中华人民共和国出口许可证

EXPORT LICENCE OF THE PEOPLE'S REPUBLIC OF CHINA No.

1. 出口商： Exporter	3. 出口许可证号： Export licence No.
2. 发货人： Consignor	4. 出口许可证有效截止日期： Export licence expiry date
5. 贸易方式： Terms of trade	8. 进口国（地区）： Country/Region of purchase
6. 合同号： Contract No.	9. 支付方式： Payment conditions
7. 报关口岸： Place of clearance	10. 运输方式： Mode of transport

11. 商品名称： Description of goods					商品编码： Code of goods
12. 规格、等级 Specification	13. 单位 Unit	14. 数量 Quantity	15. 单价 （　　） Unit price	16. 总值 （　　） Amount	17. 总值折美元 Amount in USD
18. 总计 Total					

19. 备注 Supplementary details	20. 发证机关签章 ssuing authoritys stamp & signature 21. 发证日期 Licence date

中华人民共和国海关法

（1987 年 1 月 22 日第六届全国人民代表大会常务委员会第十九次会议通过　根据 2000 年 7 月 8 日第九届全国人民代表大会常务委员会第十六次会议《关于修改〈中华人民共和国海关法〉的决定》第一次修正　根据 2013 年 6 月 29 日第十二届全国人民代表大会常务委员会第三次会议《关于修改〈中华人民共和国文物保护法〉等十二部法律的决定》第二次修正）

第一章　总　　则

第一条　为了维护国家的主权和利益，加强海关监督管理，促进对外经济贸易和科技文化交往，保障社会主义现代化建设，特制定本法。

第二条　中华人民共和国海关是国家的进出关境（以下简称进出境）监督管理机关。海关依照本法和其他有关法律、行政法规，监管进出境的运输工具、货物、行李物品、邮递物品和其他物品（以下简称进出境运输工具、货物、物品），征收关税和其他税、费，查缉走私，并编制海关统计和办理其他海关业务。

第三条　国务院设立海关总署，统一管理全国海关。

国家在对外开放的口岸和海关监管业务集中的地点设立海关。海关的隶属关系，不受行政区划的限制。

海关依法独立行使职权，向海关总署负责。

第四条　国家在海关总署设立专门侦查走私犯罪的公安机构，配备专职缉私警察，负责对其管辖的走私犯罪案件的侦查、拘留、执行逮捕、预审。

海关侦查走私犯罪公安机构履行侦查、拘留、执行逮捕、预审职责，应当按照《中华人民共和国刑事诉讼法》的规定办理。

海关侦查走私犯罪公安机构根据国家有关规定，可以设立分支机构。各分支机构办理其管辖的走私犯罪案件，应当依法向有管辖权的人民检察院移送起诉。

地方各级公安机关应当配合海关侦查走私犯罪公安机构依法履行职责。

第五条　国家实行联合缉私、统一处理、综合治理的缉私体制。海关负责组织、协调、管理查缉走私工作。有关规定由国务院另行制定。

各有关行政执法部门查获的走私案件，应当给予行政处罚的，移送海关依法处理；涉嫌犯罪的，应当移送海关侦查走私犯罪公安机构、地方公安机关依据案件管辖分工和法定程序办理。

第六条 海关可以行使下列权力：

（一）检查进出境运输工具，查验进出境货物、物品；对违反本法或者其他有关法律、行政法规的，可以扣留。

（二）查阅进出境人员的证件；查问违反本法或者其他有关法律、行政法规的嫌疑人，调查其违法行为。

（三）查阅、复制与进出境运输工具、货物、物品有关的合同、发票、账册、单据、记录、文件、业务函电、录音录像制品和其他资料；对其中与违反本法或者其他有关法律、行政法规的进出境运输工具、货物、物品有牵连的，可以扣留。

（四）在海关监管区和海关附近沿海沿边规定地区，检查有走私嫌疑的运输工具和有藏匿走私货物、物品嫌疑的场所，检查走私嫌疑人的身体；对有走私嫌疑的运输工具、货物、物品和走私犯罪嫌疑人，经直属海关关长或者其授权的隶属海关关长批准，可以扣留；对走私犯罪嫌疑人，扣留时间不超过二十四小时，在特殊情况下可以延长至四十八小时。

在海关监管区和海关附近沿海沿边规定地区以外，海关在调查走私案件时，对有走私嫌疑的运输工具和除公民住处以外的有藏匿走私货物、物品嫌疑的场所，经直属海关关长或者其授权的隶属海关关长批准，可以进行检查，有关当事人应当到场；当事人未到场的，在有见证人在场的情况下，可以径行检查；对其中有证据证明有走私嫌疑的运输工具、货物、物品，可以扣留。

海关附近沿海沿边规定地区的范围，由海关总署和国务院公安部门会同有关省级人民政府确定。

（五）在调查走私案件时，经直属海关关长或者其授权的隶属海关关长批准，可以查询案件涉嫌单位和涉嫌人员在金融机构、邮政企业的存款、汇款。

（六）进出境运输工具或者个人违抗海关监管逃逸的，海关可以连续追至海关监管区和海关附近沿海沿边规定地区以外，将其带回处理。

（七）海关为履行职责，可以配备武器。海关工作人员佩带和使用武器的规则，由海关总署会同国务院公安部门制定，报国务院批准。

（八）法律、行政法规规定由海关行使的其他权力。

第七条 各地方、各部门应当支持海关依法行使职权，不得非法干预海关的执法活动。

第八条 进出境运输工具、货物、物品，必须通过设立海关的地点进境或者出境。在特殊情况下，需要经过未设立海关的地点临时进境或者出境的，必须经国务院或者国务院授权的机关批准，并依照本法规定办理海关手续。

第九条　进出口货物，除另有规定的外，可以由进出口货物收发货人自行办理报关纳税手续，也可以由进出口货物收发货人委托海关准予注册登记的报关企业办理报关纳税手续。

进出境物品的所有人可以自行办理报关纳税手续，也可以委托他人办理报关纳税手续。

第十条　报关企业接受进出口货物收发货人的委托，以委托人的名义办理报关手续的，应当向海关提交由委托人签署的授权委托书，遵守本法对委托人的各项规定。

报关企业接受进出口货物收发货人的委托，以自己的名义办理报关手续的，应当承担与收发货人相同的法律责任。

委托人委托报关企业办理报关手续的，应当向报关企业提供所委托报关事项的真实情况；报关企业接受委托人的委托办理报关手续的，应当对委托人所提供情况的真实性进行合理审查。

第十一条　进出口货物收发货人、报关企业办理报关手续，必须依法经海关注册登记。报关人员必须依法取得报关从业资格。未依法经海关注册登记的企业和未依法取得报关从业资格的人员，不得从事报关业务。

报关企业和报关人员不得非法代理他人报关，或者超出其业务范围进行报关活动。

第十二条　海关依法执行职务，有关单位和个人应当如实回答询问，并予以配合，任何单位和个人不得阻挠。

海关执行职务受到暴力抗拒时，执行有关任务的公安机关和人民武装警察部队应当予以协助。

第十三条　海关建立对违反本法规定逃避海关监管行为的举报制度。

任何单位和个人均有权对违反本法规定逃避海关监管的行为进行举报。

海关对举报或者协助查获违反本法案件的有功单位和个人，应当给予精神的或者物质的奖励。

海关应当为举报人保密。

第二章　进出境运输工具

第十四条　进出境运输工具到达或者驶离设立海关的地点时，运输工具负责人应当向海关如实申报，交验单证，并接受海关监管和检查。

停留在设立海关的地点的进出境运输工具，未经海关同意，不得擅自驶离。

进出境运输工具从一个设立海关的地点驶往另一个设立海关的地点的，应当符合海关监管要求，办理海关手续，未办结海关手续的，不得改驶境外。

第十五条 进境运输工具在进境以后向海关申报以前，出境运输工具在办结海关手续以后出境以前，应当按照交通主管机关规定的路线行进；交通主管机关没有规定的，由海关指定。

第十六条 进出境船舶、火车、航空器到达和驶离时间、停留地点、停留期间更换地点以及装卸货物、物品时间，运输工具负责人或者有关交通运输部门应当事先通知海关。

第十七条 运输工具装卸进出境货物、物品或者上下进出境旅客，应当接受海关监管。

货物、物品装卸完毕，运输工具负责人应当向海关递交反映实际装卸情况的交接单据和记录。

上下进出境运输工具的人员携带物品的，应当向海关如实申报，并接受海关检查。

第十八条 海关检查进出境运输工具时，运输工具负责人应当到场，并根据海关的要求开启舱室、房间、车门；有走私嫌疑的，并应当开拆可能藏匿走私货物、物品的部位，搬移货物、物料。

海关根据工作需要，可以派员随运输工具执行职务，运输工具负责人应当提供方便。

第十九条 进境的境外运输工具和出境的境内运输工具，未向海关办理手续并缴纳关税，不得转让或者移作他用。

第二十条 进出境船舶和航空器兼营境内客、货运输，需经海关同意，并应当符合海关监管要求。

进出境运输工具改营境内运输，需向海关办理手续。

第二十一条 沿海运输船舶、渔船和从事海上作业的特种船舶，未经海关同意，不得载运或者换取、买卖、转让进出境货物、物品。

第二十二条 进出境船舶和航空器，由于不可抗力的原因，被迫在未设立海关的地点停泊、降落或者抛掷、起卸货物、物品，运输工具负责人应当立即报告附近海关。

第三章　进出境货物

　　第二十三条　进口货物自进境起到办结海关手续止，出口货物自向海关申报起到出境止，过境、转运和通运货物自进境起到出境止，应当接受海关监管。

　　第二十四条　进口货物的收货人、出口货物的发货人应当向海关如实申报，交验进出口许可证件和有关单证。国家限制进出口的货物，没有进出口许可证件的，不予放行，具体处理办法由国务院规定。

　　进口货物的收货人应当自运输工具申报进境之日起十四日内，出口货物的发货人除海关特准的外应当在货物运抵海关监管区后、装货的二十四小时以前，向海关申报。

　　进口货物的收货人超过前款规定期限向海关申报的，由海关征收滞报金。

　　第二十五条　办理进出口货物的海关申报手续，应当采用纸质报关单和电子数据报关单的形式。

　　第二十六条　海关接受申报后，报关单证及其内容不得修改或者撤销；确有正当理由的，经海关同意，方可修改或者撤销。

　　第二十七条　进口货物的收货人经海关同意，可以在申报前查看货物或者提取货样。需要依法检疫的货物，应当在检疫合格后提取货样。

　　第二十八条　进出口货物应当接受海关查验。海关查验货物时，进口货物的收货人、出口货物的发货人应当到场，并负责搬移货物，开拆和重封货物的包装。海关认为必要时，可以径行开验、复验或者提取货样。

　　海关在特殊情况下对进出口货物予以免验，具体办法由海关总署制定。

　　第二十九条　除海关特准的外，进出口货物在收发货人缴清税款或者提供担保后，由海关签印放行。

　　第三十条　进口货物的收货人自运输工具申报进境之日起超过三个月未向海关申报的，其进口货物由海关提取依法变卖处理，所得价款在扣除运输、装卸、储存等费用和税款后，尚有余款的，自货物依法变卖之日起一年内，经收货人申请，予以发还；其中属于国家对进口有限制性规定，应当提交许可证件而不能提供的，不予发还。逾期无人申请或者不予发还的，上缴国库。

　　确属误卸或者溢卸的进境货物，经海关审定，由原运输工具负责人或者货物的收发货人自该运输工具卸货之日起三个月内，办理退运或者进口手续；必要时，经海关批准，可以延期三个月。逾期未办手续的，由海关按前款规定处理。

前两款所列货物不宜长期保存的，海关可以根据实际情况提前处理。

收货人或者货物所有人声明放弃的进口货物，由海关提取依法变卖处理；所得价款在扣除运输、装卸、储存等费用后，上缴国库。

第三十一条 经海关批准暂时进口或者暂时出口的货物，应当在六个月内复运出境或者复运进境；在特殊情况下，经海关同意，可以延期。

第三十二条 经营保税货物的储存、加工、装配、展示、运输、寄售业务和经营免税商店，应当符合海关监管要求，经海关批准，并办理注册手续。

保税货物的转让、转移以及进出保税场所，应当向海关办理有关手续，接受海关监管和查验。

第三十三条 企业从事加工贸易，应当持有关批准文件和加工贸易合同向海关备案，加工贸易制成品单位耗料量由海关按照有关规定核定。

加工贸易制成品应当在规定的期限内复出口。其中使用的进口料件，属于国家规定准予保税的，应当向海关办理核销手续；属于先征收税款的，依法向海关办理退税手续。

加工贸易保税进口料件或者制成品因故转为内销的，海关凭准予内销的批准文件，对保税的进口料件依法征税；属于国家对进口有限制性规定的，还应当向海关提交进口许可证件。

第三十四条 经国务院批准在中华人民共和国境内设立的保税区等海关特殊监管区域，由海关按照国家有关规定实施监管。

第三十五条 进口货物应当由收货人在货物的进境地海关办理海关手续，出口货物应当由发货人在货物的出境地海关办理海关手续。

经收发货人申请，海关同意，进口货物的收货人可以在设有海关的指运地、出口货物的发货人可以在设有海关的启运地办理海关手续。上述货物的转关运输，应当符合海关监管要求；必要时，海关可以派员押运。

经电缆、管道或者其他特殊方式输送进出境的货物，经营单位应当定期向指定的海关申报和办理海关手续。

第三十六条 过境、转运和通运货物，运输工具负责人应当向进境地海关如实申报，并应当在规定期限内运输出境。

海关认为必要时，可以查验过境、转运和通运货物。

第三十七条 海关监管货物，未经海关许可，不得开拆、提取、交付、发运、调换、改装、抵押、质押、留置、转让、更换标记、移作他用或者进行其他处置。

海关加施的封志，任何人不得擅自开启或者损毁。

人民法院判决、裁定或者有关行政执法部门决定处理海关监管货物的，应当责令当事人办结海关手续。

第三十八条　经营海关监管货物仓储业务的企业，应当经海关注册，并按照海关规定，办理收存、交付手续。

在海关监管区外存放海关监管货物，应当经海关同意，并接受海关监管。

违反前两款规定或者在保管海关监管货物期间造成海关监管货物损毁或者灭失的，除不可抗力外，对海关监管货物负有保管义务的人应当承担相应的纳税义务和法律责任。

第三十九条　进出境集装箱的监管办法、打捞进出境货物和沉船的监管办法、边境小额贸易进出口货物的监管办法，以及本法未具体列明的其他进出境货物的监管办法，由海关总署或者由海关总署会同国务院有关部门另行制定。

第四十条　国家对进出境货物、物品有禁止性或者限制性规定的，海关依据法律、行政法规、国务院的规定或者国务院有关部门依据法律、行政法规的授权做出的规定实施监管。具体监管办法由海关总署制定。

第四十一条　进出口货物的原产地按照国家有关原产地规则的规定确定。

第四十二条　进出口货物的商品归类按照国家有关商品归类的规定确定。

海关可以要求进出口货物的收发货人提供确定商品归类所需的有关资料；必要时，海关可以组织化验、检验，并将海关认定的化验、检验结果作为商品归类的依据。

第四十三条　海关可以根据对外贸易经营者提出的书面申请，对拟作进口或者出口的货物预先做出商品归类等行政裁定。

进口或者出口相同货物，应当适用相同的商品归类行政裁定。

海关对所作出的商品归类等行政裁定，应当予以公布。

第四十四条　海关依照法律、行政法规的规定，对与进出境货物有关的知识产权实施保护。

需要向海关申报知识产权状况的，进出口货物收发货人及其代理人应当按照国家规定向海关如实申报有关知识产权状况，并提交合法使用有关知识产权的证明文件。

第四十五条　自进出口货物放行之日起三年内或者在保税货物、减免税进口货物的海关监管期限内及其后的三年内，海关可以对与进出口货物直接有关的企业、单位的会计账簿、会计凭证、报关单证以及其他有关资料和有关进出口货物实施稽查。具体办法由国务院规定。

第四章　　进出境物品

第四十六条　个人携带进出境的行李物品、邮寄进出境的物品，应当以自用、合理数量为限，并接受海关监管。

第四十七条　进出境物品的所有人应当向海关如实申报，并接受海关查验。

海关加施的封志，任何人不得擅自开启或者损毁。

第四十八条　进出境邮袋的装卸、转运和过境，应当接受海关监管。邮政企业应当向海关递交邮件路单。

邮政企业应当将开拆及封发国际邮袋的时间事先通知海关，海关应当按时派员到场监管查验。

第四十九条　邮运进出境的物品，经海关查验放行后，有关经营单位方可投递或者交付。

第五十条　经海关登记准予暂时免税进境或者暂时免税出境的物品，应当由本人复带出境或者复带进境。

过境人员未经海关批准，不得将其所带物品留在境内。

第五十一条　进出境物品所有人声明放弃的物品、在海关规定期限内未办理海关手续或者无人认领的物品，以及无法投递又无法退回的进境邮递物品，由海关依照本法第三十条的规定处理。

第五十二条　享有外交特权和豁免的外国机构或者人员的公务用品或者自用物品进出境，依照有关法律、行政法规的规定办理。

第五章　关　　税

第五十三条　准许进出口的货物、进出境物品，由海关依法征收关税。

第五十四条　进口货物的收货人、出口货物的发货人、进出境物品的所有人，是关税的纳税义务人。

第五十五条　进出口货物的完税价格，由海关以该货物的成交价格为基础审查确定。成交价格不能确定时，完税价格由海关依法估定。

进口货物的完税价格包括货物的货价、货物运抵中华人民共和国境内输入地点起卸前的运输及其相关费用、保险费；出口货物的完税价格包括货物的货价、货物运至中华人民共和国境内输出地点装载前的运输及其相关费用、保险费，但是其中包含的出口关税税额，应当予以扣除。

进出境物品的完税价格，由海关依法确定。

第五十六条　下列进出口货物、进出境物品，减征或者免征关税：

（一）无商业价值的广告品和货样；

（二）外国政府、国际组织无偿赠送的物资；

（三）在海关放行前遭受损坏或者损失的货物；

（四）规定数额以内的物品；

（五）法律规定减征、免征关税的其他货物、物品；

（六）中华人民共和国缔结或者参加的国际条约规定减征、免征关税的货物、物品。

第五十七条　特定地区、特定企业或者有特定用途的进出口货物，可以减征或者免征关税。特定减税或者免税的范围和办法由国务院规定。

依照前款规定减征或者免征关税进口的货物，只能用于特定地区、特定企业或者特定用途，未经海关核准并补缴关税，不得移作他用。

第五十八条　本法第五十六条、第五十七条第一款规定范围以外的临时减征或者免征关税，由国务院决定。

第五十九条　经海关批准暂时进口或者暂时出口的货物，以及特准进口的保税货物，在货物收发货人向海关缴纳相当于税款的保证金或者提供担保后，准予暂时免纳关税。

第六十条　进出口货物的纳税义务人，应当自海关填发税款缴款书之日起十五日内缴纳税款；逾期缴纳的，由海关征收滞纳金。纳税义务人、担保人超过三个月仍未缴纳的，经直属海关关长或者其授权的隶属海关关长批准，海关可以采取下列强制措施：

（一）书面通知其开户银行或者其他金融机构从其存款中扣缴税款；

（二）将应税货物依法变卖，以变卖所得抵缴税款；

（三）扣留并依法变卖其价值相当于应纳税款的货物或者其他财产，以变卖所得抵缴税款。

海关采取强制措施时，对前款所列纳税义务人、担保人未缴纳的滞纳金同时强制执行。

进出境物品的纳税义务人，应当在物品放行前缴纳税款。

第六十一条　进出口货物的纳税义务人在规定的纳税期限内有明显的转移、藏匿其应税货物以及其他财产迹象的，海关可以责令纳税义务人提供担保；纳税义务人不能提供纳税担保的，经直属海关关长或者其授权的隶属海关关长批准，海关可以采取下列税收保全措施：

（一）书面通知纳税义务人开户银行或者其他金融机构暂停支付纳税义务人相当于应纳税款的存款；

（二）扣留纳税义务人价值相当于应纳税款的货物或者其他财产。

纳税义务人在规定的纳税期限内缴纳税款的，海关必须立即解除税收保全措施；期限届满仍未缴纳税款的，经直属海关关长或者其授权的隶属海关关长批准，海关可以书面通知纳税义务人开户银行或者其他金融机构从其暂停支付的存款中扣缴税款，或者依法变卖所扣留的货物或者其他财产，以变卖所得抵缴税款。

采取税收保全措施不当，或者纳税义务人在规定期限内已缴纳税款，海关未立即解除税收保全措施，致使纳税义务人的合法权益受到损失的，海关应当依法承担赔偿责任。

第六十二条 进出口货物、进出境物品放行后，海关发现少征或者漏征税款，应当自缴纳税款或者货物、物品放行之日起一年内，向纳税义务人补征。因纳税义务人违反规定而造成的少征或者漏征，海关在三年以内可以追征。

第六十三条 海关多征的税款，海关发现后应当立即退还；纳税义务人自缴纳税款之日起一年内，可以要求海关退还。

第六十四条 纳税义务人同海关发生纳税争议时，应当缴纳税款，并可以依法申请行政复议；对复议决定仍不服的，可以依法向人民法院提起诉讼。

第六十五条 进口环节海关代征税的征收管理，适用关税征收管理的规定。

第六章 海关事务担保

第六十六条 在确定货物的商品归类、估价和提供有效报关单证或者办结其他海关手续前，收发货人要求放行货物的，海关应当在其提供与其依法应当履行的法律义务相适应的担保后放行。法律、行政法规规定可以免除担保的除外。

法律、行政法规对履行海关义务的担保另有规定的，从其规定。

国家对进出境货物、物品有限制性规定，应当提供许可证件而不能提供的，以及法律、行政法规规定不得担保的其他情形，海关不得办理担保放行。

第六十七条 具有履行海关事务担保能力的法人、其他组织或者公民，可以成为担保人。法律规定不得为担保人的除外。

第六十八条　担保人可以以下列财产、权利提供担保：

（一）人民币、可自由兑换货币；

（二）汇票、本票、支票、债券、存单；

（三）银行或者非银行金融机构的保函；

（四）海关依法认可的其他财产、权利。

第六十九条　担保人应当在担保期限内承担担保责任。担保人履行担保责任的，不免除被担保人应当办理有关海关手续的义务。

第七十条　海关事务担保管理办法，由国务院规定。

第七章　执法监督

第七十一条　海关履行职责，必须遵守法律，维护国家利益，依照法定职权和法定程序严格执法，接受监督。

第七十二条　海关工作人员必须秉公执法，廉洁自律，忠于职守，文明服务，不得有下列行为：

（一）包庇、纵容走私或者与他人串通进行走私；

（二）非法限制他人人身自由，非法检查他人身体、住所或者场所，非法检查、扣留进出境运输工具、货物、物品；

（三）利用职权为自己或者他人谋取私利；

（四）索取、收受贿赂；

（五）泄露国家秘密、商业秘密和海关工作秘密；

（六）滥用职权，故意刁难，拖延监管、查验；

（七）购买、私分、占用没收的走私货物、物品；

（八）参与或者变相参与营利性经营活动；

（九）违反法定程序或者超越权限执行职务；

（十）其他违法行为。

第七十三条　海关应当根据依法履行职责的需要，加强队伍建设，使海关工作人员具有良好的政治、业务素质。

海关专业人员应当具有法律和相关专业知识，符合海关规定的专业岗位任职要求。

海关招收工作人员应当按照国家规定，公开考试，严格考核，择优录用。

海关应当有计划地对其工作人员进行政治思想、法制、海关业务培训和考核。海关工作人员必须定期接受培训和考核，经考核不合格的，不得继续上岗执行职务。

第七十四条 海关总署应当实行海关关长定期交流制度。

海关关长定期向上一级海关述职，如实陈述其执行职务情况。海关总署应当定期对直属海关关长进行考核，直属海关应当定期对隶属海关关长进行考核。

第七十五条 海关及其工作人员的行政执法活动，依法接受监察机关的监督；缉私警察进行侦查活动，依法接受人民检察院的监督。

第七十六条 审计机关依法对海关的财政收支进行审计监督，对海关办理的与国家财政收支有关的事项，有权进行专项审计调查。

第七十七条 上级海关应当对下级海关的执法活动依法进行监督。上级海关认为下级海关做出的处理或者决定不适当的，可以依法予以变更或者撤销。

第七十八条 海关应当依照本法和其他有关法律、行政法规的规定，建立健全内部监督制度，对其工作人员执行法律、行政法规和遵守纪律的情况，进行监督检查。

第七十九条 海关内部负责审单、查验、放行、稽查和调查等主要岗位的职责权限应当明确，并相互分离、相互制约。

第八十条 任何单位和个人均有权对海关及其工作人员的违法、违纪行为进行控告、检举。收到控告、检举的机关有权处理的，应当依法按照职责分工及时查处。收到控告、检举的机关和负责查处的机关应当为控告人、检举人保密。

第八十一条 海关工作人员在调查处理违法案件时，遇有下列情形之一的，应当回避：

（一）是本案的当事人或者是当事人的近亲属；

（二）本人或者其近亲属与本案有利害关系；

（三）与本案当事人有其他关系，可能影响案件公正处理的。

第八章　法　律　责　任

第八十二条 违反本法及有关法律、行政法规，逃避海关监管，偷逃应纳税款、逃避国家有关进出境的禁止性或者限制性管理，有下列情形之一的，是走私行为：

（一）运输、携带、邮寄国家禁止或者限制进出境货物、物品或者依法应当缴纳税款的货物、物品进出境的；

（二）未经海关许可并且未缴纳应纳税款、交验有关许可证件，擅自将保税货物、特定减免税货物以及其他海关监管货物、物品、进境的境外运输工具，在境内销售的；

（三）有逃避海关监管，构成走私的其他行为的。

有前款所列行为之一，尚不构成犯罪的，由海关没收走私货物、物品及违法所得，可以并处罚款；专门或者多次用于掩护走私的货物、物品，专门或者多次用于走私的运输工具，予以没收，藏匿走私货物、物品的特制设备，责令拆毁或者没收。

有第一款所列行为之一，构成犯罪的，依法追究刑事责任。

第八十三条　有下列行为之一的，按走私行为论处，依照本法第八十二条的规定处罚：

（一）直接向走私人非法收购走私进口的货物、物品的；

（二）在内海、领海、界河、界湖，船舶及所载人员运输、收购、贩卖国家禁止或者限制进出境的货物、物品，或者运输、收购、贩卖依法应当缴纳税款的货物，没有合法证明的。

第八十四条　伪造、变造、买卖海关单证，与走私人通谋为走私人提供贷款、资金、账号、发票、证明、海关单证，与走私人通谋为走私人提供运输、保管、邮寄或者其他方便，构成犯罪的，依法追究刑事责任；尚不构成犯罪的，由海关没收违法所得，并处罚款。

第八十五条　个人携带、邮寄超过合理数量的自用物品进出境，未依法向海关申报的，责令补缴关税，可以处以罚款。

第八十六条　违反本法规定有下列行为之一的，可以处以罚款，有违法所得的，没收违法所得：

（一）运输工具不经设立海关的地点进出境的；

（二）不将进出境运输工具到达的时间、停留的地点或者更换的地点通知海关的；

（三）进出口货物、物品或者过境、转运、通运货物向海关申报不实的；

（四）不按照规定接受海关对进出境运输工具、货物、物品进行检查、查验的；

（五）进出境运输工具未经海关同意，擅自装卸进出境货物、物品或者上下进出境旅客的；

（六）在设立海关的地点停留的进出境运输工具未经海关同意，擅自驶离的；

（七）进出境运输工具从一个设立海关的地点驶往另一个设立海关的地点，尚未办结海关手续又未经海关批准，中途擅自改驶境外或者境内未设立海关的地点的；

（八）进出境运输工具，未经海关同意，擅自兼营或者改营境内运输的；

（九）由于不可抗力的原因，进出境船舶和航空器被迫在未设立海关的地点停泊、降落或者在境内抛掷、起卸货物、物品，无正当理由，不向附近海关报告的；

（十）未经海关许可，擅自将海关监管货物开拆、提取、交付、发运、调换、改装、抵押、质押、留置、转让、更换标记、移作他用或者进行其他处置的；

（十一）擅自开启或者损毁海关封志的；

（十二）经营海关监管货物的运输、储存、加工等业务，有关货物灭失或者有关记录不真实，不能提供正当理由的；

（十三）有违反海关监管规定的其他行为的。

第八十七条　海关准予从事有关业务的企业，违反本法有关规定的，由海关责令改正，可以给予警告，暂停其从事有关业务，直至撤销注册。

第八十八条　未经海关注册登记和未取得报关从业资格从事报关业务的，由海关予以取缔，没收违法所得，可以并处罚款。

第八十九条　报关企业、报关人员非法代理他人报关或者超出其业务范围进行报关活动的，由海关责令改正，处以罚款，暂停其执业；情节严重的，撤销其报关注册登记、取消其报关从业资格。

第九十条　进出口货物收发货人、报关企业、报关人员向海关工作人员行贿的，由海关撤销其报关注册登记，取消其报关从业资格，并处以罚款；构成犯罪的，依法追究刑事责任，并不得重新注册登记为报关企业和取得报关从业资格证书。

第九十一条　违反本法规定进出口侵犯中华人民共和国法律、行政法规保护的知识产权的货物的，由海关依法没收侵权货物，并处以罚款；构成犯罪的，依法追究刑事责任。

第九十二条　海关依法扣留的货物、物品、运输工具，在人民法院判决或者海关处罚决定做出之前，不得处理。但是，危险品或者鲜活、易腐、易失效等不宜长期保存的货物、物品以及所有人申请先行变卖的货物、物品、运输工具，经直属海关关长或者其授权的隶属海关关长批准，可以先行依法变卖，变卖所得价款由海关保存，并通知其所有人。

人民法院判决没收或者海关决定没收的走私货物、物品、违法所得、走私运输工具、特制设备，由海关依法统一处理，所得价款和海关决定处以的罚款，全部上缴中央国库。

第九十三条　当事人逾期不履行海关的处罚决定又不申请复议或者向人民法院提起诉讼的，做出处罚决定的海关可以将其保证金抵缴或者将其被扣留的货物、物品、运输工具依法变价抵缴，也可以申请人民法院强制执行。

第九十四条　海关在查验进出境货物、物品时，损坏被查验的货物、物品的，应当赔偿实际损失。

第九十五条　海关违法扣留货物、物品、运输工具，致使当事人的合法权益受到损失的，应当依法承担赔偿责任。

第九十六条　海关工作人员有本法第七十二条所列行为之一的，依法给予行政处分；有违法所得的，依法没收违法所得；构成犯罪的，依法追究刑事责任。

第九十七条　海关的财政收支违反法律、行政法规规定的，由审计机关以及有关部门依照法律、行政法规的规定做出处理；对直接负责的主管人员和其他直接责任人员，依法给予行政处分；构成犯罪的，依法追究刑事责任。

第九十八条　未按照本法规定为控告人、检举人、举报人保密的，对直接负责的主管人员和其他直接责任人员，由所在单位或者有关单位依法给予行政处分。

第九十九条　海关工作人员在调查处理违法案件时，未按照本法规定进行回避的，对直接负责的主管人员和其他直接责任人员，依法给予行政处分。

第九章　附　　则

第一百条　本法下列用语的含义：

直属海关，是指直接由海关总署领导，负责管理一定区域范围内的海关业务的海关；隶属海关，是指由直属海关领导，负责办理具体海关业务的海关。

进出境运输工具，是指用以载运人员、货物、物品进出境的各种船舶、车辆、航空器和驮畜。

过境、转运和通运货物，是指由境外启运、通过中国境内继续运往境外的货物。其中，通过境内陆路运输的，称过境货物；在境内设立海关的地点换装运输工具，而不通过境内陆路运输的，称转运货物；由船舶、航空器载运进境并由原装运输工具载运出境的，称通运货物。

海关监管货物，是指本法第二十三条所列的进出口货物，过境、转运、通运货物，特定减免税货物，以及暂时进出口货物、保税货物和其他尚未办结海关手续的进出境货物。

保税货物，是指经海关批准未办理纳税手续进境，在境内储存、加工、装配后复运出境的货物。

海关监管区，是指设立海关的港口、车站、机场、国界孔道、国际邮件互换局（交换站）和其他有海关监管业务的场所，以及虽未设立海关，但是经国务院批准的进出境地点。

第一百零一条 经济特区等特定地区同境内其他地区之间往来的运输工具、货物、物品的监管办法，由国务院另行规定。

第一百零二条 本法自 1987 年 7 月 1 日起施行。1951 年 4 月 18 日中央人民政府公布的《中华人民共和国暂行海关法》同时废止。

参 考 文 献

［1］报关员水平测试教材编写委员会编：《报关基础知识》，中国海关出版社2014年版。

［2］报关员水平测试教材编写委员会编：《报关员业务技能》，中国海关出版社2014年版。

［3］郑俊田、徐晨、郜媛莹编著：《中国海关通关实务（第7版）》，中国商务出版社2014年版。

［4］谢国娥主编：《海关报关实务》，华东理工大学出版社2011年版。

［5］武晋军主编：《报关实务》，电子工业出版社2007年版。

教学参考资料索取说明

各位教师：

中国商务出版社为方便采用本教材教学的教师需要，免费提供此教材的教学参考资料（PPT 课件等）。为确保参考资料仅为教学之用，请填写如下内容，并寄至北京市东城区安定门外大街东后巷 28 号 1 号楼 305 室，中国商务出版社编辑一室，魏红老师收，邮编：100710，电话：010-64218072 64269744，或手机拍照后发邮件至：bjys@ cctpress. com。我们收到并核实无误后，会通过电子邮件发出教学参考资料。

证　　　明

兹证明_____大学（学院）_____院/系_____年级_____名学生使用书名是《　　　　　》、作者是　　　的教材，教授此课的教师共计_____位，现需电子课件_____套、参考答案_____套。

教师姓名：_____　　　联系电话：_____

手　　机：_____　　　E-mail：_____

通信地址：_____

邮政编码：_____

院/系主任_____（签字）

（院/系公章）

_____年___月___日